Caroline Graham · Camilla und Charles

Caroline Graham

Camilla und Charles

Geschichte einer Liebe

Ullstein

Die Deutsche Bibliothek – CIP-Einheitsaufnahme

Caroline Graham:
Camilla und Charles : Geschichte einer Liebe / Caroline Graham. [Aus dem Engl. von Tania Krätschmar]. – Berlin ; Frankfurt am Main : Ullstein, 1995
ISBN 3 550 06897 2

ISBN 3 550 06897 2

Titel der englischen Originalausgabe
Camilla – The King's Mistress
Erschienen bei Blake Publishing Ltd., London 1994
Aus dem Englischen von Tania Krätschmar

Schutzumschlaggestaltung: Vera Bauer
Satz: Benens & Co., Berlin
Druck und Binden: Mohndruck Graphische Betriebe GmbH, Gütersloh
Printed in Germany 1995

Gedruckt auf alterungsbeständigem Papier mit chlorfrei gebleichtem Zellstoff

Für Mutti

Inhalt

Einführung

Es war eines der verblüffendsten Geständnisse der Geschichte. Prinz Charles, der zukünftige König Englands, räusperte sich und blickte in die Fersehkamera. »Versuchten Sie, nachdem Sie das Ehegelübde abgelegt haben, Ihrer Frau treu zu sein?« wurde er gefragt.

»Ja, absolut«, antwortete Charles.

»Und waren Sie es?« fragte der Interviewer.

»Ja.«

Dann fügte er nach einer dramatischen Pause hinzu: »... bis die Ehe endgültig scheiterte.« Zum erstenmal gab ein Mitglied des Königshauses zu, die Ehe gebrochen zu haben. Mit diesem einen kurzen Satz hatte Prinz Charles alle Gerüchte und Spekulationen der vergangenen Jahre bestätigt. Vor 12,7 Millionen zukünftiger Untertanen und Millionen von Zuschauern in der ganzen Welt sicherte sich Prinz Charles am 29. Juni 1994 seinen Platz in den Geschichtsbüchern: als der einzige Thronfolger der Welt, der seine Ehefrau betrog. Es war eine bemerkenswerte Ergänzung einer der bemerkenswertesten Liebesgeschichten aller Zeiten.

Mit diesem einen kurzen Satz sorgte Prinz Charles dafür, daß sein Name immer im Zusammenhang mit der »anderen Frau« genannt würde.

Die Märchenehe des Prinzen und der Prinzessin von Wales war kaum drei Jahre alt, als am 15. September 1984 Prinz Henry Charles Albert David Windsor geboren wurde.

Als die stolzen Eltern auf den Stufen des St. Mary's Hospital Paddington das Kind der Öffentlichkeit zeigten, freute sich das ganze Land. Telegramme von überallher wurden überbracht. Prinz Charles strahlte: »Ich habe jetzt eine fast vollständige Polomannschaft. Nun möchte ich auf einen Drink nach Hause gehen.«

Was niemand wußte: Während Charles und Diana glückliche Familie spielten, hatte ihre Ehe praktisch nur noch auf dem Papier Bestand. Nicht lange nachdem der strahlende Prinz der Nation seinen jüngsten Sohn präsentiert hatte, schlief er mit der einzigen Frau, der seine Liebe gehört: Camilla Parker Bowles.

Seine Ehe mit Prinzessin Diana war zu einer Farce geworden. Das Paar hatte getrennte Schlafzimmer, jeder führte sein eigenes Leben. Wenn sich ihre Wege zufällig kreuzten, kam es zu heftigen Wortgefechten. Die Ehe war an einem Punkt angelangt, an dem Charles den Raum verließ, wenn Diana hereinkam.

Prinz Harrys Geburt markierte den endgültigen Tod der ehelichen Verbindung. Am Nachmittag jenes Tages rief Prinz Charles, gefangen in der Einsamkeit einer lieblosen Ehe, seine alte Liebe Camilla Parker Bowles an. Die beiden verabredeten, sich noch in derselben Woche auf Highgrove zu treffen, dem Sitz des Prinzen. Es war die Renaissance einer der größten Liebesgeschichten aller Zeiten.

Die Liebe zwischen dem Prinzen und Camilla hatte vor vierzehn Jahren auf einem Polofeld begonnen. Sofort wußte Prinz Charles: Camilla ist »die Richtige«. Doch sie wies seinen Heiratsantrag zweimal zurück.

Statt dessen sah er sich an einem wolkenverhangenen Septembertag des Jahres 1984 mit einer Frau verehelicht, die er nicht verstand und die er nicht liebte.

Sein Entschluß stand fest: Er würde die Beziehung zu Camilla wiederaufleben lassen, denn, wie er später sagte: »Sie ist die einzige Frau, die ich jemals geliebt habe.«

Charles' Entscheidung sollte die Monarchie in ihren Grundfesten erschüttern. Als alle Details der Affäre bekannt wurden, konnte kein Zweifel mehr daran bestehen, daß Camilla die einzige wahre Liebe in Prinz Charles' Leben ist.

Camilla Parker Bowles hätte ihr Leben in völliger Zurückgezogenheit geführt – wäre ihr nicht ein Prinz begegnet. Doch so wurde ihr Name zum Synonym einer der größten Liebesgeschichten – und Skandale – des zwanzigsten Jahrhunderts.

Diese Geschichte übertrifft an Leidenschaft und Exklusivität jedes Hollywooddrehbuch, denn sie handelt von leibhaftigen Menschen und von einer Liebe, die allen Widerständen trotzt.

Erste Liebe

Es begann alles äußerst unspektakulär am wundervollen englischen Morgen des 17. Juli 1947.

In einem hellgelb getünchten Wöchnerinnenzimmer im Privatflügel des Londoner Kings' College Hospital wurde, als die ersten Strahlen der Morgensonne durchs Fenster schienen, ein Kind geboren. Auf dem Tisch stand ein einfacher Strauß Wiesenblumen. Die goldgeprägten Glückwunschkarten wiesen als Absender die besten Adressen des Landes auf.

Während sich die Mutter, die Ehrenwerte Rosalind Shand, in ihrem Bett ausruhte, konnte sie nicht ahnen, was das Leben für ihr entzückendes kleines Baby, dessen Gesichtchen von goldenen Locken umrahmt wurde, bereithielt. Zum Zeitpunkt ihrer Geburt schien die Zukunft der kleinen Camilla keine Rätsel zu bergen.

Sie würde standesgemäß erzogen, sich exzellente Kenntnisse im Jagen und Fischen aneignen – und dann würde ihr ein reicher Ehemann ins Netz gehen.

Doch das Schicksal hatte andere Pläne: Vierzig Jahre später sollte Camilla eine der berühmtesten Frauen der Geschichte sein.

Unter dem Namen Camilla Parker Bowles würde sie die Nation in Aufruhr versetzen: durch eine Affäre mit dem Thronfolger und durch ihre Hauptrolle in einem

Drama, das die berühmteste Ehe ihrer Zeit zerstörte und die Monarchie in die Knie zwang.

Camilla war nicht allein mit dem sprichwörtlichen Silberlöffel im Mund geboren worden – ein ganzes Speisezimmer voller Silberbesteck stand ihr zu Gebot. Die Referenzen, die sie als Dame der Gesellschaft auswiesen, ließen nichts zu wünschen übrig, ihre Abstammung war geradezu einschüchternd.

Ihre Mutter, die Ehrenwerte Rosalind, war die Tochter des vierten Lord Ashcombe, dessen Vorfahr Thomas Cubitt die bekannte Baufirma Cubitt gegründet hatte, die den größten Teil der Londoner Stadtviertel Mayfair und Belgravia errichtete.

Ihr Vater, Bruce Shand, war Mitinhaber einer Weinhandlung in Mayfair und Major bei den Zwölften Royal Lancers. Für seine Tapferkeit im zweiten Weltkrieg wurde er zweimal mit dem Military Cross ausgezeichnet. Zwei Jahre lang war er in deutscher Kriegsgefangenschaft. Er durfte sich Master nennen und hatte sogar die Position des Vice Lord Lieutenant von East Sussex inne.

Die Shands waren, wie einer von Camillas engsten Freunden sagte, »sehr ehrenwerte Leute«. Sie trugen keinen Titel, hatten aber so enge Verbindungen mit der Aristokratie, wie es unter diesen Umständen möglich war. In der Oberklasse der Landbesitzer kam Camilla aus einer der besten Familien.

Eine der seltsamsten Verknüpfungen des Schicksals wollte es, daß in den siebziger Jahren des 19. Jahrhunderts Camillas Urgroßmutter Alice Keppel die langjährige Geliebte von Prinz Charles' Ururgroßvater Edward VII. war. Mehr als ein Jahrhundert trennt Camilla Parker Bowles von Alice Keppel. Kriege und Revolutionen kamen und gingen. Die Menschheit erforschte die Geheimnisse des Weltalls und machte die ersten Schritte auf dem Mond. Aber in der Welt der High-Society hatte sich nichts verändert.

Eine Freundin sagt: »Camilla war auf ihre Verbindungen zum Königshaus nicht nur stolz, sondern schwelgte geradezu in ihnen. Geschichten über Alice konnte Camilla gar nicht genug hören. Sie saß auf dem Schoß ihrer Mutter und bettelte, mehr über ihre berühmte Ahnin erfahren zu dürfen.

Camillas Augen strahlten, wenn ihre Mutter mit sanfter Stimme von Alice erzählte, der heimlichen Geliebten von Edward VII.

Ihre Lieblingsanekdote war Alices berühmter Ausspruch: ›Meine Aufgabe ist es, einen Hofknicks zu machen ... und ins Bett zu springen.‹ Camilla lächelte jedesmal, wenn sie diesen Satz hörte. Camilla war fasziniert. Sie bat immer wieder, die alten zerknitterten Fotografien, die Alice zeigten, betrachten zu dürfen.«

Ein anderer Schulfreund sagt: »Sowie Camilla auf unsere Schule kam, unterhielt sie uns mit Geschichten über ihre Urgroßmutter. Sie erzählte uns, daß Alice jedes Jahr mit dem König nach Biarritz fuhr. Camilla sagte: ›Dort war sie genauso Königin von England wie die wirkliche.‹

Besonders gern erzählte sie die Geschichte seines Todes. Alices Stellung als Geliebte von Edward VII. war so unumstritten und allgemein akzeptiert, daß seine Gattin, Königin Alexandra, nach Alice Keppel schickte, um gemeinsam mit ihr am Sterbebett des Königs zu wachen.

Camilla sagte immer: ›Meine Urgroßmutter war vielleicht nicht die Königin, aber der König hörte auf sie. Das machte sie ganz schön mächtig.‹«

Diese Worte aus dem Munde eines Kindes – Camilla ahnte nicht, wie prophetisch sie waren.

Und tatsächlich gab Camilla bei einer ihrer ersten Begegnungen mit dem jungen Charles den unsterblichen Satz von sich: »Meine Urgroßmutter war die Geliebte Ihres Ururgroßvaters. Wie wäre es mit uns?«

Camillas früheste Jugend war glücklich. Sie wuchs in »The Laines« in Plumpton, Sussex, auf. Das Haus war im Tudorstil erbaut, hatte fünf Schlafzimmer – genau die richtige Umgebung für ein Mädchen ihrer Klasse und ihres sozialen Umfelds. Es war ein weitläufiges Haus, erfüllt vom Lachen glücklicher Menschen. Camilla erinnert sich gern an ihre Kindheit. Neulich erst sagte sie einem Freund: »Wenn man mich für stark hält, dann habe ich das in erster Linie meiner Familie zu verdanken. Ich habe in meiner Kindheit soviel Liebe und Sicherheit erfahren. Niemals mußte ich daran zweifeln, daß meine Familie in einer Krise immer für mich dasein wird. Was auch geschah, ich wußte stets, daß ich gewollt war und geliebt wurde. Einem Kind dieses Gefühl zu geben ist das größte Geschenk, das man ihm machen kann. Ich hatte einen optimalen Start. Als ich älter wurde, habe ich erkannt, daß das solide Fundament, das ich als Kind bekommen habe, mir die Kraft gegeben hat, mit allem Kummer fertig zu werden. Und davon gab es einigen.« Zwei Jahre nach Camillas Geburt bekam die Familie eine zweite Tochter, Annabel. Achtzehn Monate später wurde Bruder Mark geboren, der Abenteurer der Familie; Mark war ein gutaussehender blonder Junge, der sich später seinen Lebensunterhalt mit dem Schreiben brillanter Reiseberichte verdiente.

Die ganze Familie ritt und jagte. Einmal im Jahr stellte Camillas Vater seinen Besitz für eine Party der Conservatives zur Verfügung.

Ein ehemaliger Nachbar sagt: »Es war die klassische Gentry. Sie hatten Kindermädchen und veranstalteten

im Sommer Krocket-Parties auf dem Rasen. Es war eigentlich sehr idyllisch. Sie waren eine höchst angesehene Familie. Wenn die ganze Familie sonntags zur Kirche ging, war Camilla stets tadellos gekleidet. Den Rest der Woche war sie eine wilde Range. Während die anderen Mädchen still dasaßen und lasen oder mit ihren Puppen spielten, war Camilla lieber mit Jungen zusammen. Sie trug einen kurzen strubbeligen Bob, und mit ihrem schmutzigen Gesicht und den aufgeschürften Knien hätte man sie leicht für einen Buben halten können. Sie kletterte sehr gern auf Bäume, war eine gute Sportlerin und kannte keine Angst. Tapfer wie ein Löwe war sie.

Wenn die Kinder im Sommer im Fluß schwimmen gingen, war Camilla auch hierbei die Anführerin. Sie hatte immer großes Vertrauen in ihre Fähigkeiten. Wenn ihr Bruder Mark etwas konnte, wollte sie es auch sofort lernen – oder sogar besser machen. Sie kannte einfach keine Furcht. Sie wurde mit einem Selbstvertrauen geboren, wie man es bei Frauen ihrer Generation selten findet.«

Mit ihren langen goldenen Locken, der kecken Nase und dem zarten englischen Teint konnte man Camilla durchaus als hübsch und interessant bezeichnen. Aber es war ihre Wesensart, die sie von den anderen jungen Damen der besseren Gesellschaft unterschied.

Mit fünf wurde sie auf die Schule geschickt: Dumbrells im Dorf Ditching, drei Meilen vom Wohnsitz der Familie entfernt. Die Schule wurde von den Töchtern der Aristokratie besucht. Die Schulgebühren beliefen sich auf die stolze Summe von zehn Pfund jährlich.

Dumbrells war äußerst spartanisch und wurde ähnlich streng wie Gordonstoun geführt, das schottische Internat, in dem Prinz Charles seine entscheidenden Jahre verbrachte.

Aber während Charles ein sensibles Kind war, das das rauhe, lebhafte Treiben seiner Schule verabscheute, blühte Camilla in Dumbrells richtiggehend auf.

Im Winter wurde sie von ihrer Mutter gefahren, aber im Sommer ging sie die drei Meilen zur Schule gern zu Fuß, begleitet von ihrem Kindermädchen. Sie war hervorragend in Hockey, das im Winter gespielt wurde, und in ›Stoodball‹ einem traditionellen Sommerspiel, dem Krocket ähnlich.

Ein Mitschüler erinnert sich, daß die Klassenzimmer sogar an den kältesten Wintertagen ungeheizt blieben: »Wir zogen dicke Socken und Stiefel an und trugen ungefähr sieben Lagen Pullover, Mäntel und Schals. Wenn man seinen Handschuh auszog, um den Füller aufzuschrauben, wurden die Finger vor lauter Kälte sofort blau. Es war wirklich eiskalt im Zimmer.

Eines Tages kam ein Schulinspektor, und der konnte kaum fassen, daß so etwas überhaupt noch existierte. Die Schule war so streng und spartanisch, daß ich immer noch der Meinung bin: Wer Drumbells überlebt, kommt überall durch. Das wichtigste war, daß man lernte, still zu leiden und sich nichts anmerken zu lassen.

Mittwochs hatten wir Sport. Das Wasser in den Duschen war eiskalt. Wer sich beschwerte, wurde bestraft. Es ging in erster Linie darum, den Kindern beizubringen, wie man unter extremen Bedingungen überlebt. Disziplin wurde großgeschrieben. Fünfjährige Kinder wurden mit Stockschlägen auf das nackte Gesäß bestraft, wenn sie etwas angestellt hatten. Camilla war eine gute Schülerin, intelligent und schlagfertig. Soweit ich mich erinnere, bekam sie immer nur Ärger, weil sie im Unterricht mit ihren Banknachbarinnen tuschelte. Sie war ein Energiebündel und konnte nicht einen Moment ruhig sein.

Aber sie hatte einen so starken Charakter, daß nichts und niemand sie in die Knie zu zwingen vermochte. Daran erinnere ich mich am besten: Sie ließ sich von niemandem fertigmachen. Einmal wurde sie mit Stockschlägen bestraft. Sie muß damals sechs oder sieben Jahre alt gewesen sein. Als sie ins Klassenzimmer zurückkam und sich setzte, krümmte sie sich fast vor Schmerzen. Aber sie ließ den Kopf nicht hängen und weigerte sich standhaft, auch nur eine Träne zu vergießen. Sie biß sich auf die Lippen, hielt den Kopf hoch erhoben und blickte den Lehrer trotzig an. Klein wie sie war, hatte sie wirklich einen starken Charakter.«

Die Shands besaßen auch ein Anwesen in London, und als Camilla zehn Jahre alt war, schickte man sie in South Kensington auf die vornehme Queen's Gate School für junge Damen. Die Schule war stolz auf ihren Ruf, künftige »Ehefrauen für das halbe Auswärtige Amt und den größten Teil des Adels heranzuziehen«. Lynn Ripley, eine Klassenkameradin, sagte in einem Interview: »Wir nannten sie ›Milla‹, das war ihr Spitzname. Die anderen Mädchen blickten zu ihr auf. Sie hatte eine enorme innere Stärke. Es war für sie nicht so wichtig, ob sie gute oder schlechtere Zensuren bekam. Das spielte keine Rolle. Sie würde ein Leben führen, wie sie es sich wünschte – und das strahlte sie förmlich aus.

Schön war sie nicht, aber sie hatte einen gewissen Esprit. Was ihr äußerlich fehlte, machte sie durch Selbstvertrauen wett. Sie trug damals übrigens schon dieselbe Frisur wie heute. Sie war immer eine kleine Schickimickidame. Ich zog mich meistens eher unkonventionell an. Aber Milla sah man nur in Twinsets, Tweedkostümchen und Perlen. Wir haben uns nicht besonders gut verstanden, weil sie so gern auf die Jagd ging. Über dieses Thema stritten wir uns heftig, denn ich war absolut dagegen. Aber sie besaß große Anziehungskraft und ein Selbstvertrauen, um das ich sie glühend beneidete.

Sie war einer dieser Menschen, die genau wissen, was sie wollen, und überzeugt sind, daß sie es im Leben zu etwas bringen. Sie war erst fünfzehneinhalb, aber mir war klar, daß die Welt noch sehr viel von Milla Shand hören würde.«

Eine andere Freundin meinte: »Camilla paßte wunderbar auf diese Schule. Sie war klug, aber nicht genial. Sie mochte gern Sport, war aber keine wirkliche Sportskanone. Milla tat immer genau das Richtige. Sie war niemals unhöflich oder barsch, keine Streberin, aber auch keine Rebellin. Sie war ein solides und verläßliches Mädchen, mit dem es Spaß machte zusammenzusein und das sehr beliebt war.«

Die bekannte Schauspielerin Lynn Redgrave, die eine Klasse über Camilla war, haßte die Schule. Sie sagt: »Ich denke an diesen Ort voller Verachtung zurück. Ich war das einzige Mädchen, dessen Mutter arbeitete. Sie war Schauspielerin. Diese Schule diente in erster Linie dazu, aus uns heiratsfähige junge Damen zu machen. Die Mädchen hatten kein Interesse daran, viel zu lernen; sie hatten nur Parties im Kopf. Debütantin zu werden und sich einen reichen Ehemann zu angeln war das wichtigste. In endlosen Unterrichtsstunden brachte man uns bei, wie eine gute Ehefrau und Mutter zu sein hat. Ich paßte nicht ins Bild, denn ich wollte arbeiten, auf der Bühne Karriere machen. Über meine Träume haben sich alle lustig gemacht. Camilla aber ging völlig im Konzept der Schule auf. Sie wollte Spaß haben, aber auch einen reichen Mann heiraten, denn das war ihrer Meinung nach der größte Spaß.«

Die Autorin Penelope Fitzgerald, die Camilla Französischunterricht gab, erzählte dem Schriftsteller Nigel

Dempster in einem Interview für seinen Bestseller *Behind Palace Doors,* der 1993 erschien: »Queen's Gate veränderte sich zu der Zeit, als Milla die Schule besuchte. Es war immer ein Ort gewesen, an dem man die Mädchen lehrte, wie man Schecks ausschreibt und Bridge spielt. Aber langsam zog auch hier der Geist des zwanzigsten Jahrhunderts ein. Unsere Mädchen waren wunderschön. Viele kamen aus alten Landfamilien, in denen die Männer – von Generation zu Generation – wunderschöne junge Frauen geheiratet hatten. Deshalb sahen viele der Mädchen wirklich bezaubernd aus. Die, die nicht ganz so hübsch waren, durften ein dezentes Make-up tragen.« Dazu gehörte Camilla. Nachbarn in Sussex erinnern sich, daß sowohl sie als auch ihr Bruder Mark recht früh Interesse am anderen Geschlecht zeigten.

Einer sagte: »Sie waren beide auf natürliche, erdverbundene Weise an Sex interessiert. Sie sah nicht gerade aus wie ein Filmstar, war aber eines der ersten Mädchen ihrer Altersgruppe, die sich für Jungen interessierten. Sie hatte immer viel mehr Interesse an Männern als an Frauen.

Mark sah natürlich umwerfend gut aus. Er konnte jedes Mädchen haben, das er wollte. Er und Camilla standen sich sehr nahe. Sie paßte auf ihn auf, und er beschützte sie. Sie waren Bruder und Schwester, hatten aber eine ganz besonders enge Beziehung. Sie waren echte Freunde und standen füreinander ein.«

Carolyn Benson, die mit Camilla zur Schule ging und bis heute zu ihren engsten Freundinnen gehört, sagt: »Camilla war lustig und intelligent. Die Jungen liebten sie. Selbst als sie noch zu jung war, als daß Sex eine Rolle hätte spielen können, war Camilla immer mit Jungen befreundet. Sie konnte sich mit ihnen über die Dinge unterhalten, die die Jungen wirklich interessierten. Sie war nie ein typisches Mädchen, immer ein Kumpel.

Für Mode interessierte sie sich nicht. Das ist heute nicht anders. Aber sie wirkte auf ihre Art sexy. Sie hat gern geflirtet, auch das hat sich nicht geändert.«

Nach Beendigung ihrer Schulausbildung ging Camilla sechs Monate auf ein Internat in die Schweiz und nach Paris, um ihrer Erziehung den letzten Schliff zu geben. Dann kehrte sie nach London zurück, bereit für ihren großen Auftritt als neues Mitglied der Gesellschaft.

Ein Mädchen, das sie gut kannte, sagt: »Als Camilla aus Europa zurückkam, hatte sie noch mehr Selbstvertrauen. Sie hatte Französisch gelernt und konnte kochen. Aber was noch wichtiger war: Sie hatte sich die europäische Einstellung hinsichtlich Sex angeeignet. Zu dieser Zeit war sie noch Jungfrau, sprach aber offen darüber, daß sie den Sohn einer Freundin ihrer Mutter geküßt hatte. Sie sagte, es sei ›einfach wundervoll‹ gewesen. Ihre Augen leuchteten dabei. Ganz offensichtlich hatte sie den Zauber der körperlichen Liebe entdeckt. Unmittelbar nach dem Internat war sie noch pummelig und rundlich. Als sie dann aber nach London zurückkehrte, war der Babyspeck weg. Die Wangenknochen prägten ihr Gesicht. Sie war eine welterfahrene junge Lady geworden. Dazu kam noch das Flair des Sommers in Europa. Sie war erwachsen geworden. Camilla hatte nie irgendwelche Probleme mit dem anderen Geschlecht. Während die meisten von uns kicherten und in der Gegenwart von Jungen nervös waren, trat Camilla selbstbewußt auf und fühlte sich in ihrer Gesellschaft ausgesprochen wohl. Und das machte sie in den Augen der Jungen sehr attraktiv. Sie hatte immer viele Bewunderer.«

1965 wurde Camilla zusammen mit ihren Klassenkameradinnen Debütantin und stürzte sich voll Elan in die »Saison«.

Eine Dame, die zur selben Zeit debütierte, erzählt: »Camilla wußte, daß sie nie ›Debütantin des Jahres‹ werden würde, war aber entschlossen, soviel Spaß wie möglich zu haben. Ihre Eltern waren nicht so unermeßlich reich wie die einiger anderer Mädchen. Einige ihrer Kleider waren sogar von der Stange und trugen keine Designerlabel. Aber Camilla trat mit großer Gelassenheit auf.

Obwohl sie noch Teenager war, bemerkte jeder ihre Anwesenheit, wenn sie den Raum betrat. Sie war keine Schönheit, hatte keine perfekte Figur, keinen Titel oder irgendwie besondere Verbindungen. Aber das gewisse Etwas hatte sie. Sie strahlte in hohem Maße Selbstvertrauen und Sinnlichkeit aus. Und sehr viel Stolz. Sie hatte einen großartigen Sinn für Humor. Sie war ein Mädchen mit viel Sex-Appeal. Auf Haarpflege und Maniküre verwandte sie nie viel Zeit. Das ist etwas, woran ich mich sehr gut erinnere: Ihre Fingernägel waren nie lackiert, immer ein bißchen angeknabbert und ziemlich schmutzig. Ihr Haar war oft ungekämmt, und sie hatte rosige Wangen von der vielen frischen Luft. Ein sehr natürliches Mädchen. Wenn ich Camilla mit einem Wort beschreiben sollte, so hieße es ›erdverbunden‹.

Aber wenn sie den Raum betrat, blickten alle auf. Ganz einfach gesagt: Camilla war faszinierend. Sie ist mit einem natürlichen Sex-Appeal zur Welt gekommen.«

Die »Saison« dauerte von Ende März bis Juli. Die Mädchen der besten Familien besuchten unendlich viele Parties, Dinners, Tanzveranstaltungen und Spitzenereignisse wie das königliche Pferderennen in Ascot und Henley – in der Hoffnung, einen gesellschaftlich ebenbürtigen jungen Mann kennenzulernen.

Camillas »Saison« wurde am 25. März 1965 in der Pavilion Road 30 in Knightsbridge mit einer Cocktailparty eröffnet, zu der ihre Mutter geladen hatte. Einer der Partygäste erinnert sich: »Camillas Familiensitz in London war nicht geräumig oder luxuriös genug, um eine Party zur Einführung in die Gesellschaft zu geben. Pavilion Road konnte man mieten. Die meisten dieser Parties waren ziemlich steif und langweilig. Aber Camillas war gelungen. Sie trug ein wundervolles weißes Kleid und war die Seele der Veranstaltung. Alle hatten viel Spaß; Cocktails wurden bis elf Uhr abends gereicht. Alle waren beschwipst, und Camilla stand im Mittelpunkt. Sie warf ihr Haar zurück und erzählte derbe Witze. Bestimmt hat sie mit jedem anwesenden Mann geflirtet und getanzt. Aber sie war nicht die Sorte Mädchen, von der sich andere bedroht fühlen. Dafür war sie nicht hübsch genug. Nein, mit Camilla zusammenzusein machte einfach Spaß, und dafür mochte man sie.

Von dem Moment an gehörte sie zu den Stars der ›Saison‹. Wenn man wollte, daß eine Party wirklich in Schwung kam, lud man Camilla ein. Dann war sichergestellt, daß keine Langeweile aufkam.«

Zwei Tage nach ihrer ersten Cocktailparty hatte Camilla ihren ersten Geliebten. Zu einer Freundin sagte sie: »Ich möchte gern herausfinden, was daran so toll ist. Wer weiß, vielleicht macht es ja sogar Spaß.« Die Freundin erzählt: »Es waren die wilden Sechziger, und Camilla wollte daran teilhaben. Sie hat dem jungen Mann, den sie ins Auge gefaßt hatte, keinen unsittlichen Antrag gemacht, ihm aber zu verstehen gegeben, daß sie ihn nicht abweisen würde, falls er sich für sie interessiere.«

Prinzessin Diana, ihre spätere Rivalin, war gerade vier Jahre alt, als Camilla in dieser Nacht zur Frau wurde.

Prinz Charles war zu dieser Zeit noch ein unschuldiger Schuljunge im letzten Jahr auf dem Internat im schottischen Gordonstoun.

Camillas erste Liebe hieß Kevin Burke. Sie war achtzehn, er ein Jahr älter. Kevin hatte Eton besucht und war der Sohn des Luftfahrtpioniers Sir Aubrey Burke, des Vorsitzenden von Hawker Siddeley. Er erinnert sich: »Sie war so lustig, ausgesprochen beliebt, und obwohl sie keine klassische Schönheit war, war sie attraktiv und sexy. Sie war nie schüchtern und hatte immer etwas Amüsantes zu erzählen.

Ständig sprach sie von Alice Keppel. Für Camilla war ihre Urgroßmutter fast so etwas wie ein Talisman. Ihr Vorbild.

Jeden Abend gingen wir zu zwei oder drei Cocktailparties und hinterher tanzen. Man brauchte nur genug Benzin und Geld für die Reinigung. Für den Rest war gesorgt. Es war eine wundervolle Zeit. Ich hatte die beste Partnerin, die ich mir vorstellen konnte. Camilla stand immer im Mittelpunkt. Sie hatte nie schlechte Laune. Wir blieben ein Jahr zusammen. Wir waren wohl verliebt ... sofern man in diesem Alter überhaupt von Liebe sprechen kann ... Dann ließ sie mich fallen.«

Camilla hatte ihren zukünftigen Ehemann kennengelernt, Andrew Parker Bowles.

Zu diesem Zeitpunkt teilte sich Camilla in der Ebury Street im Stadtteil Chelsea eine Wohnung mit Virginia Carrington, der Tochter von Lord Carrington, dem früheren Sekretär für Auswärtige Angelegenheiten unter Mrs. Thatcher.

Eine Freundin von damals berichtet: »Die Wohnung war typisch Camilla. Ihr Schlafzimmer sah aus, als wäre gerade eine Bombe detoniert. Virginia war recht ordentlich, und Camilla machte sie einfach verrückt. Sie sagte einmal zu mir: ›Weißt du, Camilla ist unfähig, irgend etwas auf einen Bügel zu hängen. Und sie hat eine starke Abneigung gegen alle Sorten von Reinigungsmitteln. Du solltest mal das Badezimmer sehen, wenn sie herauskommt!‹

Aber man konnte ihr einfach nicht böse sein. Sie war wie ein großer, verspielter Welpe.«

Ein Freund aus Andrew Parker Bowles' Armeezeiten erinnert sich an Camillas erste Begegnung mit ihrem späteren Gatten. »Andrew war ein schneidiger junger Mann, Offizier bei den Blues und den Royals. Und viel gebildeter und kultivierter als die Männer, die sie sonst kannte. Außerdem sah er sehr gut aus.

Sie war verrückt nach ihm. Ich erinnere mich gut, wie sie ihn zum erstenmal sah. Er betrat den Raum bei einer dieser unzähligen Parties, und Camilla stieß mich an und fragte, wer er sei. Ich sagte ihr, sein Name sei Andrew, und daß er sehr begehrt sei. Sie sagte: ›Stell mich ihm sofort vor.‹

Wir gingen zu ihm, und Camilla begann sich mit ihm zu unterhalten. Den Rest des Abends wichen sie einander nicht von der Seite. Später gingen sie zusammen zum Dinner. Ich erinnere mich noch, daß ich damals dachte, sie sei in ihrer Schlichtheit eigentlich nicht Andrews Typ. Er sah so gut aus, daß er sich die schönsten Mädchen Londons aussuchen konnte. Aber er schien von Camilla verzaubert. Sie faszinierte ihn. Sie war nicht so hinreißend hübsch wie seine anderen Freundinnen, hatte aber eine gewisse Natürlichkeit, die er charmant fand. Camilla konnte jeden derben Witz, den er erzählte, mit einem anderen kontern.«

Andrew hatte auch die entsprechenden Verbindungen, die ihn zu einem geeigneten Partner für Camilla machten. Sein Vater Derek Parker Bowles war ein enger Freund der Königinmutter, die häufig Gast in Donnington House war, dem Sitz der Parkers auf einem 1000 Acre großen Gelände in der Nähe von Newbury in Berkshire.

Andrew Parker Bowles war Offizier der Gardekavallerie und bei den Frauen ausgesprochen beliebt. Seine Freunde sagen, er und Camilla hätten 1967 ›eine wirklich heiße Affäre‹ gehabt. Eine Dame, die auch einmal Andrews Gunst genießen durfte, meint: ›Sein größtes Geschenk an eine Frau war, daß er Sexualität für etwas ganz Natürliches und Gesundes hielt – etwas, das man erkunden muß. Diese Offenheit war auch sein Geschenk an Camilla. Sie war noch sehr unerfahren, als sie sich begegneten, aber dann verbrachten sie viele, viele Nächte zusammen. Dabei lernte sie sehr viel.«

Lady Caroline Percy, eine weitere Dame dieser »Gruppe«, sagt: »Andrew benahm sich Camilla gegenüber abscheulich, aber sie sehnte sich verzweifelt danach, daß er sie heiratete. Sie waren drei Jahre lang immer wieder mal zusammen, aber er hatte währenddessen Affären mit anderen Frauen. Natürlich war Camilla zu klug, um das nicht zu wissen. Eine Weile tolerierte sie es, aber dann hatte sie genug.«

Die meiste Zeit verbrachte Camilla allerdings in Andrews Junggesellenbude in der Portobello Road in Notting Hill. Ein Freund sagt: »Manchmal schaute ich Samstag morgens bei ihm vorbei. Andrew war oft schon aufgestanden, machte Frühstück und kochte Kaffee. So gegen elf kam Camilla die Treppen heruntergewankt, verschlafen und ein bißchen unordentlich. Sie trug dann eines seiner großen Hemden. Sie war sehr offen, was ihre Beziehung anging, und das war selbst in den lockeren sechziger Jahren für eine Lady ihrer Gesellschaftsschicht ungewöhnlich. Sehr oft verschwanden sie nachmittags, gingen hoch, und dann konnte man Kichern und Stöhnen aus dem Schlafzimmer hören. Offensichtlich hatten sie ein lustvolles, erfülltes Liebesleben.

Aber Andrew konnte einfach nicht treu sein. Wenn Camilla nicht bei ihm war, flirtete er auf Parties mit langbeinigen Mädchen und brachte sie anschließend nach Hause. Camilla wußte, daß Andrew gern ein Auge riskierte.

Eines Morgens tauchte sie unerwartet auf. Andrew öffnete die Tür, nur in Unterhosen. Es war eines der wenigen Male, daß er nicht wußte, was er sagen sollte. Camilla wollte hereinkommen, aber Andrew suchte nach Ausflüchten.

Camilla war fuchsteufelswild. Sie sagte: ›Wen zum Teufel hast du da drin? Welche Mieze war es letzte Nacht?‹

Andrew bekam einen knallroten Kopf. Aber Camilla war nicht der Typ, der in Tränen ausbricht und einfach wegrennt. Sie stürmte durch die Tür. Als sie ins Schlafzimmer kam, war da ein hübsches junges Mädchen, das aus dem Badezimmer gerannt kam und dabei hastig versuchte, ihre Kleider zu ordnen. Camilla sah erst sie an, dann Andrew, dann wieder das Mädchen und sagte dabei zu Andrew: ›Ziemlich durchschnittlich, mein Alter. Konntest du nichts Besseres finden? Was ist los mit dir?‹

Dann drehte sie sich auf dem Absatz um und verließ den Raum, während das Mädchen in Tränen ausbrach.

In diesem Moment beschloß Camilla, es ihm gleichzutun. Ich glaube, im Hinterkopf hatte sie den Gedanken, jemanden zu finden, der Andrew die Eifersucht lehren würde. Sie sah sich ein Weilchen um, und dann fand sie den Allerbesten ...«

Der Prinz ist verzaubert

Die Begegnung, die den Lauf der Geschichte verändern sollte, fand an einem typisch englischen Sommertag statt. Es regnete in Strömen, und Windböen pfiffen über das Polofeld im Windsor Great Park.

Prinz Charles stand mit nassem Haar neben einem seiner geliebten Poloponys und streichelte die feuchte Mähne des Tieres. Plötzlich tauchte eine einzelne Person in grünen Gummistiefeln, braunen Cordhosen und einer tropfnassen Barbour-Jacke neben ihm auf.

»Das ist ein schönes Tier, Sir«, sagte eine Frauenstimme.

Charles drehte sich um und blickte die Frau an, die das nächste Vierteljahrhundert seines Lebens bestimmen sollte.

Sie lächelte entspannt und sagte: »Ich heiße Camilla Shand und freue mich, Ihre Bekanntschaft zu machen.«

Ein Zeuge dieses ersten Wortwechsels im Juni 1970 erinnert sich: »Camilla sah, wie wir alle, an diesem Tag fürchterlich aus. Es goß, und die meisten waren enttäuscht, weil das Polospiel witterungsbedingt verschoben wurde. Camilla sah den Prinzen allein am anderen Ende des Feldes stehen. Ohne eine Spur von Nervosität ging sie zu ihm hinüber und begann mit ihm zu reden. Um ehrlich zu sein: Niemand fand das überraschend oder seltsam. Sie gehörte schließlich seiner Gesellschaftsschicht an. Sie hatte sich bereits früher bei gesellschaftlichen Anlässen in der Gegenwart der königlichen Familie aufgehalten. Wir alle hatten mächtige und einflußreiche Freunde. Die meisten unserer Familien unterhielten Kontakte mit dem Königshaus. Deshalb war es nicht verwunderlich, daß Camilla auf den Prinzen zuging und ihn ansprach.«

Charles war zweiundzwanzig und hatte gerade sein Studium an der Universität von Cambridge beendet. Camilla war dreiundzwanzig und schon ziemlich erfahren. Mehr als eine Stunde lang unterhielten sie sich angeregt. Der argentinische Polospieler Luis Basualdo, der zu dieser Zeit in einem Team mit dem Prinzen spielte, berichtet: »Auch wenn er nicht mehr ganz unschuldig war, so war er doch zumindest noch etwas grün hinter den Ohren. Für den Prinzen begann mit Camilla das wirkliche Leben.«

Zu dieser Zeit war Charles ein unglücklicher, unruhiger junger Mann. Eine Kindheit, in der er jede Zärtlichkeit entbehren mußte, und ein strenges Internat, das er verabscheute, hatten ihn einsam und unnahbar werden lassen.

Camilla wehte wie eine frische Brise in sein Leben.

Ein anderer Freund erinnert sich: »Vom ersten Tag an war Charles von Camilla verzaubert. Sie redete völlig ungezwungen und natürlich mit ihm. Ich glaube, sie war das erste Mädchen, das so offen mit Charles sprach. Sie müssen bedenken, daß er bis zu diesem Zeitpunkt erst wenig Mädchen kannte. Er hatte ausschließlich Kontakt mit den jungen Damen, die in den Palast eingeladen waren. Die anderen, die er auf der Universität kennengelernt hatte, ließen sich durch seine Position total einschüchtern.

Aber Camilla kannte keine Furcht. Sie wußte, daß sie ihm ebenbürtig war. Und er fand das erfrischend.

Damals – und auch heute noch – konnte er mit Camilla so offen sprechen wie mit niemand anderem. In ihrer Gegenwart fühlt er sich sicher.

Sie war und ist, ehrlich gesagt, nicht gerade die propperste aller Frauen. Man kann nicht sicher sein, ob sie den Slip, den sie trägt, morgens frisch angezogen hat. Ich glaube auch nicht, daß sie jemals zum Friseur gegangen ist.

Aber er liebte sie vom ersten Augenblick an. Sie konnte aus allem einen Witz machen. Sie war dabei aber nie sarkastisch, sondern beobachtete entweder etwas und kommentierte das dann trocken, oder aber machte einen Witz, der auf ihre eigenen Kosten ging. Dieser Humor war das erste, was Prinz Charles für sie einnahm. Man sagt, daß ein Paar, das zusammen lacht, auch zusammenbleibt. Ich glaube, daß das auf Charles und Camilla zutrifft. Selbst in den tiefsten Abgründen seiner Depressionen kann Camilla ihn immer noch zum Lachen bringen, die heitere Seite des Lebens sehen.«

Sie teilte auch seine Begeisterung für die Blödelsendung *Goon Show*. Damals, in den siebziger Jahren, nannte Charles Camilla gern »Gladys«, nach seiner Lieblingsfigur in einem Sketch von Spike Mulligan, und sie gab ihm den Spitznamen »Fred«, der in der *Goon Show* häufig vorkommt. Mit diesen Namen unterzeichneten sie die Liebesbriefe, die sie sich regelmäßig schrieben.

In diesem Sommer 1979 waren Charles und Camilla einfach jung – und verliebt. Innerhalb einiger Wochen wurden sie unzertrennlich. Ein Freund erinnert sich: »Camilla gab ihm etwas, was er nie zuvor kennengelernt hatte. Bei ihr konnte er einfach Mensch sein. Wenn sie in der Nähe war, war in ihm eine Leichtigkeit, eine Heiterkeit, die er bis jetzt nirgendwo gefunden hatte.«

Sie war sein Idealbild von einer Frau. Auch aus ihrer

Sicht war Prinz Charles perfekt. Sie hatte nicht vor, sich in ihn zu verlieben. Das geschah erst später. Nein, als sie sich kennenlernten, war sie noch immer verletzt, wie Andrew Parker Bowles sie behandelt hatte. Camilla war bis über beide Ohren in Andrew verliebt, wußte aber, daß er ihr nicht treu war. Sie hatte die Hoffnung weitestgehend aufgegeben, daß er sie heiraten würde. Den Prinzen mochte sie sehr, verspürte bei ihm aber kein Kribbeln im Bauch. Er war nur eine ideale Möglichkeit, sich an Andrew zu rächen. Innerhalb weniger Wochen sprach ganz London von der Beziehung des Prinzen mit seiner neuen Lady.

Es war nur eine Frage der Zeit, bis Andrew von der Beziehung erfuhr. Und ihr war das natürlich auch bewußt.

Bald sah man Camilla regelmäßig an der Seite des Prinzen, wenn sie etwa zusammen die beliebtesten Nachtclubs wie das Annabels in London besuchten. Einer von Camillas damaligen besten Freunden sagt: »Man war erstaunt, wie schnell sich die Beziehung vertiefte. Innerhalb einiger Monate wurde deutlich, daß ihre Beziehung sehr intensiv und innig war. Sie verspürten echte Liebe und Freundschaft füreinander, was jeder sofort beobachtete, wenn er sie nur zusammen sah.

Camilla war sehr verschwiegen. Wenn man ihr gegenüber ihre Freundschaft mit dem Prinzen erwähnte und sie damit neckte, kicherte sie nur. Sie verriet nie etwas darüber. Schon damals war sie immer sehr diskret.

Es war damals auch eine andere Zeit. Es gab keine Presse, die das Königshaus scharf beobachtete, und außerhalb des engsten Freundeskreises machte niemand irgendwelche Bemerkungen. Warum auch? Camilla war eine von uns. Es gab keinerlei Grund für einen Skandal.

Jedenfalls waren sie beide Singles und konnten ihre Romanze genießen, ohne jemandem weh zu tun. Wenn man sie zusammen sah, spürte man sofort, daß sie auch eine körperliche Beziehung hatten. Ich erinnere mich noch an die eine Nacht im Annabels. Der Prinz trank für gewöhnlich wenig und tanzte sehr selten. Aber in dieser Nacht ging er völlig aus sich heraus. Er trank Champagner, und Camilla zog ihn fortwährend auf die Tanzfläche. Er legte einen Arm um ihre Taille und ließ seine Hand dann zu ihrem Po gleiten. Eine so intime Geste war für ihn äußerst ungewöhnlich. Camilla nahm ganz offensichtlich einen besonderen Platz in seinem Herzen ein. Wenn man beobachtete, wie sie sich unterhielten, sah man, daß seine Augen aufleuchteten und daß er sehr entspannt war. Sie lachten viel zusammen.

Es war auch ungewohnt, den jungen Prinz Charles mit einer so erfahrenen Frau wie Camilla zu sehen und zu wissen, daß sie eine intime Beziehung hatten. Es war einfach klar, daß sie sich im Bett wunderbar verstanden.«

Der sexuelle Einfluß, den Camilla auf Prinz Charles hatte, wird im engsten Freundeskreis heute noch lebhaft diskutiert. Ein Freund, der Camilla seit fünfundzwanzig Jahren kennt, sagt: »Es ist allgemein bekannt, daß Camilla sehr gut im Bett ist. Sie ist eine Frau, die weiß, was sie will, und versteht es hervorragend, einen Mann zu befriedigen. Es heißt, sie sei darin unglaublich gut. Wenn man sich mit ihren früheren Freunden darüber unterhält, erinnern sie sich bestens. In den sechziger Jahren war ein Mädchen normalerweise im Bett nicht so aufgeschlossen. Und ein Mädchen aus ihrer Gesellschaftsschicht schon gar nicht.

Dem jungen Charles muß sie die Augen geöffnet haben. Als sie sich kennenlernten, hatte er noch wenig Erfahrung. Sie war seine erste längere Beziehung.

Diese frühe sexuelle Bindung hat ihrer Freundschaft eine Intimität verliehen, die ihnen niemand nehmen kann. Man sagt, man vergißt die erste Liebe nie. Und im Fall von Prinz Charles trifft das den Nagel auf den Kopf. Es war mehr als Sex, was Charles mit Camilla verband: die intime Kenntnis des anderen. Sie waren unlösbar miteinander verbunden und paßten perfekt zusammen. Sie hatten dieselben Interessen, waren gern draußen, waren beide sportlich und lachten über dieselben Dinge. Ein wundervolles Pärchen.«

Außer seinen tiefen Gefühlen für Camilla gab es noch einen anderen Grund, warum Charles sie so gern um sich hatte. Sein engster Verbündeter, Onkel Lord Louis Mountbatten, befürwortete seine Freundschaft mit Camilla. Mountbattens ehemaliger Privatsekretär John Barratt sagt dazu: »Charles stand Mountbatten immer näher als seinem Vater. Die Beziehung zwischen Charles und Prinz Philip war schwierig. Dafür nahm sich Lord Mountbatten des jungen Prinzen an. Er war für ihn eigentlich immer eine Vaterfigur. Als Onkel Dickie sein Okay für Camilla gab, kam das für Charles einem offiziellen Einverständnis gleich.«

Mountbatten hatte große Pläne. Seine Enkelin, Lady Amanda Knatchbull, war seiner Meinung nach die ideale Braut für den zukünftigen König. Aber zu dem Zeitpunkt, als Charles' Beziehung mit Camilla begann, war Amanda erst vierzehn Jahre alt. Mountbatten wußte, daß Charles weibliche Gesellschaft brauchte, bis Amanda alt genug wäre, den Platz an seiner Seite einzunehmen. Barratt sagte: »Mountbatten wußte, daß Camilla so lange die ideale Geliebte für Charles war, bis Amanda ins heiratsfähige Alter kam. Deshalb gab er ihrer Freundschaft seinen Segen. Er ermutigte Charles, sich die Hörner abzustoßen. Er riet seinem Neffen, nicht vor dem dreißigsten Lebensjahr zu heiraten, und fand, sie sei ›exzellent‹ für die Rolle der Geliebten geeignet.«

Mountbatten lud das verliebte Paar übers Wochenende gelegentlich auf seinen traumhaften Landsitz Broadlands in Hampshire ein. Er sagte seinem persönlichen Butler: »Charles braucht etwas Privatsphäre. Von jetzt an kann er jederzeit hierher kommen, und in seiner Familie muß das niemand erfahren.«

Um den Schein zu wahren, wurde Camilla immer im Portico Raum untergebracht, in dem auch die Queen 1950 ihre Ehe mit Prinz Philip vollzogen hatte. Charles erhielt die direkt danebenliegende »Lady-Louis-Suite«. Beide Räume hatten eine Verbindungstür aus Eiche. Diese Tür wurde diskret unverschlossen gelassen.

Barratt erinnert sich: »Natürlich wußte jeder, daß Charles und Camilla zusammen schliefen, aber über so etwas wurde nicht gesprochen. Das lag einfach auf der Hand. Die Bediensteten gingen morgens in die Suiten, und es war offensichtlich, daß nur ein Bett benutzt war. Aber das war nicht schockierend. Charles und Camilla waren beide jung und alleinstehend. Alle im Haus liebten Camilla.

Sie war zu allen gleichermaßen freundlich und charmant. Ein Snob ist sie nicht. Ich traf sie bei vielen Gelegenheiten, und sie hatte für alle immer ein freundliches Lächeln und ein nettes Wort. Sie war völlig ungekünstelt. Sie schlief mit dem zukünftigen König von England, aber die große Dame kehrte sie nie heraus.

Mountbatten bewunderte Camilla. Sie war witzig, intelligent und sehr lustig. Sie hatte diesen trockenen Humor, der sowohl Charles als auch seinem Onkel imponierte. Beide liebten sie sehr. Sie hatte gelebt, sie hatte ihre Erfahrungen gemacht. Mountbatten mochte ihr Wesen und ihre Stärke.

An den Wochenenden auf Broadlands waren Charles

und Camilla unzertrennlich. Sie benahmen sich wie jedes verliebte Pärchen – hielten Händchen, lachten und scherzten miteinander. Sie gingen zusammen angeln, ritten aus oder machten lange Spaziergänge auf dem herrlichen Anwesen.

Ich hatte ihn nie zuvor in der Gesellschaft einer Frau so entspannt gesehen. Sie gab ihm ein besonderes Gefühl – genau wie es Alice Keppel gegenüber Edward VII. vermocht hatte.

Lord Mountbatten wies mich einmal auf die außerordentlich große Ähnlichkeit zwischen Camilla und Alice hin. Er nickte, als ob er andeuten wollte, es könne Vererbung im Spiel sein. Insgeheim war er sehr zufrieden mit Charles' Beziehung zu Camilla. Er war überzeugt, daß sie dem jungen Prinzen guttat.«

Während des ganzen Jahres 1971 waren Charles und Camilla wie eine Einheit. Regelmäßig besuchte er den Sitz ihrer Eltern in Sussex an den Wochenenden, natürlich immer sehr diskret und anonym. Ein Freund der Familie meint, daß Charles und Camillas Vater Major Shand sehr gut miteinander auskamen. Der Freund sagt: »Bruce Shand hatte alles, was Charles an einem Mann bewunderte. Er war als Held ausgezeichnet worden, eine tragende Säule der Gesellschaft. Aber er war überhaupt nicht steif. Er akzeptierte Charles sofort als Teil der Familie. Diese Wochenenden bei den Shands in Sussex waren Charles lieb und teuer. Dort fühlte er eine normale, glückliche und vertraute Familiengemeinschaft. Er fühlte sich darin sehr wohl und war dort natürlich auch mit der Frau zusammen, die er liebte.

Sonntags sah man Camilla und Charles vor dem Mittagessen oft zusammen spazierengehen. Sie schlenderten die Straße entlang und unterhielten sich oder lachten die ganze Zeit. Niemand beachtete Charles übermäßig. Sie sahen genau wie jedes andere verliebte junge Pärchen aus. Aber trotz ihrer offensichtlichen Liebe für Charles trauerte Camilla immer noch Andrew Parker Bowles nach.«

Andrew war mit seinem Regiment nach Deutschland versetzt worden. Während dieser Zeit sagte Camilla zu einem Freund: »Ich liebe Charles sehr, aber ich kann Andrew einfach nicht vergessen. Ich frage mich, wo er ist und was er macht. Ich denke ständig an ihn. Ist es möglich, zwei Männer gleichzeitig zu lieben?«

Camilla wußte, daß sie ihren Prinzen nie heiraten würde. Carolyn Benson, die beide gut kennt, sagt: »Er war jünger, einfach ein netter Junge. Camilla war sich über ihren einzigartigen Status sehr wohl im klaren, aber Königin wollte sie nie werden. Er hätte sie sehr wahrscheinlich geheiratet, aber das wollte sie nicht.«

Ein anderer Freund sagte dazu: »Camilla lachte, wenn das Thema Ehe aufkam. Sie war im weiteren Umfeld der Königlichen Familie aufgewachsen; sie wußte, was es heißt, Prinzessin von Wales zu werden. Und sie konnte dieser Vorstellung nichts abgewinnen. Camilla wollte ein ruhiges Leben führen. Sie hatte sich in den Kopf gesetzt, eine gute Partie zu machen und eine Familie zu gründen. Königin wollte sie nicht werden.«

Im September 1971 schrieb sich Prinz Charles auf dem Dartmouth Naval College ein. Es war Teil der Ausbildung, die ihn auf die Rolle des Königs vorbereiten sollte. Er würde oft und lange auf See sein.

Er und Camilla nahmen in seinen Privatgemächern im Buckingham Palace voneinander Abschied. Ein Freund von Camilla sagte: »Es flossen auf beiden Seiten Tränen, aber überwiegend auf der von Charles. Camilla mußte ihn trösten. Er hatte sich sehr darauf gefreut, zur See zu gehen, aber je näher der Abschied heranrückte, desto schrecklicher wurde für ihn die Vorstellung, Camilla verlassen zu müssen. Er war mehr in sie verliebt als umgekehrt. Sie war die erste große Liebe seines Lebens. Und wie sich später herausstellte, war sie sogar *die* große Liebe seines Lebens.

Charles wußte, daß er seine Pflicht erfüllen und zur See gehen mußte. Er wußte auch, daß er Camilla, die Frau, die er liebte, aufgeben mußte. Was er nicht ahnte, war, daß er Camilla noch einige Male zugunsten der Pflicht gegenüber Krone und Vaterland aufgeben würde.«

Während Charles in Dartmouth war, schrieb sich das Paar fast täglich. Ein Freund weiß: »Charles schrieb Camilla lange, leidenschaftliche Briefe, in denen stand, wie sehr er sie vermißte. Sie schrieb dann zurück, daß es nur eine Frage der Zeit sei, bis sie sich wiedersehen würden. Seine Briefe waren sehr süß und naiv. Camilla hat sie nie weggeworfen. Bis auf den heutigen Tag hütet sie sie wie ihren Augapfel.«

Im Oktober 1971 kam Andrew Parker Bowles vom Festland zurück und nahm den Kontakt mit Camilla sehr schnell wieder auf. Ein Freund: »Als Andrew nach Hause kam, schmeichelte es ihm sehr, als er erfuhr, daß Camilla eine Affäre mit dem Prinzen hatte. Sie waren ja aus denselben gesellschaftlichen Kreisen, und um ganz ehrlich zu sein, hob es Andrews eigenen Status, daß seine Freundin mit dem Prinzen von Wales schlief.

Er war stolz auf sie. Und als Mann war es auch eine Herausforderung für ihn. Camilla war noch immer in ihn verliebt; es war, als ob man einem Bullen mit einer roten Fahne vor der Nase herumwedelt. Andrew nahm die Herausforderung an. Insgeheim fand er es großartig, daß Camilla mit dem Prinzen schlief, aber er war dennoch entschlossen, sie zurückzugewinnen.«

Andrews jüngerer Bruder Simon sagt dazu: »Es schmeichelte ihm, daß Camilla das Interesse des Prinzen erregt hatte. Im Grunde genommen kannten sich Andrew und Camilla schon seit Jahren, und es war immer Camilla, die eine Heirat wollte.«

Während sich Charles langsam aus Camillas Leben verabschiedete, betrat Andrew es wieder. Ein Freund erinnert sich: »Als Andrew aus Deutschland zurückkam, war er noch schneidiger und begehrenswerter als zu der Zeit, als er wegging. Camilla liebte ihn immer noch. Daß er sie so oft betrogen hatte, betrachtete sie als eine einzige große Herausforderung. Sie wollte ihn immer noch – aber jetzt war sie fest entschlossen: Falls Andrew sie auch noch wollte, würde es nur einen Weg geben – er müßte sie heiraten.

Sie spielte ein raffiniertes Spiel. Sie korrespondierte mit Charles und traf ihn an freien Wochenenden in Dartmouth, aber den Rest der Zeit war sie mit Andrew zusammen.

Camilla war sich über ihre Gefühle zu Charles nie ganz im klaren. Sie liebte ihn sehr, wollte ihn aber von Anfang an nicht heiraten. Camilla ist eine Frau, der ihr Privatleben sehr wichtig ist. Der Gedanke, ein Leben auf dem Präsentierteller der Öffentlichkeit zu führen, behagte ihr überhaupt nicht. Über die Idee, Charles zu heiraten, lachte sie nur. Sie warf dann den Kopf in den Nacken und sagte: ›Warum um alles in der Welt sollte ich im Goldfischglas leben wollen? Nein danke!‹«

Aber Charles war entschlossen, doch noch einen letzten Versuch zu unternehmen, glücklich zu werden.

Während eines Urlaubs im Januar 1972 lud er Camilla ein, ein Wochenende auf Broadlands mit ihm zu verbringen.

John Barratt sagte: »Camilla paßte hundertprozentig zu Charles. Viele von uns hatten seit Monaten damit gerechnet, daß er ihr einen Heiratsantrag machen würde. Es fand dann schließlich in seinem Schlafzimmer statt. Charles nahm ihre Hand und flüsterte: ›Willst du mich heiraten?‹ Camilla antwortete, daß sie ihn liebe, daß sie ihn aber nicht heiraten könne.«

Am Boden zerstört bat Charles Lord Mountbatten um Rat. Dieser war schockiert über den Heiratsantrag – und sehr erleichtert, daß Camilla die »richtige« Antwort gegeben hatte.

Barratt sagt: »Charles hat sich in Herzensangelegenheiten immer an Lord Mountbatten gewandt. Aber als ihm Charles von dem Antrag berichtete, riet ihm Mountbatten, die Familie um Rat zu bitten. Mountbatten sagte, Camilla käme unmöglich als Charles' Frau in Betracht, weil er als zukünftiger König eine Jungfrau heiraten müsse – und Camilla sei keine Jungfrau mehr.«

Barratt fügte hinzu: »Zunächst war Prinz Charles wie besessen von dem Gedanken, eine Jungfrau zu heiraten. Er war ein großer Fan von Barbara Cartland, die später seine Stiefgroßmutter wurde, als er Diana heiratete. Ihre romantischen Romanhelden waren sein Vorbild. Jedesmal, wenn er nach Broadlands kam, hatte er etliche Bücher von ihr im Gepäck.

Prinz Philip wollte Charles immer macho und militaristisch, aber Charles hatte andere Vorstellungen von männlicher Identität. Er war eben Romantiker.

Aber als er Camilla traf, vergaß er seinen Vorsatz, eine Jungfrau zu ehelichen. Er fand es sogar gut, daß sie schon mit anderen Männern geschlafen hatte. Das hatte er von Mountbatten übernommen. Dieser zog auch erfahrene, für gewöhnlich verheiratete Frauen vor.

Aber die königliche Familie bestand darauf, daß Charles eine Frau heiratete, die unbescholten in die Ehe ging. Man befürchtete einen Skandal, wenn Charles eine Frau wie Camilla zur Königin machen würde. Sie könnte ja Leichen im Keller haben, die die Familie in Verlegenheit bringen würden, wenn sie bekannt wurden.

Man sagte Charles, daß Camilla seine Geliebte bleiben dürfe, daß er sich aber weiterhin nach einer geeigneten Braut umsehen müsse.«

Lord Mountbatten war über die Intensität der Gefühle seines Neffen für Camilla erschüttert und ermutigte ihn, sich auch anderweitig umzusehen. Er sagte ihm: »Mach es, solange du jung bist. Interessiere dich für viele Mädchen. Um Himmels willen, du bist in der beneidenswertesten Position aller Männer Großbritanniens – du kannst jedes Mädchen bumsen, das du willst!«

Charles nahm sich den Ratschlag seines Onkels zu Herzen. Er begann eine Reihe von Affären mit den erlesensten Mädchen der Oberschicht.

Er genoß intime Stunden mit Georgina Russell, der Tochter des britischen Botschafters in Spanien; mit Lady Jane Wellesley, der Tochter des achten Herzogs von Wellington; mit Jane Ward, der Vizemanagerin des Guards Polo Clubs, und mit der reichen Erbin Sabrina Guinness.

Eine Dame, die in den siebziger Jahren kurz mit Prinz Charles liiert war, drückt es so aus: »Wer würde schon eine Einladung beim Prinzen von Wales im Buckingham Palace ablehnen? O Gott, der Gedanke allein reicht, um den meisten Mädchen schwache Knie zu machen. Ich kenne mehrere, die über Nacht blieben. Aber keine von ihnen war der Meinung, daß Prinz Charles der beste Liebhaber der Welt ist. Er war ziemlich naiv, einer von der Sorte, die sich auf einen schwingen und die Sache schnell zu Ende bringen, am besten im Dunkeln. Trotzdem war es eine gewisse Ehre, mit dem Prinzen von Wales im Bett gewesen zu sein: wie die Mitgliedschaft in einem sehr exklusiven Club.«

Im Februar 1973 lief Charles' Segelschiff HMS Minerva zu einer sechsmonatigen Reise nach Westindien aus.

Seine Affäre mit Camilla war zu einem abrupten Ende gekommen. Aber obwohl er an gebrochenem Herzen litt, war der Name Camilla Shand und das Ausmaß der Liebe, das der zukünftige König für sie empfand, außerhalb des engsten Kreises seiner Freunde niemandem bekannt.

Eine Person erzählt: »Es liegt eine gewisse Ironie darin, daß Charles und Camilla so eine heiße Affäre hatten und keiner von der Presse auch nur ihren Namen kannte. Ein paar Jahre später war das anders ...«

Vier Wochen nach Prinz Charles' Abreise konnte man im Gesellschaftsteil der *Times* die Verlobungsanzeige von Camilla und Andrew Parker Bowles lesen.

Ein Schiffskamerad berichtet von Charles' Reaktion auf diese Anzeige: Drei Stunden lang habe er sich in seiner Kabine eingeschlossen. Dann sei er mit rotumränderten Augen wieder herausgekommen, um mit den anderen Offizieren zu dinieren.

Eine Traumhochzeit

Es war die Hochzeit des Jahres. Am 4. Juli 1973 schritt Camilla Rosemary Shand in einem Gewand aus alter Spitze und mit Diamanten im Haar als strahlende Braut den Gang hinunter. Während die Glocken der Guards Chapel läuteten, saß die Königinmutter in der ersten Reihe und lächelte dem glücklichen Paar zu. Neben ihr saß Prinzessin Anne und senkte in stillem Einverständnis den Kopf. Die Gästeliste des luxuriösen Empfangs im St. James Club las sich wie das »Who's Who« der britischen Aristokratie.

Prinzessin Margaret erhob ein Glas eisgekühlten Champagners auf das junge Paar. Lord Fermoy, Earl Alexander of Tunis, Lady Jane Wellesley und Lord Charles Spencer Churchill – sie alle waren anwesend. Die Nichte des Duke of Marlborough war Erste Brautjungfer. Zu den Pagen gehörte Maurice Roache, der jetzige Lord Fermoy und Dianas Cousin. Camilla sah in ihrem 2000 Pfund teuren Brautkleid umwerfend aus. Als Mr. und Mrs. Parker Bowles in einem glänzenden Rolls-Royce in ihr neues Heim fuhren – ein phantastisches Herrenhaus, im Tudorstil erbaut, Boldehyde Manor in Wiltshire –, waren sich alle Gäste darin einig, daß es ein perfekter Tag war. Nur die Abwesenheit Prinz Charles' ließ eine deutliche Lücke entstehen. Der Liebhaber der Braut war 3000 Meilen entfernt auf See. Ein Gast sagt: »Prinz Charles' Abwesenheit wurde erwähnt, aber nur hinter vorgehaltener Hand und außerhalb der Hörweite des jungen Paares. Alle fanden es seltsam, daß er nicht da war.

Er hatte ein Telegramm geschickt und sich damit entschuldigt, daß er auf See sei. Aber niemand nahm ihm das ab. Es handelte sich schließlich um den Prinzen von Wales. Hätte er wirklich dabeisein wollen, wäre das leicht zu arrangieren gewesen. Er hätte nur von Bord gehen und einen für die königliche Familie reservierten Flug nach England nehmen müssen.

Doch den wahren Grund kannten alle. Er konnte es einfach nicht ertragen, Camilla als Braut zu sehen. Es hatte ihn schwer getroffen, als er von ihrer Verlobung mit Andrew erfuhr.

Nach der Bekanntgabe der Verlobung sprach er ganze sechs Wochen lang mit niemandem über Camilla. Er nahm es wirklich schwer. Zum erstenmal in seinem Leben hatte er jemanden verloren – die Frau, die er liebte. Jahrelang sprach er noch darüber, daß er die Chance damals hätte ergreifen sollen, solange sie noch frei war. Das war schon immer sein Problem. Er kann sich nicht entscheiden. Das wurde im Laufe der Jahre zwar etwas besser, aber damals hatte er noch ständig Angst, daß er etwas tun könnte, was die Familie verstimmte oder den Status quo gefährdete. Er hatte nur den einen Wunsch, Camilla zu heiraten, fürchtete aber den Skandal. Seine Familie liebte sie, aber sie hatte schon so einiges erlebt, um es mal vorsichtig auszudrücken. Sogar seine Großmutter hatte ihm gesagt: ›Liebling, Camilla ist ein reizendes Mädchen, aber nicht von der Sorte, die man heiratet.‹

Es war ja nicht wie heute, daß Prinz Edward mit einem Mädchen zusammenleben kann, um die Sache mal zu testen. Charles ist der zukünftige König, und man verlangt von ihm, daß er sich strikt an die Regeln hält. Und alle wollten und erwarteten eine Märchenprinzessin. Camilla war vieles, aber nicht gerade eine Märchenprinzessin. Jeder in ihrem Bekanntenkreis wußte, daß sie schon seit einigen Jahren sexuell sehr aktiv war. Charles bereute sehr, daß er nicht auf sein erstes Gefühl vertraut hatte. Sowie er erfuhr, daß er Camilla an einen anderen verloren hatte, wollte er sie mehr als je zuvor. Ihm wurde schmerzlich bewußt, daß er sie hätte heiraten sollen.

Seine Liebe zu ihr war unsterblich, tief in seinem Inneren. Als sie Andrew heiratete, verbot es Charles die Ehre, sich weiter um sie zu bemühen – zumindest während der ersten fünf Jahre ihrer Ehe.«

Camilla fand sich in ihrem neuen Leben als Ehefrau schnell zurecht. Aber von Anfang an führten die Parker Bowles eine unkonventionelle Ehe.

Sie verbrachten die Flitterwochen in Cap d'Ail in Südfrankreich. Danach kehrte Andrew, mittlerweile zum Major befördert, zu seinem Regiment nach London zurück. Er fuhr sonntags von Wiltshire aus in die Kaserne und kehrte Freitag abends wieder zurück. Camilla blieb währenddessen auf Bolehyde bei Chippenham.

Die Ehefrau eines anderen Offiziers erinnert sich noch gut. »Camilla konnte den Klatsch unter den Offiziersfrauen nie ausstehen. Sie nahm manchmal an festlichen Abendessen oder Empfängen teil, aber nur, wenn es unbedingt sein mußte. Sie war nie sehr offiziell gekleidet. Ihre Garderobe war eher Durchschnitt als Haute Couture. Sie sah immer ein bißchen so aus, als hätte man sie gerade durch eine Hecke geschleift.

Camilla blieb eindeutig lieber zu Hause. Die ersten fünf Monate ihrer Ehe verbrachte sie damit, Bolehyde einzurichten, ein großes, sehr gemütliches Haus. Camilla mochte modernes Design nie besonders. Die Einrichtung in Bolehyde bestand aus Stücken, die sie von beiden Familien bekommen hatten. Es war ›schäbiggroßartig‹, falls es so etwas gibt.

Da waren einige häßliche Antiquitäten, und der Teppich sah auch aus, als ob er schon bessere Tage gesehen hätte. Aber Camilla liebte das Haus. Auf dem Land war sie ganz in ihrem Element. Sie war sehr glücklich, wenn sie, umgeben von ihren Hunden, in ihren ältesten Klamotten im Garten arbeiten konnte. Im Grunde ihres Herzens war sie immer ein Mädchen vom Lande.

Daß sie sich weigerte, über Charles zu sprechen, paßte eigentlich nicht zu ihr. Alle wußten, daß sie befreundet gewesen waren, aber sowie sein Name erwähnt wurde, wechselte Camilla hastig das Thema. Ihr Blick wurde dann ganz verschleiert, und sie schaute weg.«

Im Dezember 1973 entschloß sich Charles, das Eis zu brechen, und schrieb Camilla wieder lange Briefe.

Ein Freund sagte: »Er faßte einen Entschluß: Wenn er Camilla schon nicht zur Geliebten oder Ehefrau haben konnte, sollte sie wenigstens seine gute Freundin sein. Charles traute ihr immer mehr als jedem anderen. Er hat ihr seine geheimsten Gedanken verraten. Sie konnte in ihm lesen wie in einem Buch.

Camilla verurteilt ihn nie. Sie kann sehr energisch sein, aber ihr Urteil ist immer gerecht. Er weiß, daß sie absolut selbstlos ist. Sie wird ihm immer den weisesten Rat geben. Sie ist nicht darauf aus, sich selbst ins beste Licht zu rücken. Sie kennt und versteht einfach den Mann hinter der Maske. Und das weiß Charles. Sie sagt ihm immer die Wahrheit.«

Außerhalb aristokratischer Kreise mag man sich darüber wundern, daß Andrew Parker Bowles die Freundschaft seiner Frau mit dem Prinzen rückhaltlos akzeptierte.

Ein Freund meint dazu: »Andrew hat sie nicht nur akzeptiert, sondern sogar gefördert. Er wußte genau über Camillas Affäre mit Charles Bescheid und hätte nichts dagegen gehabt, wenn sie diese besondere Freundschaft auch nach der Heirat hätte fortsetzen wollen. Er wußte, daß Camilla ihn niemals verlassen würde. Seine Ehe stand auf ehernen Füßen.

Als Andrew und Camilla heirateten, gab Andrew keinen einzigen seiner Freunde auf. Warum sollte er also seine Frau zwingen, mit ihren Freunden zu brechen? Und überhaupt – was konnte es schaden, einen Kumpel zu haben, der so mächtig und einflußreich ist wie der künftige König?

Andrew und Charles verstanden sich gut. Sie sind sehr unterschiedlich. Andrew ist extrovertiert und voller Elan, während Charles sehr bedacht und in Andrews Augen vielleicht etwas steif ist. Aber beide lieben das Landleben und sind Pferdenarren. Sie haben beide ein tiefverwurzeltes Pflichtgefühl. Und natürlich lieben beide Camilla.«

Am 18. Dezember 1974 brachte Camilla ihr erstes Kind zur Welt. Der Sohn wurde auf die Namen Thomas Henry Charles getauft. Sie bat Charles, Taufpate zu werden, und Charles stimmte zu. Als Tom in Guards Chapel nahe den Wellington Barracks getauft wurde – in derselben Kirche, in der Andrew und Camilla geheiratet hatten –, sah Charles lächelnd zu. Aber in ihm wütete seelischer Schmerz.

Ein ehemaliger Schiffsoffizier, der mit dem Prinzen zusammen gedient hatte, sagte: »Als er Tom sah, wurde ihm endgültig bewußt, daß Camilla Familie hatte und ein eigenes Leben führte. Mehrere Jahre lang war er daraufhin innerlich haltlos und verloren. Es war schon merkwürdig, denn auf dem Kaminsims in seiner Kabine stand ein Bild von Camilla. Wir empfanden es alle als höchst seltsam, daß er das Bild einer Frau aufgestellt hatte, die mit einem anderen verheiratet war.«

Vier Jahre später wurde Laura Rose geboren.

Im folgenden Jahr, am 27. August 1979, wurde Lord Louis Mountbatten von der IRA umgebracht. Diese Tragödie brachte Charles zu Camilla zurück. Tatsächlich machte er Camilla nur wenige Tage nach dem Mord einen zweiten Heiratsantrag. Ein Freund von Camilla meinte dazu: »An Camilla wandte er sich, damit sie ihm half, diese schwarzen Tage nach der Ermordung Dickie Mountbattens durchzustehen. Camilla wich kaum von seiner Seite. Der Tod seines Onkels stürzte Charles in tiefe Verzweiflung. Er wußte überhaupt nicht, was er machen sollte. Sein Schmerz war abgrundtief und überwältigend.

Mountbatten war eine Vaterfigur für ihn gewesen. Charles und sein Vater hatten nie eine enge Beziehung. Philip fand Charles zu romantisch, zu schwach – und Charles seinen Vater zu hart und unnachgiebig. Charles empfand nie viel Zärtlichkeit für seinen Vater. Aber Mountbatten füllte diese Leere in seinem Herzen aus. Er war Charles' Freund, Vater, älterer Bruder, Vertrauter und Berater. Als er auf diese tragische und entsetzliche Art starb, war der Prinz untröstlich. Er sagte einmal, er fühle sich, als ob die IRA auch ein Stück von ihm getötet hätte.

Camilla stand ihm bei. Sie half ihm, die Stärke zu finden, die er brauchte, um dem Begräbnis beiwohnen zu können; sie konnte ihn beruhigen, wenn er weinend zusammenbrach. Sie war die einzige, die ihn zu trösten vermochte.

Charles machte Camilla in diesem Sommer einen zweiten Heiratsantrag. Er wollte, daß sie ihren Ehemann verließ und ihn heiratete. Wieder wies ihn Camilla ab. Sie machte ihm klar, daß ein solcher Skandal für ihn und die Monarchie verheerend sein würde. Sie wußte, daß das Land eine Ehe des Prinzen mit einer geschiedenen Frau nie akzeptieren würde. Es würde bedeuten, daß er dem Thron entsagen müßte. Camilla lehnte es rundum ab. Sie betonte, daß sie immer für ihn dasein würde, ihn aber nie heiraten könnte. Es war schließlich Camilla, die ihn ermutigte, sich nach einer passenden Ehefrau umzuschauen.«

Charles hatte eine unglückliche Liebschaft nach der anderen. Sein persönlicher Diener Stephen Barry, der später an Aids verstarb, sagte: »Er schien innerlich nicht bereit, sich wieder zu verlieben, und deshalb behandelte er viele der Mädchen wie Dreck. Es gab natürlich keinen Mangel an willigen Bettgefährtinnen, und Charles tat sich keinen Zwang an.

Die Mädchen wurden zum Abendbrot geladen, aber man ging selbstverständlich davon aus, daß sie über Nacht blieben. Am nächsten Morgen brachte ein Auto sie dann nach Hause. Der Prinz wollte nie, daß sie länger blieben; er wollte nie etwas von sich geben. Er nutzte die Frauen aus und war sich dessen auch bewußt. Ich fand oft Höschen unter dem Himmelbett. Diskret schickte ich sie in die Wäscherei, und dann wurden sie in braunem Packpapier ihren rechtmäßigen Besitzerinnen per Kurier zugestellt.«

Eine von Charles' Freundinnen war Lady Sarah Spencer, die ältere Schwester von Prinzessin Diana.

Die rothaarige Sarah war ein temperamentvolles Mädchen mit einer starken Persönlichkeit. Später erzählte sie ihren Freundinnen, ihre Beziehung mit Charles sei »eine Katastrophe« gewesen. Sarahs Affäre mit dem Prinzen endete, als sie den Reportern erzählte:

»Ich werde den Prinzen von Wales nicht heiraten. Ich liebe ihn nicht. Ich könnte nie jemanden heiraten, den ich nicht liebe, egal, ob er Müllmann oder der zukünftige König von England ist.«

Die Unverschämtheit, sich dermaßen frei und indiskret gegenüber der Presse zu äußern, schockierte den Prinzen. Sofort beendete er die Beziehung.

Der flotte argentinische Polospieler Luis Basualdo, der mit Charles zusammen in einem Team spielte, erzählte Nigel Dempster, dem Autor einiger Bücher über das Königshaus, wie er Charles eine weitere Geliebte vorgestellt hat: Cristabel Barria-Borgia, eine wunderschöne venezolanische Lady der besten Gesellschaft, machte auf einem Ball seine Bekanntschaft, auf dem Sarah Spencer die offizielle Begleiterin des Prinzen war.

Basualdo erzählte Dempster: »Charles tanzte stundenlang mit Cristabel, und Sarah war darüber alles andere als erfreut.«

Einige Tage später traf Charles auf einer privaten Party mit Cristabel zusammen. Charles bat Basualdo, ihm sein Auto zu leihen. Basualdo erzählte Dempster: »Er sagte, Cristabel sei müde. Am nächsten Morgen erzählte sie mir, sie seien zusammen im Bett gewesen, und sie hätte ihn gefragt: ›Wie soll ich Sie nennen? Charles oder Sir?‹

Bevor er sie liebte, antwortete er: ›Nenn' mich Arthur.‹« Sarah Spencer verschwand schnell von der Szene. »Zu flatterhaft«, meinte der Prinz.

Danach suchte er die Gesellschaft von Anna Wallace, der reichen, sehr attraktiven Tochter eines schottischen Grundbesitzers. Anna trug den Spitznamen »Peitschenriemen« – in Anspielung auf ihre Fähigkeiten beim Jagen und im Bett. 1980 hatte sie bei einem Poloball auf dem Sitz von Lord Vestey einen heftigen

Streit mit Charles. Sie war sein offizieller Gast und mußte zusehen, wie er die ganze Nacht mit einer anderen tanzte – mit Camilla Parker Bowles. Für Anna endete der Abend damit, daß sie sich den BMW ihres Gastgebers auslieh und mit aufheulendem Motor in die Nacht brauste. Am folgenden Morgen rief Charles bei Anna an. Als er sich entschuldigen wollte, hörte sie ihm fünf Minuten lang zu – dann legte sie auf. »Er wollte es so. Noch nie in meinem ganzen Leben hat mich jemand so in Verlegenheit gebracht«, erzählte Anna später Freunden. Sechs Wochen später war sie mit Johnny Hesketh, dem jüngeren Bruder von Lord Hesketh, verheiratet.

Wie Charles' ganzer Freundeskreis war jetzt auch Anna überzeugt, daß Charles immer noch an Camilla hing.

Ein Freund, der an jenem Abend ebenfalls anwesend war, sagte: »Es wurde im Verlauf des Abends geradezu überdeutlich, daß Charles nur Augen für Camilla hatte. In der Sekunde, in der er sie sah, leuchteten seine Augen auf, und er ging sofort auf sie zu, um mit ihr zu sprechen. Es mußte jedem, der eins und eins zusammenzählen konnte, klar sein, daß er noch wie verrückt in sie verliebt war.«

Ein anderes Mitglied des Freundeskreises sagte: »Er rief sie ständig an, fragte sie oft um Rat. Zu dieser Zeit schliefen sie nicht zusammen, waren aber sehr gut befreundet. Sie trafen sich bei Polospielen und anderen gesellschaftlichen Ereignissen. Ihre Liebe war nicht erloschen, sondern nur auf Eis gelegt. Es war so, als ob sie auf den richtigen Zeitpunkt warteten, die Affäre wieder aufleben zu lassen.«

Der richtige Zeitpunkt war 1980 gekommen, als Andrew Parker Bowles, mittlerweile Oberstleutnant, nach

Rhodesien reiste, um dort eng mit Christopher Soames zusammenzuarbeiten, dem neuernannten Gouverneur in der Übergangszeit, als das Land den schwierigen Wechsel von Rhodesien zu Simbabwe durchmachte.

Camilla blieb mit den Kindern zu Hause. Sie sagte einmal zu einem Freund: »Ich habe nicht das Bedürfnis, meine Familie zu entwurzeln, indem ich dorthin gehe. Ich ziehe es vor, zu Hause zu bleiben. Es ist besser für die Kinder und besser für mich. Andrew macht seine Sachen, ich meine.«

Zur gleichen Zeit erwarb Prinz Charles seinen Landsitz bei Highgrove in Gloucestershire, der vorher dem Sohn des Premierministers Harold Macmillan gehörte. Fünfzehn Minuten Autofahrt trennten ihn von Camillas Haus Bolehyde Manor. Camilla hatte ihm geholfen, Highgrove zu finden. Sie hatten sich vorher ausgiebig Gedanken gemacht, wie der Landsitz des zukünftigen Königs auszusehen hätte. Highgrove war »perfekt«.

Bald blühte der Klatsch darüber, wie oft der glänzende Aston Martin des Prinzen vor dem Haus der Parker Bowles parkte – mitunter von Freitag abend bis Sonntag nachmittag. Jemand, der Camilla nahesteht, erzählt: »Charles bemühte sich sehr um sie. Camilla war zwar verheiratet, aber ihr Mann befand sich am anderen Ende der Welt, und deshalb war Charles überzeugt, daß ihm der häufige Kontakt mit Camilla quasi zustand.« Er hatte die enge Vertrautheit, die er mit Camilla hatte, zu lange vermissen müssen. Es fing alles ganz harmlos an. Aber innerhalb kürzester Zeit schliefen sie wieder zusammen.

Diesmal war die Affäre für Prinz Charles noch ungefährlicher. Camilla war verheiratet: Es bestand also nicht einmal die Möglichkeit, daß sie ihn heiraten könnte – selbst wenn sie gewollt hätte. Außerdem hatte sie ihn bereits zweimal abgewiesen.

Während Andrew in Rhodesien war, verbrachten sie viel Zeit miteinander. Jeder wußte es. Charles war nicht sehr diskret. Er telefonierte ständig mit Camilla. Er war so verzaubert von ihr, daß er sie anrief, wenn er mit dem Auto aus London losfuhr, und das Gespräch erst beendete, wenn er auf ihrem Grundstück angelangt war. Es war ein offenes Geheimnis, daß Charles und Camilla wieder ein Verhältnis hatten.

Tatsächlich war Camilla 1989 der Auslöser eines – wenn auch kleinen – Skandals im Königshaus. Sie war zu Gast beim Prinzen auf Sitz Balmoral, als sie plötzlich schwer an Mumps erkrankte. Sie fuhr sofort zurück nach Wiltshire, aber der Prinz, unverheiratet und kinderlos, mußte sich einer Reihe medizinischer Tests unterziehen.

Ein Höfling sagt darüber: »Zu diesem Zeitpunkt verursachte das eine echte Krise. Jeder weiß, daß Mumps die Fruchtbarkeit eines Mannes beeinträchtigen oder sogar vernichten kann, und der bloße Gedanke, der Prinz könnte zeugungsunfähig werden, bevor er für einen Nachfolger gesorgt hatte, war unerträglich. Sogar die Queen war äußerst besorgt. Glücklicherweise ergaben die Tests, daß sich der Prinz nicht angesteckt hatte. Aber alle machten sich ernstlich Sorgen, denn jeder wußte ja, wie eng sein Kontakt mit Camilla war.«

In dieser Zeit schloß Andrew auch einige neue Freundschaften.

In Rhodesien hatte er die Bekanntschaft der schönen Charlotte Hambro gemacht, der Tochter seines Vorgesetzten Lord Soames, die sich mit ihrem Mann auseinandergelebt hatte. Wie Freunde berichten, entspann sich zwischen Andrew und Charlotte eine innige Freundschaft.

So heißt es etwa: »Charlotte war verrückt nach Andrew, und das beruhte durchaus auf Gegenseitigkeit. Aber er hielt sie hin. Er wollte sich nicht für sie entscheiden und seine Frau verlassen. Deshalb führte ihre Beziehung letztlich zu nichts.«

Einige Monate später begegnete Charlotte Earl Peel, dem Ländereien in Yorkshire gehören, und sie heirateten wenig später. Andrew begann daraufhin ein Verhältnis mit einer blonden Fotografin, was zu einem »sehr peinlichen Ereignis« führte, wie sich ein Freund der Fotografin ausdrückte.

Im April 1980 wurde Prinz Charles in Rhodesien erwartet. Er sollte Ehrengast der Festivitäten rund um die Unabhängigkeitserklärung sein. Zwei Wochen vor seiner Ankunft sorgte Andrew Parker Bowles in England für Schlagzeilen.

Der *Daily Telegraph* berichtete, daß Parker Bowles einen »Proberitt« auf einem Büffel gewagt hatte. Sollte sich das als ungefährlich herausstellen, wollte man den Prinzen bitten, für die Presse auf dem Tier zu reiten. Unglücklicherweise ging der Büffel durch, und Andrew wurde schwer am Bein und an den Lenden verwundet. Er mußte mit sechzehn Stichen genäht werden. Andrew sagte gegenüber Reportern: »Das Ende der Dynastie war verdammt nah.«

Nach seiner Ankunft war Prinz Charles zu einem Dinner bei Lord und Lady Soames geladen. Doch drei Tage vorher rief Camilla aus England an. Sie würde am nächsten Tag in Rhodesien ankommen.

Ein Bediensteter im Haus des Gouverneurs sagte: »In aller Eile wurde die Tischordnung umarrangiert. Der Klatsch lief auf Hochtouren. Niemand wußte, ob Mrs. Parker Bowles ihres Mannes oder Prinz Charles' wegen kam. Aber dann verlief der Abend ganz harmonisch. Der Prinz und das Ehepaar Parker Bowles amüsierten sich bestens. Ihre Freundschaft zueinander war wohl stärker als alle anderen Gefühle. Man hätte das seltsam finden können. Aber auf dieser gesellschaftlichen Ebene war das ›Bäumchen-wechsel-dich-Spiel‹ in den Betten nichts Außergewöhnliches. Sie hielten es für ganz normal.«

Andrew Parker Bowles wurde oft als gehörnter Ehemann bezeichnet, der für König, Pflicht und Vaterland seiner Frau entsagte. Dabei ist er ein äußerst gutaussehender Mann und alles andere als ein nachgiebiger Schwächling. Während er um Camilla warb, hatte er sogar eine leidenschaftliche Affäre mit Prinzessin Anne.

Andrew ist katholisch, besuchte das Ampleforth College und hat einen äußerst beeindruckenden »Stammbaum«. Sein Vater Derek Parker Bowles war ein enger Freund der Königinmutter, die häufig im Donnington Castle House, dem Familiensitz der Parker Bowles nahe Newbury in Berkshire, zu Gast war. Er ist mit dem Earl of Derby and Cadogan sowie mit dem Duke of Marlborough verwandt. Bei der Krönung der Queen 1953 war Andrew Page.

Von klein auf war er an den Umgang mit der königlichen Familie gewöhnt. Ein Verwandter berichtet: »Andrew wuchs im Umfeld des Königshauses auf. Er behandelte die Königin und die Königinmutter mit sehr viel Respekt, aber sie gehörten gewissermaßen entfernt zur Familie. Noch aus seiner Kindheit kannte er Charles, Andrew und Anne. Sie hatten sich bei Geburtstagen in Begleitung ihrer Eltern bei Pferdeveranstaltungen getroffen. Er kannte sie alle sehr gut; man darf Andrews Position nicht unterschätzen.

Den Prinzen von Wales lernte er lange vor Camilla kennen. Er und Charles gingen seit ihrem sechzehnten Lebensjahr zusammen auf die Jagd.«

1965 begann sich Andrew für Prinzessin Anne zu interessieren. Einer seiner besten Freunde erinnert sich: »Es waren beides Pferdenarren; Andrew war ein guter Hindernisreiter. Ungefähr ein Jahr war er mit Anne zusammen. Noch ein paar Monate vor seiner Hochzeit, als er wußte, daß Camilla mit Charles schlief, besuchte er zusammen mit Prinzessin Anne das Rennen in Ascot. Er war ihr Gast in der königlichen Loge und gehörte auch zu ihren besten Freunden. Anne hatte vor ihrer Heirat viele Freunde. Aber Andrew nahm eine besondere Stellung ein. Er war natürlich katholisch, und deshalb hätte Anne ihn nie heiraten können. Sonst hätte sie dem Anspruch auf den Thron entsagen müssen. Eigentlich war dieser Anspruch nicht Annes größte Sorge, es war ohnehin unwahrscheinlich, daß sie jemals in die Situation kommen würde, den Thron zu besteigen. Aber wenn sie einen Katholiken geheiratet hätte, wäre das für die Queen problematisch gewesen: Es hätte Schwierigkeiten mit der Verfassung gegeben und auch in der Öffentlichkeit. Irgendwann war die Affäre zu Ende.

Als ihre Ehe mit Mark Philipps scheiterte, wandte sie sich an Andrew, der ihr in dieser schweren Zeit beistehen sollte. Sie dinierten zusammen, und Anne besuchte Andrew in London, während Camilla auf dem Lande blieb. Erst als Tim Laurence auf der Bildfläche erschien, kühlte sich ihre Beziehung ab.«

Ein anderer Freund sagt dazu: »Andrew liebte die Herausforderung. Er steht auf eine ganz bestimmte Sorte Frau: blond, reich und vorzugsweise mit einem Titel versehen. Er betrog Camilla bis unmittelbar vor der Hochzeit.

Er ist alles andere als ein Hahnrei. Eine offene Ehe findet er sehr gut. Wenn er nicht mit Camilla zusammen ist, weiß er sich durchaus zu helfen. In der Oberschicht ist das nicht ungewöhnlich. Seit Jahrhunderten wird es so gehandhabt. Solange es in den eigenen Kreisen bleibt, wird es durchaus akzeptiert. Es kann allerdings leicht zum Skandal kommen, wenn sich ein Mitglied dieses Kreises auf jemanden einläßt, der gesellschaftlich unter ihm steht. Das ist verpönt.«

John Barratt erklärt: »Camilla und Andrew wurden auch nach Lord Mountbattens Tod übers Wochenende zur Jagd nach Broadlands eingeladen. Es war ein ganz besonderes Arrangement. Camilla traf mit ihrem Ehemann zusammen ein, verbrachte aber die ganze Zeit mit dem Prinzen. Jeder wußte, was los ist, aber Andrew Parker Bowles akzeptierte es, soweit wir das beurteilen konnten.

Der Prinz kam immer ohne Begleitung und rief dann sofort Camilla an. Sie machten zusammen lange, einsame Spaziergänge – genau wie zu der Zeit, als sie noch nicht verheiratet war.

Abends verließen Camilla und Andrew die Runde zusammen. Einige Minuten später verfügte sich auch der Prinz nach oben. Camilla ging direkt ins Schlafzimmer des Prinzen. Nie wurde darüber je ein Wort verloren. Am nächsten Morgen sah man sie dann wieder einträchtig am Frühstückstisch – Camilla, den Prinzen und Andrew.

Ich habe mich oft gefragt, wie Andrew damit klarkam, daß seine Frau mit einem anderen Mann schlief, während er sich im selben Haus aufhielt.«

Die Antwort: Indem er sein eigenes Leben führte.

Tatsächlich wurde Andrew im Juni 1993 fotografiert, als er in London das Haus von Camillas bester Freundin Carolyn Benson verließ, und zwar sehr früh am Morgen. Sowohl Carolyn als auch Andrew dementierten heftig, daß irgend etwas zwischen ihnen gewesen sei.

Ein Freund von Camilla erzählt: »Camilla sah das Bild in der Zeitung. Sie war in Wiltshire. Aber was konnte sie schon sagen? Sie führten seit Jahren eine offene Ehe. Daß ihr Mann zu dieser Uhrzeit das Haus einer anderen verließ, hätte bei jeder anderen Ehefrau rasende Eifersucht ausgelöst. Aber nicht bei Camilla. Sie kennt und versteht die Bedürfnisse ihres Mannes. Camilla versteht die Männer überhaupt besser als jede andere.

Vielleicht ist ihre Ehe etwas merkwürdig, aber sie ist auf jeden Fall solide. Wenn sie sich jemals hätte trennen wollen, hätte sie es schon vor Jahren tun können. Andrew wußte ja von Anfang an von der Liebesbeziehung zwischen Camilla und dem Prinzen. Camilla ihrerseits war über seine Jugendsünden im Bilde. Die einzige, die ihr etwas Sorgen bereitete, war die Geschichte mit Charlotte Hambro. Eine Zeitlang sah es so aus, als ob das etwas Ernstes werden könnte. Aber im Grunde hatte Camilla kein Recht, sich darüber zu beschweren.

Sie haben dieses Arrangement schon vor Jahren getroffen und sind beide zufrieden damit. Wenn die Welt das nicht versteht, ist es ihnen auch egal. Für sie ist das alles absolut normal. Die Freiheit, die sie in der Ehe genießen, kann der Liebe, die sie füreinander empfinden, nichts anhaben.«

Im Sommer 1980 genoß Camilla ihre geheime Affäre immer noch in vollen Zügen. Aber sie wußte genauso gut wie jeder andere in Prinz Charles' Kreisen, daß der Druck auf ihn immer stärker wurde, sich endlich eine standesgemäße Braut zu suchen.

Ein Freund weiß zu berichten: »Camilla gab Charles bezüglich seiner Freundinnen immer Ratschläge. Anna Wallace fand sie ein bißchen zu flatterhaft. Camilla wußte, wie schnell sich Prinz Charles verlieben konnte.

Camilla sagte ihm auch immer, er solle sich eine jüngere Frau suchen, deren Charakter noch nicht so ausgeprägt wäre. Ihr Motto war, Charles solle sich eine Frau nehmen, die ›nicht so viel Ärger machen‹ würde.

Camilla kannte sich in der königlichen Familie genau aus. Und sie wußte auch, daß Prinz Charles, mittlerweile immerhin auch schon zweiunddreißig Jahre alt, langsam Schwierigkeiten bekam, eine geeignete Kandidatin zu finden. Ich erinnere mich, daß sie sagte: ›Es kann doch nicht so schwer sein, eine Jungfrau aus den richtigen Kreisen aufzutreiben. Es *muß* doch irgendwo noch eine Jungfrau geben!‹«

Unter vier Augen vertrauten Mitarbeiter von Charles Camilla an, daß sie befürchteten, Charles könne eine zu große Ähnlichkeit mit seinem Großonkel Edward VIII., dem verstorbenen Herzog von Windsor, an den Tag legen.

Wie Charles hatte Edward jahrelang gezögert, sich eine Frau zu suchen. Dann verliebte er sich endlich – ausgerechnet in Wallis Simpson, eine geschiedene Amerikanerin. Das zwang ihn, abzudanken und England damit in die größte Verfassungskrise des zwanzigsten Jahrhunderts zu stürzen.

Die königliche Familie konnte sich keinen weiteren Skandal leisten. Und in den Schlagzeilen zu stehen war das letzte, was Camilla wollte. Sie zog es entschieden vor, ihre Affäre still und verschwiegen fortzuführen.

Tatsächlich war es Camilla, die dann auf die perfekte Lösung kam. Eines Abends sprach sie mit Charles über den zunehmenden Druck, der auf ihn ausgeübt wurde. Camilla sagte, er solle sich doch die junge Lady Diana Spencer einmal genauer ansehen: »Vielleicht ist sie genau die Richtige ...«

Schüchterne Di

Lady Diana Spencer war tatsächlich genau die Richtige für den Prinzen. Dieser Meinung waren alle – außer Charles. Sowie sie im Sommer 1980 als ernst zu nehmende Kandidatin ins Blickfeld der Öffentlichkeit rückte, äußerte er »schwerste Bedenken«.

Zum erstenmal hatten sich die beiden im November 1977 auf einem schlammigen Feld auf Althorp, dem großartigen, 1000 Acre großen Besitz der Spencers in Northamptonshire, getroffen.

Zu diesem Zeitpunkt war Diana gerade sechzehn Jahre alt; ein Teenager mit aschblondem Haar und Babyspeck. Sie war ein Wochenende von der Schule nach Hause gekommen, und sie und der Prinz wechselten kein einziges Wort.

Diana war geradezu peinlich schüchtern. Sie beobachtete ihren zukünftigen Mann, wie er ganz allein über das frischgepflügte Feld schritt. Später sagte sie einmal: »Mein einziger Gedanke war: ›Was für ein trauriger Mensch.‹ Er strahlte soviel Einsamkeit aus. Er tat mir sehr leid.«

Damals hatte Charles eine turbulente Beziehung mit Dianas älterer und wesentlich glamouröserer Schwester Sarah. Diana sagte: »Ich ging ihnen aus dem Weg. Sarah war sehr glücklich, daß sie die Aufmerksamkeit des Prinzen auf sich gelenkt hatte. Ich erinnere mich nur, daß ich an diesem Wochende das Pummelchen war. Ich trug kein Make-up, war keine echte Lady. Aber ich habe viel Krach gemacht, und das schien ihm zu gefallen.«

Während eines Interviews kurz nach der Verlobung äußerte Prinz Charles: »Ich weiß noch, daß sie lustig und amüsant war.« 1978 riet die Königinmutter, die bereits Ausschau nach in Frage kommenden jungen Damen hielt, Charles, er solle Lady Diana zu seinem dreißigsten Geburtstag in den Buckingham Palace einladen. Es war »die« Party der Saison.

Als sich die schüchterne Di umsah und die versammelten Staatsoberhäupter Europas sowie die Crème de la crème der britischen Aristokratie beobachtete, hatte sie kaum einen Blick für die ältere blonde Frau, die mit leicht zerzaustem Haar an einem Nachbartisch saß.

Camilla war in Begleitung ihres Mannes. Im vergangenen Frühjahr hatte sie ihr zweites Kind zur Welt gebracht, Laura Rose.

Ein Freund Dianas sagte: »Diana war natürlich sehr aufgeregt. Es war wie im Märchen. Endlich durfte Aschenputtel den Ball des Prinzen besuchen. Es wäre ihr im Traum nicht eingefallen, daß Prinz Charles Interesse an ihr haben könnte. Und tatsächlich ignorierte er sie auch völlig. Sie saß nur da und beobachtete alles. Kein einziges Mal wurde sie zum Tanzen aufgefordert.«

Während seine Lieblingspopgruppe »The Three Degrees« die Gäste unterhielt, tanzte Charles den ganzen Abend mit Camilla Parker Bowles.

Die Königinmutter war es – zusammen mit ihrer Freundin Lady Ruth Fermoy, Dianas Oma –, die Prinz Charles gegenüber Dianas Vorzüge pries. »Sie ist so süß, so ruhig, so unschuldig«, sagte sie ihrem Lieblingsenkel einige Tage später.

»Ja, aber sie ist so *jung.*«

»Aber sie wäre perfekt für dich«, antwortete die Königinmutter.

Diana Spencer hatte in der Tat alle Voraussetzungen, die zukünftige Königin zu werden.

Sie wurde als Ehrenwerte Diana Frances Spencer am 1. Juli 1961 in Park House auf dem königlichen Sitz Sandringham geboren.

Umgeben von Schönheit und Prunk war sie doch, wie ihr Bruder Charles später in Andrew Mortons verhängnisvollem Buch *Diana: Ihre wahre Geschichte* enthüllte, im Grunde ein einsames, unglückliches junges Mädchen.

Ihr Unglück begann, als sie sieben Jahre alt war: Ihre Eltern trennten sich. Diana litt sehr darunter. Ihr Vater Johnny, der achte Earl of Spencer, verfiel in tiefe Depressionen und schloß sich an den Wochenenden im Schlafzimmer ein. Nicht einmal mit seinen Kindern wollte er sprechen.

Später vertraute Diana einem Freund an: »Das war für mich die schrecklichste Zeit. Ich faßte damals den Entschluß: Wenn ich heirate, ist es für immer. Ich wollte mich nie, nie scheiden lassen.«

Ein Bediensteter auf Althorp sagte: »Es war eine traurige, einsame Zeit für Diana. Sie war so jung und verletzlich, und die Trennung verstörte sie zutiefst. Sie betete ihre Mutter an, aber sie war es, die auszog. Diana fühlte sich zwischen ihren Eltern hin und her gerissen. Einmal war sie zu einer Hochzeit eingeladen. Ihr Vater kaufte ihr ein entzückendes neues blaues Kleid, die Mutter ein grünes Rüschenkleid. Diana wußte tagelang nicht, was sie tun sollte, wollte sie doch keinen der beiden vor den Kopf stoßen.

Darunter litten ihre Zensuren. Diana war intelligent, konnte sich zu dieser Zeit aber schwer auf den Unterricht konzentrieren. Später hielt sie sich für dumm und bedachte sich mit geringschätzigen Bemerkungen wie: ›Ich habe eben ein Spatzenhirn‹ oder ›Ich habe ein Brett vor dem Kopf‹. Dabei war sie ein sehr kluges Kind. Sie war bloß nicht im akademischen Sinn gut in der Schule.

Von Natur aus ist sie schüchtern und zurückhaltend. Aber die Menschen öffneten sich ihr wie niemandem sonst. Wenn man jetzt sieht, wie sie mit alten Menschen und Aids-Patienten spricht, geht ein besonderer Zauber von ihr aus. Das ist ein Geschenk, das ihr angeboren ist. Schon in der Schule hatte sie eine soziale Ader. Diana war immer diejenige, die die anderen Mädchen tröstete, wenn sie unglücklich waren. Sie wußte, was es heißt, sich verlassen, ängstlich und einsam zu fühlen. Und ihr Instinkt brachte sie dazu, anderen Menschen in ähnlichen Situationen zu helfen. Sie hat ein sehr mitfühlendes Herz.«

Dianas Vater heiratete wieder: Raine, die ehemalige Countess of Dartmouth, Tochter der Romanautorin Barbara Cartland. Das stürzte Diana in noch tiefere Verzweiflung. Sie war sechzehn Jahre alt, als ihr Vater im Juli 1977 auf dem Standesamt von Caxton Hall Raine zur Frau nahm.

Vom ersten Moment an verabscheute sie ihre Stiefmutter. Nach Raines Ankunft in Althorp schrieb Diana in ihr Tagebuch: »Raine macht ernst.« Verwandte wissen zu berichten, daß Diana und ihr Bruder Charles der zweiten Frau ihres Vaters mit grenzenlosem Haß begegneten.

Trotz allem ging Diana gern auf die West Heath School. Ein Schulfreund blickt zurück: »Sie fühlte sich im Internat sehr wohl. Sie war eine der wenigen, die am ersten Tag nicht weinten. Sie weinte nur, wenn sie wieder nach Hause mußte. Die Schule bedeutete für sie

Zuflucht vor den Turbulenzen des Familienlebens. Sie war ein sehr liebes Kind und war für die jüngeren Mädchen immer ein bißchen wie eine Mutter. Aber sie verfügte auch über einen eisernen Willen. Sie war nicht direkt gut in der Schule, besaß aber eine für ihr Alter enorme Weisheit. Wenn sie sich für etwas entschlossen hatte, führte sie es auch durch.«

Nachdem sie die Schule ohne Abschluß verlassen hatte, besuchte sie sechs Wochen lang ein exklusives Mädcheninternat in der Schweiz. Als sie nach England zurückkehrte, hatte sie sich verändert. Ihr Bruder Charles berichtet: »Ihr Gesicht war schmaler, man sah ihre hohen Wangenknochen, und sie war selbstbewußter geworden. Aus dem häßlichen Entchen versprach ein wunderschöner Schwan zu werden.«

Im September 1978 hatte Diana eine Vorahnung. Sie war zu Besuch bei einer alten Schulfreundin, Caroline Harbord-Hammond, der Tochter von Lord Suffield. Ein Gast fragte sie, wie es ihrem Vater gesundheitlich ginge, und Diana antwortete: »Ich habe irgendwie das Gefühl, daß ihm etwas zustoßen wird.« Am nächsten Morgen klingelte das Telefon. Earl Spencer hatte im Hof von Althorp einen schweren Schlaganfall erlitten. Hastig packte Diana ihre Tasche und eilte an das Bett ihres Vaters im North-Hampton General Hospital. Tagelang harrten Diana und ihre Geschwister im Krankenhaus aus.

Während dieser Zeit erreichte die Fehde mit Raine einen neuen Höhepunkt. Raine versuchte die Kinder daran zu hindern, ihren Vater zu besuchen, der drei Monate zwischen Leben und Tod schwebte. Sie befahl, den Kindern den Zugang zum Krankenzimmer zu verwehren. Freunden erzählte Diana später, daß sie und ihre Schwester Sarah auf dem Flur des Krankenhauses schlimme Wortgefechte mit Raine hatten.

1979 zog Diana nach London, und ihr Vater schenkte ihr zum achtzehnten Geburtstag eine Eigentumswohnung mit drei Schlafzimmern – Nr. 60, Coleherne Court, Pimlico. Die Wohnung hatte 50 000 Pfund gekostet.

Diana bekam eine Anstellung im Young England-Kindergarten. Sie verdiente sich noch etwas dazu, indem sie an den Wochenenden bei ihrer Schwester Sarah als »Perle« arbeitete.

Ein Freund erzählt: »Es war Diana überhaupt nicht peinlich, den Abwasch zu machen, Staub zu wischen und zu saugen. Im Grunde war sie immer am glücklichsten, wenn sie in Sarahs Apartment putzen konnte. Sie war sehr jung, naiv und glücklich, in London leben zu können. Sie mußte sich im Grunde in dieser Zeit um nichts wirklich kümmern. Diana führte nie ein sehr aufwendiges Leben. In der Freizeit besuchte sie gern die Parties ihrer High-Society-Freundinnen oder spielte Bridge. An die Zukunft dachte sie nicht. Sie liebte Kinder und ging davon aus, daß sie eines Tages einen passenden jungen Mann kennenlernen würde, der ein schönes Landhaus besaß, und dann würde das Leben schon seinen Gang gehen. Diana wußte nichts über Sex. Sie flirtete mit einigen jungen Männern, aber soweit bekannt ist, hatte sie nie einen Freund. Es würde mich überraschen, wenn Diana zu diesem Zeitpunkt überhaupt schon mal geküßt worden wäre. Sie war immer sehr zurückhaltend. Sie schien sehr fröhlich, aber wie es wirklich in ihr aussah, wußte man nicht. Sie trottete so in ihrer eigenen Welt vor sich hin. Ein Mädchen, das wußte: Irgendwie würde man die Zukunft schon für sie regeln.«

Im Sommer 1980 lief die Suche nach einer Braut für Prinz Charles auf Hochtouren.

Für Charles war es von größter Bedeutung, daß die beiden Frauen, denen er am meisten traute – seine Großmutter und Camilla – in diesem Zusammenhang immer wieder Diana Spencers Namen erwähnten.

Im Mai 1980 lud ihn die Königinmutter zum Lunch nach Clarence House ein. Sie sagte: »Laß Diana Spencer nicht aus den Augen. Jetzt ist sie vielleicht noch ein schüchternes, häßliches kleines Entchen, aber eines Tages wird sie ein wunderschöner Schwan werden. Sie ist gänzlich unverdorben, Charles. Glaub mir, sie ist die Richtige für dich.«

Charles schwieg diskret.

Sein früherer Diener Stephen Barry faßt zusammen: »Die Meinung des Prinzen stand fest: Er fand Diana zu jung für einen erfahrenen Mann wie sich. Er konnte sich nicht vorstellen, wie um alles in der Welt eine Beziehung zwischen ihnen funktionieren könnte. Und dieser erste Eindruck sollte sich, wie man jetzt weiß, bewahrheiten.

Aber Charles wußte auch, daß er unter Druck stand. Er mußte sich entscheiden. Eines Tages seufzte er tief und sagte: ›Wissen Sie, es heißt immer Pflicht und nochmal Pflicht. Mein größtes Problem ist, daß eine Scheidung in meiner Position nicht möglich ist. Wenn man nur erstmal mit einem Mädchen zusammenleben könnte, um sich richtig kennenzulernen.‹«

Wenig später verbrachte Charles ein Wochenende mit Camilla in Wiltshire. Ihr Ehemann blieb »aus geschäftlichen Gründen« in London.

Zu diesem Zeitpunkt hatten die Parker Bowles eine in jeder Hinsicht zufriedenstellende Übereinkunft getroffen. Wenn sie zusammen waren, genossen sie eine glückliche und erfüllte Partnerschaft und kümmerten sich liebevoll um ihre Kinder. Aber sowie sie getrennt waren, nahmen sie »Interessen« außerhalb ihrer Beziehung wahr. Es wurden keine Fragen gestellt und keine Vorwürfe erhoben.

Camilla sagte: »Ich habe mit mehreren Leuten über Diana gesprochen. Sie pflichten mir alle bei, daß sie ein liebes junges Ding ist. Sie ist nicht die Klügste, aber freundlich, umsichtig und kann gut mit Kindern umgehen. Sie könnte sich gut entwickeln. Und ihre Familie ist gesellschaftlich auch akzeptabel.«

Charles' Vorbehalte begannen zu schwinden. Was könnte es schon schaden, wenn er sich einmal mit dem Mädchen treffen würde, das ihm seine Geliebte so ans Herz legte? Wenn es nicht klappen würde, könnte er sich immer noch in die Umarmung der Frau flüchten, die er wirklich liebte. Camilla sagte er, er sei mit einem erneuten Treffen mit Diana einverstanden.

Man kam überein, daß sich Charles und Diana während einer Polo-Party auf dem in Sussex gelegenen Anwesen von Commander Robert de Pass treffen würden, einem Freund Prinz Philips. Ein Gast erinnerte sich: »Samstag kehrten wir vom Polospiel in Cowdray Park zurück. Diana unterhielt sich mit Seiner Königlichen Hoheit. Sie saß auf einem Strohbündel; er stand neben ihr und blickte auf sie hinunter. Sie trug eine dieser gestreiften Blusen und eine Latzhose. Einigen Leuten kam blitzartig die Idee, daß sie die passende Frau für Charles sei – aber das verwarfen wir schnell. Charles war sehr welterfahren und schließlich seit Jahren mit Camilla verbandelt. Der Gedanke, daß ihn so ein schüchternes Mauerblümchen auch nur im geringsten interessieren könnte, war einfach absurd. Diana war absolut nicht sexy. Sie war recht hübsch, wie viele Mädchen aus ihrer Gesellschaftsschicht, die gerade die Schule beendet haben. Aber sie hatte sehr wenig Finesse und überhaupt keinen Sex-Appeal. Später machte sie sich heraus, aber wer Diana damals anschaute, hätte sie unter ›hat Potential, soll später wiederkommen‹ eingeordnet.«

Aber an jenem Tag weckte sie tatsächlich zum erstenmal das Interesse des Prinzen. Nach dem üblichen Austausch von Floskeln schlug sie einen anderen Ton an. Sie sah ihm tief in die Augen und begann, über den Tod seines geliebten Onkels »Dickie« Mountbatten und über sein Begräbnis in Westminster Abbey zu sprechen.

Sie sagte: »Sie sahen so traurig aus, als Sie beim Trauergottesdienst den Gang hinuntergingen. Es war das Tragischste, was ich jemals gesehen habe. Mein Herz blutete vor Mitleid für Sie, als ich Sie beobachtete. Ich dachte: ›Er ist einsam, er sollte mit jemandem zusammensein, der sich um ihn kümmert.‹«

Ihre Worte trafen Prinz Charles mitten ins Herz – und plötzlich betrachtete er sie mit neuen Augen. Vielleicht hatten Camilla und seine Großmutter ja doch recht. In diesem Mädchen steckte mehr, als er zuerst angenommen hatte.

Ein ehemaliges Mitglied des Königlichen Haushaltes sagt: »Zu diesem Zeitpunkt war er nicht in Diana verliebt, aber gewiß war sie ihm nicht gleichgültig. Der Prinz ist ein Idealist, sensibel und vorsichtig mit seinen Gefühlen. Er begann sich mit dem Gedanken anzufreunden, daß eine Verbindung mit Diana tatsächlich funktionieren könnte. Sie schien mit allem einverstanden, was er vorschlug. Er sagte, sie verstände, wie er fühlt. Und das nahm den sensiblen Prinzen sehr für sie ein.«

Einige Tage nach diesem Wochenende in Sussex lud Charles Diana und ihre Großmutter Lady Fermoy in die Royal Albert Hall zu einer Vorstellung von Verdis *Requiem* ein und anschließend zu einem privaten Dinner in den Buckingham Palace.

Nach dem Dinner war sein erster Gedanke, Camilla anzurufen. Sowie Lady Fermoys Daimler die Tore des Palastes passiert hatte, um Diana in ihre Junggesellinnenwohnung zurückzubringen, griff Charles zum Hörer, um seine Geliebte anzurufen. Charles berichtete, er hätte den Abend mit Diana verbracht, und sie sei in der Tat sehr schüchtern und zurückhaltend.

Camilla antwortet: »Perfekt. Sie ist wirklich perfekt. Sie ist so still wie ein Mäuschen. Sie wird keinen Ärger machen.«

Mit Camillas vollstem Einverständnis lud Charles Diana ein, eine Woche auf der königlichen Yacht *Britannia* vor der Isle of Wright mit ihm zu verbringen.

Ein Gast an Bord meint: »Diana betrachtete Charles voller Ehrfurcht. Er nannte sie Diana, und sie antwortete immer mit ›Sir‹. Sie war wie ein junges Mädchen, das mit seinem Mentor oder Lehrer spricht. Sie war ganz offensichtlich begeistert, an Bord zu sein, aber sie sagte kaum ein Wort. Sie fühlte sich von allem sehr eingeschüchtert. Sie war allerdings ein hübsches Ding, und viele von uns fragten sich, ob zwischen ihnen nicht mehr sei, als man nach dem ersten Eindruck geglaubt hätte. Bis zu diesem Zeitpunkt hatten sie höchstens einige Gespräche geführt. Er war sehr freundlich zu ihr. Er lächelte ein- oder zweimal in ihre Richtung. Natürlich verbrachte er jeden Abend Stunden am Telefon mit Camilla.«

Diana erinnerte sich später: »Es schien mir in diesen ersten Tagen korrekt, ihn ›Sir‹ zu nennen, und da mich niemand verbesserte, war es wohl genau richtig.«

Anfang September reiste Diana nach Balmoral, um während der Hochland-Spiele ein Wochenende mit Charles und dem Rest der königlichen Familie zu verbringen. Wieder war sie erstaunt, daß Camilla Parker Bowles auch anwesend war.

An diesem Wochenende sah Arthur Eswards, Reporter bei der *Sun*, die schüchterne Di am Ufer des River Dee sitzen und geduldig darauf warten, daß Prinz Charles die Angeln einpackte. In seinem Bestseller *I'll Tell The Jokes, Arthur* schreibt er: »Ich sah eine schmale Gestalt in einer alten Barbour-Jacke. Als sie unser Auto nahen hörte, rannte sie weg und versteckte sich hinter einem Baum. Dann begann sie, einen Hügel zu erklimmen, entfernte sich hastig vom Fluß, ohne sich einmal umzudrehen. Binnen weniger Minuten war sie verschwunden. Tatsächlich glaubte bis zur Verlobung niemand an eine Verbindung zwischen Charles und Diana.

Aber ich hatte den siebten Sinn. Fünf Wochen zuvor hatte ich Diana bei einem Polospiel fotografiert. Sie stand da und beobachtete das Spiel, aber ich konnte genau erkennen, daß ihr eigentliches Interesse einer ganz bestimmten Person galt. Das sagte mir mein Instinkt. Nachdem ich sie auf Balmoral gesehen hatte, klickte es. Alarmglocken gingen in meinem Kopf los. Ich rief im Büro an und sagte, ich hätte es einfach im Gefühl, Diana Spencer sei ›diejenige, welche‹.

Meine Verbindungsleute zum Königshaus hatten ihren Namen schon vorher erwähnt, und zwar in dem Sinne, daß man Großes mit ihr vorhätte.

Also entschlossen wir uns, die Story zu bringen.«

Am nächsten Morgen erschien der erste Artikel über Charles und Diana. Die Schlagzeile lautete: »Er ist wieder verliebt ... Lady Di ist das neue Mädchen für Charles.«

Sowie die erste Auflage die Druckerpressen verließ, begannen alle anderen Reporter und Fotografen der Fleet Street eine heiße Verfolgungsjagd. Sie belagerten Dianas Wohnung. Wenig später erschien dann auf der Titelseite das berühmte Bild, das Diana zeigt, wie sie im Kindergarten Young England, in dem sie halbtags arbeitete, zwei Kinder auf dem Arm hält – und durch das sie das Herz der Nation im Sturm nahm. Auf diesem Bild sieht man sie mit einem leichten Sommerkleid, den Rücken zur Sonne, so daß sich ihre schönen langen Beine deutlich unter dem Rock abzeichneten. Sie hatte vergessen, einen Unterrock anzuziehen. So wurden die besonderen Reize von Lady Diana Spencer der ganzen Nation enthüllt.

Charles bemerkte später: »Ich wußte ja, daß du tolle Beine hast, aber mußtest du sie denn wirklich der ganzen Welt zeigen?«

Darüber war Diana sehr verletzt.

Aber der Prinz setzte seine halbherzige Werbung fort. Im Oktober 1980 wurde Diana nach Highgrove eingeladen, Charles' Herrenhaus mit acht Schlafzimmern auf einem 640 Acre großen Besitz in Gloucestershire, das er gerade renovieren ließ. Diana sollte das Wochenende mit ihm auf dem nahegelegenen Bolehyde Manor verbringen – als Gäste von Andrew und Camilla Parker Bowles.

»Ich war jung und naiv, aber ich wurde das Gefühl nicht los, daß das eine ungewöhnliche Romanze war. Camilla Parker Bowles war *immer* dabei«, erzählte Diana später einem Freund. An diesem ersten Samstagmorgen gingen Charles und Andrew schießen und ließen Diana mit Camilla allein. Während die beiden Frauen durch den Garten des Herrenhauses aus dem siebzehnten Jahrhundert schlenderten, stellte Camilla Diana einige Fragen.

»Jagen Sie gern?«

Diana antwortete, sie habe große Angst vor Pferden, seit sie sich bei einem Sturz den Arm gebrochen hätte. Camilla lächelte, denn jetzt wußte sie, daß sie ihren Prinzen bei der Jagd immer ungestört treffen könnte.

Zwischen den beiden Frauen kam es nicht einmal zu einer Spur von Freundschaft.

In einigen frühen Berichten über die Werbung Prinz Charles' um Diana heißt es, er hätte ihr im Kohlfeld von Bolehyde Manor einen Heiratsantrag gemacht. Das ist nicht wahr. Tatsächlich aber hatte der Prinz im Kohlfeld von Bolehyde Manor mit Diana ein langes Gespräch über die Ehe.

Ein enger Freund des Prinzen sagt: »Er machte keinen Antrag, er erklärte sich nicht einmal. Aber sie sprachen mehr als eine Stunde über die Ehe als solche. Diana sagte genau das richtige: daß sie Kinder wolle, daß das Heim der richtige Platz für eine Frau sei und daß eine Frau ihren Ehemann unterstützen solle. Sie war sehr offen und sagte ihm, daß sie genau wisse, was auf sie zukomme. Charles fand das alles sehr reif für ihr Alter.«

Einige Tage später begleitete Camilla Diana zum Ludlow-Rennen. Der Prinz, ein begeisterter Amateurjockey, ritt sein Pferd Allibar im Jagdrennen Clun Handicap. Während Camilla entspannt lächelte, wirkte Diana verkrampft. Die beiden Frauen wurden fotografiert, während sie, an einen Zaun gelehnt, die kleinsten Bewegungen des Prinzen verfolgten – jede für sich ihrer Liebe zu diesem Mann hingegeben.

Einem Freund sagte Diana später: »Ich fühlte mich so verwundbar. Es war klar, daß ich bei dieser Freundschaft der Außenseiter war. Charles unterhielt sich immer viel lieber mit Camilla als mit mir. Er ignorierte mich praktisch. Ich spürte die ganze Zeit über Camillas abschätzende Blicke. Als Charles das Rennen beendet hatte, kam er sofort auf Camilla zu und begann sich mit ihr zu unterhalten. Er ignorierte mich total. An der Art und Weise, wie sie sich anschauten, sah man, daß zwischen ihnen etwas lief.« Ein Freund fügte hinzu: »Sie fühlte sich allmählich wie ein Lamm, das zur Schlachtbank geführt wurde.«

Ein Freund von Camilla sagt: »Am Anfang stand und fiel die Beziehung mit Camilla, aber das hat Diana nie verstanden. Diana war so naiv, daß sie dachte, der Prinz umwerbe sie, weil er in sie verliebt sei. Charles mochte sie natürlich, aber sein Hauptgrund, ihre Beziehung fortzusetzen, war, daß Camilla soviel davon hielt. Diana sah nicht, was für eine starke Verbündete Camilla für sie sein könnte, wenn sie sich mit ihr anfreunden würde. Diana hatte Angst vor Camilla, die ganze Zeit.

Camilla wußte alles. Sie versuchte freundlich zu sein, aber Diana empfand sie immer als Bedrohung. Das Problem mit dem Mädchen war, daß sie einfach nicht klug genug war, um bei dem Spiel mitzuspielen. Wenn Diana Camilla als Verbündete gesehen hätte, die ihr aufgrund ihrer genauen Kenntnisse der Persönlichkeit des Prinzen wertvolle Ratschläge geben könnte, wäre vielleicht alles anders verlaufen.

Aber Diana glaubte immer, daß Camilla nach der Hochzeit auf Nimmerwiedersehen verschwinden würde. Natürlich trat das nicht ein. Camilla ihrerseits fand Diana zwar lieb und nett, aber ziemlich beschränkt und dumm.«

Doch so dumm war Diana nicht, daß ihr Charles' Besessenheit mit Camilla entgangen wäre. Als sie unter dem Ansturm der Presse auf ihre Wohnung litt und bei Charles Trost suchte, sagte er nur: »Ja, ja, Liebes. Aber Mrs. Parker Bowles macht das auch gerade durch. Kopf hoch, lächle tapfer und halt den Mund. Du darfst nicht soviel Selbstmitleid haben. Es wird bald vorbei sein.«

In einem uncharakteristischen Ausbruch beschwerte sich Diana bei einem Freund: »Warum kümmert er sich mehr um sie als um mich? Meine Güte, ich bin schließlich diejenige, die er heiraten soll.«

Aber was Diana am meisten wütend machte, war die Tatsache, daß Camilla offensichtlich über jede Kleinigkeit ihrer Beziehung zu Charles genauestens Bescheid wußte. Entnervt erzählte Diana einem Bekannten: »Ich habe das Gefühl, daß Camilla mir ständig über die Schulter schaut, sogar wenn ich mit Charles allein zu Abend esse, was nicht oft vorkommt.«

Einige Jahre später sagte sie: »Ich habe ihn einmal gefragt, warum er eigentlich so viel Zeit mit Camilla verbrachte. Er zuckte nur mit den Schultern und meinte: ›Weil es mit ihr ungefährlich ist.‹

Damals dachte ich, er meine Freundschaft; daß es ungefährlich sei, mit ihr befreundet zu sein, weil sie verheiratet war und so kein Klatsch aufkommen würde. Was mir dann schnell klar wurde, war, daß er meinte, mit Camilla sei es ungefährlich, weil er weiter mit ihr schlafen konnte und niemand Verdacht schöpfte, am wenigsten ich.

Was mich am wütendsten machte, war die Tatsache, daß mir Camilla bei unserem nächsten Treffen auf die Schulter geklopft hat und meinte, es bestünde ›kein Grund zur Beunruhigung‹. Ich kam zu dem Schluß, Charles mußte ihr erzählt haben, daß ich mir Sorgen machte wegen ihrer Beziehung. Er erzählte dieser Frau alles. Ich habe nicht nur Charles geheiratet, sondern seine Geliebte gleich mit. Es gab nichts in meiner Ehe, was sie nicht wußte.«

Im November 1980 kam es zu einem Zwischenfall, der beinahe dazu geführt hätte, daß Diana ihre Romanze abbrach. Der *Sunday Mirror* brachte in einem Leitartikel, daß Diana am 5. November ein heimliches Rendezvous mit Charles im königlichen Zug auf einem Nebengleis in Holt, Wiltshire, hatte.

Diana war aber zu diesem Zeitpunkt in ihrer Wohnung gewesen. Sie war also nicht die geheimnisvolle Blondine, die man am Zug gesehen hatte.

Der Palast dementierte. Aber die Story stimmte. Der Prinz hatte tatsächlich ein mitternächtliches Stelldichein mit einer blonden Frau. Aber am Zug war Camilla und nicht Diana.

Camilla und Charles haben den wahren Sachverhalt nie enthüllt – und Diana zog es vor, den Vorfall zu ignorieren. Sie war ihrem Ziel – den Prinzen für sich zu gewinnen und ihn zu heiraten – nun schon so nahe gekommen, daß sie den Erfolg nicht in allerletzter Minute gefährden wollte.

Im Januar 1981 hatten die Spekulationen, ob Diana die zukünftige Braut des Prinzen sei, einen neuen Höhepunkt erreicht. Charles setzte währenddessen in aller Ruhe seine Beziehung mit Camilla fort. Einige Tage vor Weihnachten – er wollte das Fest auf Sandrington verbringen – fuhr er zu Camilla und gab ihr sein Weihnachtsgeschenk: eine Goldkette. Diana bekam ein Buch und einen Pullover.

Über Silvester und Neujahr fuhr der Prinz zum Skilaufen nach Klosters in die Schweiz. Obwohl er immer noch heftige Zweifel hegte, ob Diana die passende Ehefrau für ihn sei, faßte er endlich einen Entschluß – während eines nächtlichen Telefongesprächs mit Camilla. Sie sagte ihm, daß sie immer für ihn da sei, auch wenn er Diana heiraten würde.

Er atmete tief durch, und dann antwortete er: »In diesem Fall werde ich meinem Kopf gestatten, über mein Herz zu regieren.« Charles rief seine zukünftige Braut an und informierte sie über seine Ankunft am 3. Februar. Er verabredete sich mit ihr für den 6. Februar. An diesem Tag machte Prinz Charles Lady Diana im Kinderzimmer von Windsor Castle einen Heiratsantrag. Diana brach in nervöses Kichern aus. Als er dann erklärte, es sei ihm ernst, wurde sie ruhig und sagte: »Ja, bitte.« Sie war bereit, die zweite Frau in Prinz Charles' Leben zu werden.

Zwei Tage später trat Diana mit ihrer Mutter einen letzten zehntägigen Urlaub als Privatperson an. Frances Shand Kydd lebte mit ihrem zweiten Ehemann Peter auf einer Schafsranch bei Canberra im australischen New South Wales.

Diana war geblendet von der Liebe und war überzeugt, daß auch Charles in sie verliebt sei. Als sie jedoch nach zwei Tagen immer noch nichts von ihrem Verlobten gehört hatte, begann sie sich Sorgen zu machen. Sie rief sein Privatbüro im Buckingham Palace an, aber man sagte ihr nur, daß der Prinz nicht da sei. Enttäuscht legte sie auf. Innerhalb der nächsten vierundzwanzig Stunden versuchte sie weitere zwölfmal, ihn zu erreichen.

Diana konnte nicht wissen, daß Charles in den Armen einer anderen Frau lag, der Frau, die er als einzige wirklich liebte: Camilla Parker Bowles.

Stephen Barry zeigte sich überrascht, daß niemand aus dem engsten Umfeld des Prinzen seine immer größer werdenden Vorbehalte gegen eine Ehe mit Diana ernst nahm. Barry sagte: »Der Prinz wurde mit jedem Tag gereizter. Die Verlobung stand unmittelbar bevor, aber er wußte, er war zu einer Verbindung mit dieser Frau gezwungen worden, die er nicht wollte, nicht richtig kannte und nicht liebte.

Ich erinnere mich, daß ich ihn einen Tag vor der Bekanntgabe der Verlobung in seinem Arbeitszimmer antraf. Er war sichtlich beunruhigt. Er sagt: ›Ich mache da einen furchtbaren Fehler.‹ Es war schrecklich, ihn das sagen zu hören. Das ganze Land war in Dianas Bann, jeder liebte sie – mit Ausnahme des Mannes, den sie heiraten würde. Aber das Problem des Prinzen war immer, daß Pflichterfüllung an erster Stelle stand. Er war dreiunddreißig Jahre alt; eine Heirat mußte sein. Und Diana war das Mädchen, das man für ihn ausgesucht hatte. Bei einem Rückzieher wäre es zu einem Aufruhr gekommen. Und diese Vorstellung konnte er nicht ertragen. Denn sein Herz sagte ihm, daß er Diana vielleicht noch lieben lernen würde. Aber sein Herz sagte ihm auch, wen er wirklich liebte: Camilla. Das hatte große Ähnlichkeit mit einer griechischen Tragödie. Hier war ein Mann, der offensichtlich alles hatte. Aber das eine, was er sich mehr wünschte als alles andere, konnte er nicht bekommen. Und das war Camilla Parker Bowles.«

Im ersten gemeinsamen Interview nach der Verlobung machte Charles gegenüber der Reporterin Grania Forbes eine bedeutende Bemerkung. Grania fragte ihn: »Sind Sie verliebt?« Charles antwortete: »Was immer das bedeuten mag.«

Während des Interviews hatte das Paar nur selten Blickkontakt und saß in entgegengesetzten Ecken des Sofas.

Prinz Andrew sagte einige Tage später: »Er liebt sie nicht. Laßt uns bloß hoffen, daß er noch lernt, sie zu lieben – oder wenigstens zivilisiert mit ihr zusammenzuleben.«

Am 26. Februar wurde Diana von dem Gynäkologen des Hofes untersucht. Er hatte keinerlei Bedenken hinsichtlich ihrer Fruchtbarkeit und stellte fest, daß sie noch Jungfrau war.

Die Verlobung wurde einem jubelnden Volk am 28. Februar um elf Uhr vormittags verkündet.

Am Abend zuvor hatte Diana ihre Koffer gepackt. Als sie sich von ihren treuen Freundinnen und Wohnungsgenossinnen verabschiedete, bat sie, die Verbindung nicht abreißen zu lassen, denn »ich werde euch sicher brauchen«.

Dianas neuer Bodyguard von Scotland Yard, Paul Officer, eskortierte sie aus der Wohnung und meinte es wohl witzig, als er sagte: »Das ist die letzte freie Nacht in Ihrem Leben, machen Sie das beste daraus!« Aber Diana sagte später: »Seine Worte bohrten sich wie ein Schwert direkt in mein Herz.«

Diana kam abends spät auf Clarence House an, dem Londoner Wohnsitz der Königinmutter. Auf ihrem Bett fand Diana einen weißen Umschlag.

Später sagte sie darüber: »Ich hatte keine Ahnung, was das sollte, aber ich nahm natürlich an, es sei ein Willkommensgruß von Charles. Ich riß das Kuvert auf. Der Brief war von Camilla. Woher zum Teufel hatte sie gewußt, wo ich sein würde, wenn Charles sie nicht genauestens über unsere Pläne informiert hätte? In Gottes Namen, auch ich wußte erst, daß die Verlobung am 28. Februar verkündet werden sollte, als man mich an diesem Morgen vom Palast aus anrief und mir sagte, ich sollte im Hinblick auf die Vorbereitungen nach Clarence House ziehen. Camillas Brief trug das Datum von vor drei Tagen. Diese entsetzliche Frau wußte alles schon vor mir.«

Ein Freund von Camilla sagt: »Natürlich wußte Camilla Bescheid. Der Prinz erzählt ihr alles, hat es immer getan. Er hat keine Geheimnisse vor Camilla. Sie ist sein bester Freund, deshalb hat er sie angerufen und ihr selbstverständlich von der bevorstehenden Verlobung erzählt.«

Der Brief enthielt eine Einladung zum Lunch. Sie trafen sich drei Tage später im Buckingham Palace. Die Stimmung war angespannt. Camilla versuchte sich mit der zukünftigen jungen Braut zu unterhalten, aber Diana war sehr verschlossen.

Ein Freund Camillas kommentiert das so: »Es ist unfair, Camilla in dieser ganzen Geschichte als die böse Hexe zu sehen. Sie wollte Diana ganz ehrlich helfen und sie beraten. Aber Diana war schon immer ein stures kleines Ding. Sie war stolz. Sie mißtraute Camilla. Und, was wichtiger war, sie schätzte Camilla falsch ein. Sie verstand einfach nicht, daß Camillas Loyalität immer dem Prinzen gegolten hatte. Camilla hoffte, daß sie mit der zukünftigen Frau gut auskommen würde. Zwar war Diana nicht direkt unhöflich zu Camilla, gab sich aber auch keine Mühe, besonders freundlich zu sein. Nach diesem Mittagessen fühlte sich Camilla zurückgewiesen. Zum erstenmal stellte sie sich ernsthaft die Frage, ob Diana emotional gefestigt genug sei, um die Mammutaufgaben, die vor ihr lagen, zu bewältigen.«

Kurz danach flog Charles für fünf Wochen zu einem Staatsbesuch nach Australien. Die Welt wurde Zeuge, wie Diana am Flughafen seinen Arm umklammerte und weinend zusammenbrach. Keiner ahnte den wahren Grund ihrer Verzweiflung: Dreißig Minuten bevor sie zum Flughafen fuhren, war Diana bei Charles im Arbeitszimmer, als er in letzter Minute noch Papiere zusammensuchte. Das Telefon klingelte – und es war Camilla. Diana sagte später, ihr Verlobter hätte sie gebeten, das Zimmer zu verlassen, damit er seiner Geliebten auf Wiedersehen sagen könne. Sie erzählte einem Freund, daß ihr Herz an diesem Morgen »in hundert Stücke« zerbrach.

Aber Charles' Freunde sehen den Sachverhalt anders. Einer meint: »Als Charles den Hörer abnahm, bekam Diana einen ihrer hysterischen Anfälle. Charles wußte nicht, was er machen sollte. Sie war wie ein bockiges Schulmädchen. Er hielt die Hörermuschel zu und versuchte, mit Diana zu reden. Sie war außer sich und sagte so etwas Ähnliches wie: ›Ich soll wohl den Raum verlassen?‹

Er antwortete: ›Natürlich nicht, du kannst hierbleiben, es dauert nur eine Minute.‹ Aber das hatte er kaum gesagt, da stürmte Diana auch schon aus dem Zimmer und warf die Tür krachend hinter sich zu.

Charles war erschüttert. Ihr Verhalten war unvernünftig und völlig unbegründet. Camilla hatte ihn nur angerufen, um ihm alles Gute zu wünschen. Diana machte aus einer Mücke einen Elefanten. Und Charles war beunruhigt darüber. Schon damals wußte er nicht, was er machen sollte, wenn Diana einen ihrer hysterischen Anfälle bekam. Im Laufe der Ehe traten sie immer häufiger auf. Natürlich litt Diana zu diesem Zeitpunkt schon unter Bulimie, dieser Krankheit, bei der man Essen in sich hineinschlingt und sich hinterher übergibt. Aber Charles ahnte das noch nicht. Er war mit dieser Krankheit nicht vertraut. Er wußte zwar, daß die Mädchen der Spencers launisch und impulsiv waren; er hatte vor einigen Jahren eine Affäre mit Dianas älterer Schwester Sarah. Und jetzt führte sich das Mädchen, das er zur zukünftigen Königin erkoren hatte, so auf.

Ich erinnere mich, daß er einige Zeit später sagte: ›Ich weiß nicht, was ich machen soll. Diana gerät beim kleinsten Anlaß völlig außer sich. Es macht mir wirklich Sorgen. Entweder bin ich so alt und verknöchert, daß ich nicht verstehe, was hier vor sich geht – oder sie hat ein psychisches Problem. Um unser aller willen hoffe ich, daß erstes der Fall ist. Denn wenn das letztere stimmt, wage ich nicht daran zu denken, was noch passieren kann.‹«

Fünf Tage vor der Hochzeit äußerte Charles seine Bedenken gegenüber John Barratt. Barratt sagte: »Ich wußte, daß Charles immer noch heftig in Camilla verliebt war und Schwierigkeiten mit Diana hatte. Eine Woche vor der Hochzeit sagte er zu Lord Ramsey und mir, Camilla sei die einzige Frau, die er jemals geliebt habe. Er sagte: ›Ich könnte für Diana nie so empfinden wie für Camilla.‹

Lord Ramsey versicherte ihm, daß sich seine Gefühle aller Wahrscheinlichkeit im Laufe der Zeit ändern würden. Es faszinierte den Prinzen, daß Diana noch Jungfrau war, und er wußte, daß es seine Pflicht war zu heiraten. Aber ich war mir sicher: Wenn seine körperlichen Bedürfnisse gestillt wären und er mit Diana geschlafen hätte, würde diese Ehe keine großen Chancen haben.

Diana war sehr schön, aber nicht sehr intelligent. Mit Camilla konnte Charles über alles reden, und das war bei Diana nicht der Fall. Sie war jung und hatte ganz andere Interessen. Sie verabscheute Jagen, Schießen und Fischen. Sie verabscheute seine langweiligen Freunde. Sie fand es entsetzlich, stundenlang frierend im eiskalten schottischen Moor zu stehen. Sie hatten keine Gemeinsamkeiten. Es war nur eine Frage der Zeit, bis sich Charles von ihr abwenden und zu Camilla zurückkehren würde. Ich kannte Camilla gut und bin mir sicher, sie sah es auch so.«

Im Juli, weniger als eine Woche vor dem größten Tag ihres Lebens, betrat Diana ihr Privatbüro im Buckingham Palace, das sie mit Michael Coleborne teilte, dem Mann, der mit der Finanzverwaltung des Prinzen betraut ist. Sie sah ein kleines, hübsches Päckchen auf seinem Schreibtisch, das mit einer pinkfarbenen Schleife verziert war. Sie konnte sich nicht bezähmen und schaute auf den Absender. Es war für Camilla bestimmt – von Charles. Mit zitternden Fingern öffnete Diana die Schachtel. Auf dunkelblauem

Samt lag ein zierliches goldenes Armband mit einem blauen Anhänger aus Emaille und den Initialen »GF«. Diese Initialen standen für Fred und Gladys, die Spitznamen, die Charles und Camilla einander gegeben hatten.

Als Diana Charles unter Tränen zu dem »unangemessenen Geschenk« befragte, sagte er: »Was ist daran unangemessen? Es ist nur ein kleines Dankeschön an eine liebe Freundin.«

Aber Diana war sich da nicht so sicher. Zwei Tage bevor sie das Armband entdeckte, hatte sie ein Gespräch mitangehört, in dem Charles anordnete, Camilla einen Blumenstrauß senden zu lassen, die gerade eine schwere Grippe hatte. Sie hörte, wie Charles den Floristen anwies, auf die Begleitkarte folgendes zu schreiben: »Für Gladys. Werde schnell wieder gesund, altes Mädchen. Alles Liebe, Fred.« Diana hatte bereits den schweren Verdacht, daß Camilla für Charles mehr war als nur eine gute Freundin.

Obwohl sie es zu diesem Zeitpunkt noch nicht ahnte, sollte ihr schlimmster Alptraum erst noch beginnen. Im Kreise ihrer Freunde und Familie gestand sie ihre Ängste ein, aber sie alle sagten ihr, es sei zu spät – das ganze Land freue sich schon auf die Hochzeit.

Dianas Schwester Sarah benutzte den Spitznamen ihrer Schwester aus Kindheitstagen, als sie ihr sagte: »Pech, Duch. Dein Bild ist bereits auf die Handtücher gedruckt, also ist es zu spät.«

Sowohl Charles als auch Diana hätten am liebsten die Hochzeit abgesagt. Noch eine Woche vorher verriet Charles einem Freund: »Ich habe das Gefühl, daß die ganze Sache meiner Kontrolle völlig entglitten ist. Ich habe keine Zeit gehabt, dieses Mädchen vor der Hochzeit kennenzulernen. Ich tue es aus Pflichtgründen – und ich hoffe für uns alle, daß es funktioniert.«

Es war für beide zu spät. Der Tag stand fest. In St. Paul's Cathedral war bereits alles vorbereitet.

Die »größte aller Shows« begann.

Verlorenes Glück

»Küß sie, küß sie, küß sie!«

Der begeisterte Ruf aus einer halben Million Kehlen war über eine Meile weit zu hören.

Der »große Tag«, der 29. Juli 1981, begann hell und klar. Die ganze Nation sonnte sich in größter Hoffnung und eitler Vorfreude. Nur zwei Menschen empfanden bang, daß die Hochzeit vielleicht doch nicht ganz so glorreich war, wie sie schien. Und das waren die Braut und der Bräutigam.

Während die Menge lautstark den Kuß forderte, beugte sich Prinz Charles zu seiner Mutter zurück und fragte sie flüsternd: »Darf ich?« Nach einem zustimmenden Nicken küßte er Diana, die Prinzessin von Wales, auf den Mund. Das Bild ging um die Welt und besiegelte für alle Zeiten die Verbindung der Liebe. Doch keiner, der die Märchenhochzeit verfolgte, ahnte, was sich vierundzwanzig Stunden zuvor zugetragen hatte.

Während Charles nervös der Dinge harrte, die auf ihn zukommen sollten, stahl er sich noch einige Minuten der Glückseligkeit – in Camillas Armen. Die Welt fieberte der Hochzeit entgegen – und Charles lag mit seiner langjährigen Geliebten im Bett.

Am Vorabend der Eheschließung fand ein Empfang der Queen statt. Einige Stunden zuvor hatte Charles ein heimliches Stelldichein mit Camilla vereinbart. Sie wollten sich im »sicheren Haus« eines Freundes treffen. Bei dieser Gelegenheit wollte er Camilla auch das Armband überreichen, das Diana so in Wut versetzt hatte.

Nach dem Dinner begab sich die Gruppe in den Ballraum, um den formellen Hochzeitstanz zu beginnen. Es war ein denkwürdiger Abend. Achthundert Freunde von Charles und Diana waren geladen.

Charles tanzte zweimal mit Camilla und mischte sich dann diskret unter die Menge. Diana tanzte ebenfalls den ganzen Abend und verließ die Party kurz nach eins, um die letzte Nacht vor der Hochzeit in Clarence House zu verbringen. Als sie die Party verließ, gab ihr Charles' Kammerdiener ein kleines Päckchen. Es enthielt einen goldenen Ring, der das Siegel des Prinzen von Wales – Federn – zeigte, und eine Karte, auf der stand: »Ich bin so stolz auf dich. Wenn du den Gang entlangkommst, werde ich beim Altar auf dich warten. Schau allen in die Augen und zeig es ihnen.« Mit der Karte und dem Geschenk fühlte sich Diana stärker als seit Wochen. Bevor sie zu Bett ging, warf sie einen letzten lächelnden Blick auf das umwerfende, 25 000 Pfund teure Brautkleid, das Elizabeth und David Emmanuel für sie entworfen hatten. Über den Erwartungen und der Vorfreude auf die Hochzeit vergaß sie ihre Ängste.

Camillas Mann zog sich an diesem Abend früh zurück. Er bereitete sich auf seine Pflicht vor – auf die Reitereskorte der königlichen Kutsche auf dem Weg von der Hochzeitszeremonie in St. Paul's Cathedral zurück zum Palast.

Als die Party sich gegen halb drei dem Ende zuneigte, verschwanden Charles und Camilla. Stephen Barratt, der Kammerdiener des Prinzen, sagte: »Wir wußten alle, was Charles für Camilla empfand. Es war für beide ein letztes Stelldichein. Aber das an diesem letzten Abend zu tun, das war wirklich unglaublich. Unglaublich wagemutig, wenn nicht sogar unglaublich dumm.«

Ein anderer Gast meint: »Es war ganz offensichtlich, was da stattfand. Camilla und Charles hatten beide ein bißchen Alkohol zu sich genommen, aber sie waren nicht betrunken. Er verließ zuerst den Raum, und sie stand allein herum. Es war nur noch eine Handvoll Leute übrig. Alle waren im Aufbruch begriffen.

Irgend jemand brachte Camilla ihren Mantel, und sie zog ihn an. Dann sagte sie, sie müsse mal verschwinden. Sie verließ den Raum im Mantel. Sie kehrte nicht zurück. Anscheinend hatte sie beabsichtigt, die anderen glauben zu machen, sie hätte das Gebäude direkt von der Toilette aus verlassen.

Aber wir waren nicht naiv. Wir warteten eine Weile am Haupteingang auf sie. Aber sie war und blieb verschwunden. Alle nahmen an, sie sei heimlich in die Privatgemächer des Prinzen geführt worden.

Es schien närrisch, aber keiner dachte sich großartig etwas dabei. Ich meine, jeder muß doch einen Abschiedsflirt haben, oder?«

Am Hochzeitsmorgen war eine kleine Gruppe erlesener Gäste zu einem Frühstücksbankett im Palast geladen. Camilla hatte den Palast um fünf Uhr morgens mit ihrem Privatwagen verlassen. Es kam für alle anwesenden Gäste überraschend, daß Camilla, die älteste und beste Freundin des Prinzen, keine Einladung zu dem Frühstück erhalten hatte. Diana hatte aufbegehrt. Ein Gast meinte, sie hätte sich geweigert, eine Einladung an Camilla auszustellen, zu diesem wichtigsten Tag ihres Lebens. Der Gast sagt: »Diana war unnachgiebig. Camilla sollte nicht dabei sein. Als einen Monat zuvor die Gästeliste aufgestellt worden war, hatte sie ein

Machtwort gesprochen. Sie sagte Charles, daß ›nichts und niemand‹ ihr ihren Hochzeitstag verderben würde. Und sie strich Camillas Namen von der Liste. Charles war überrascht, aber er gab nach.«

Die Hochzeit wurde ein überwältigender Erfolg.

Dianas Bruder Charles erzählte dem Autor Andrew Morton: »Meine Schwester war an diesem Tag völlig verändert. Ein großes Make-up stand ihr nie, aber sie sah phantastisch aus. Es war das erste Mal in meinem Leben, daß ich dachte: Diana ist wunderschön. Sie sah umwerfend aus und war sehr gesammelt. Sie zeigte keine Nervosität; allerdings war sie etwas blaß. Sie wirkte glücklich und ruhig.«

Während sie langsam den Gang hinunterging, stützte sich ihr Vater auf ihren Arm, und Diana hatte genügend Zeit, die geladenen Gäste zu betrachten – auch Camilla Parker Bowles. Als sie ihr Ehegelübde sprach, schauten weltweit 750 Millionen Menschen voller Ehrfurcht zu.

Jahre später sagte Diana ohne ersichtliche Gefühlsregung: »Ich empfand eine sehr große Hoffnung.«

Als Charles und Diana in der Kutsche zu ihrem Hochzeitsempfang in den Buckingham Palace zurückfuhren, wurden sie von fünfundzwanzig Reitern der Königlichen Garde begleitet, die mit ihren federgeschmückten Helmen und ihren leuchtendblauen Jacken wie im Märchen wirkten. Einer von ihnen war Andrew Parker Bowles, der Ehemann der Geliebten des zukünftigen Königs.

Camilla war zwar in St. Paul's Cathedral, wurde jetzt aber wieder brüskiert: Sie war nicht zum Empfang geladen. Sie feierte mit Freunden auf einer privaten Dinnerparty.

Stephen Barry erinnert sich später: »Der Prinz sagte mir, er sei die Nacht vorher wach gewesen, als die

Menge unter seinem Fenster ›Rule Britannia‹ gesungen hätte. Die Tränen seien ihm über das Gesicht gelaufen. Damals dachte ich, dies sei Ausdruck seiner Rührung über die Welle des Patriotismus. Aber vielleicht verbarg sich hinter den Tränen auch eine Spur Traurigkeit, weil ihm bewußt wurde, daß er die falsche Frau heiraten würde.«

Als sich der Tag dem Ende zuneigte, bestiegen Charles und Diana den königlichen Zug, der sie zu Lord Romseys Landsitz Broadlands bringen sollte, wo sie die ersten drei Tage ihrer Flitterwochen verlebten. Das Paar verbrachte seine erste Nacht im Portico-Zimmer, in dem Charles Camilla vor fünfzehn Jahren zum erstenmal geliebt hatte.

Charles, der Camillas reife und erfahrene Zärtlichkeiten gewöhnt war, vertraute später einem Freund an: »Die erste Nacht war nicht besonders. Es war natürlich nett. Aber sie war wirklich sehr naiv. Sie hatte ganz offensichtlich keinerlei Erfahrungen im Bett.«

Der Freund fügte hinzu, daß Charles diese Bemerkungen gelangweilt und ohne Gefühlsregung gemacht hatte. Er sagte: »Natürlich war Dianas Jungfräulichkeit der große Preis für Charles. Das wäre es für jeden Mann gewesen. Aber er erhielt ihn schnell. Ich hatte den Eindruck, daß diese Errungenschaft eher ernüchternd für Charles war. Er war ein erfahrener Liebhaber und daran gewöhnt, mit Frauen zu schlafen, die wissen, was sie tun. Diana hatte nicht die leiseste Ahnung. Im nachhinein ist es traurig, aber Charles hätte dieser bedeutsamen Nacht sicher irgendeine beliebige mit Camilla vorgezogen.«

Diana beschwerte sich später über den unersättlichen sexuellen Appetit ihres Mannes. Sie sagte: »Er will es ständig. Ich weiß nicht, was ich mit ihm machen soll. Mir ist die ganze Sache im Grunde eher gleichgültig.«

Die Jungverheirateten flogen dann auf die königliche Yacht *Britannia*, die bei Gibraltar vor Anker lag, und begaben sich auf zweiwöchige Hochzeitsreise im Mittelmeer.

Es war von Anfang an eine Katastrophe. Diana litt bereits an Bulimie und war sehr dünn. Während dieser Zeit, die die romantischste ihres Lebens hätte sein sollen, verschlang sie das Essen und erbrach sich kurz darauf. Einmal aß sie eine ganze Steak- und Nierenpastete und danach noch eine große Schüssel Pudding. Während die Crewmitglieder noch bewunderten, daß sie »so reinhauen und dabei dünn wie ein Kleiderbügel sein konnte«, eilte Diana ins Badezimmer und übergab sich.

Charles sagte später zu Camilla: »Während der gesamten Flitterwochen roch sie nach Erbrochenem. Es drehte mir den Magen um. Natürlich wußte ich, was sie tat. Man mußte nur einige Tage mit ihr zusammen sein, um zu wissen, was los war. Sie muß krank sein, wenn sie glaubt, man bemerkt nichts.« Diana war nach der Hochzeit gefühlsmäßig total verwirrt und übergab sich fünf- bis sechsmal pro Tag.

Ihre Seelenverfassung verschlechterte sich noch, als sie in der ersten Woche der Schiffsreise einmal allein in der Kabine war und Charles' offiziellen Terminkalender in die Hand bekam, der sämtliche königlichen Besuche der nächsten drei Monate auflistete. Während sie das Buch noch in der Hand hielt, fielen zwei Papiere heraus. Sie hob sie auf und sah zu ihrem Entsetzen, daß es zwei private Fotos von Camilla waren. Diana stürmte auf das Vorderdeck und konfrontierte ihren Ehemann damit – sieben Tage nach der Hochzeit.

Tränenüberströmt schrie sie ihn an: »Warum kannst du nicht der Wahrheit ins Gesicht blicken und mir sagen, daß du sie liebst und nicht mich?«

Charles errötete nur und erklärte, es seien alte Fotos seiner Freundin, die er nur vergessen hatte wegzuwerfen. Diana übergab die Bilder dem Papierkorb, aber Charles schlich später nach unten und rettete sie.

Einige Tage später war der ägyptische Präsident Anwar al Sadat zu Gast an Bord. Beim Staatsempfang bemerkte Diana, daß ihr Mann goldene Manschettenknöpfe trug, die zwei verschlungene Cs darstellten. Charles gab zu, daß es sich um ein Hochzeitsgeschenk von Camilla handelte, fügte aber hinzu: »Fang jetzt nicht wieder damit an. Bitte, laß uns unsere Ehe nicht mit dieser Belastung beginnen.«

Doch seine Worte konnten Dianas aufgewühlte Seele nicht beruhigen. Sie schloß sich im Badezimmer ein und schluchzte laut. Eine Stunde später kam sie mit verweinten Augen heraus und fragte ihn: »Warum willst du ständig an diese Frau erinnert werden? Warum kannst du sie nicht vergessen und dich auf mich konzentrieren? Ich bin jetzt deine Frau, sie hat nichts mit uns zu tun.«

Charles antwortete: »Doch, sie hat etwas mit uns zu tun. Sie ist meine älteste Freundin. Wenn du das nur verstehen könntest und wenigstens versuchen würdest, dich mit ihr anzufreunden. Wenn du dir die Mühe machen würdest, sie richtig kennenzulernen, würdest du sie bestimmt mögen.«

Aber Diana schüttelte nur den Kopf und brach in Tränen aus.

Als sie wieder auf Balmoral angekommen waren, hatte Charles seine eigenen Vorbehalte gegen diese Ehe.

Er fragte Stephen Barry: »Ist es normal für eine Ehefrau, so besessen von der Vergangenheit ihres Mannes zu sein?«

Barry erinnert sich an seine Antwort: »Ich sagte ihm,

daß das ziemlich normal sei. Aber am liebsten hätte ich hinzugefügt, daß es nicht normal sei, wenn ein Mann so bald nach der Hochzeit wieder Kontakt mit seiner Geliebten aufnähme.«

Denn Charles hatte sich bereits entschlossen, Camillas Reizen nicht zu entsagen. Er hatte eine Telefonverbindung zum Festland herstellen lassen und seine Geliebte am fünften Tag seiner Flitterwochen angerufen. Er schickte ihr auch heimlich einen drei Seiten langen Brief, in dem er seine Gefühle genau beschrieb. Nach England zurückgekehrt, nahm er wieder seine alte Gewohnheit auf, jeden Tag mit Camilla zu telefonieren.

Barry sagte: »Der Prinz war zwar diskreter als während seiner Junggesellenzeit. Er rief Camilla direkt von seinem Büro aus an. Wenn es ihm einmal nicht möglich war, sie anzurufen, schrieb er ihr einen Brief, der ohne die Kenntnis der Prinzessin aus dem Palast geschmuggelt wurde. Es war sonderbar: Der Prinz brauchte einfach den Kontakt mit Camilla, oder er war kein richtiger Mensch. Ohne ihr tägliches Telefongespräch wurde er gereizt und unduldsam. Camilla war wie eine Gewohnheit, die er nicht aufgeben konnte, eine Besessenheit, die er nicht besiegen wollte.«

Dianas Angst und Verfolgungswahn verstärkten sich noch während des abschließenden Aufenthalts auf Balmoral, denn in Charles' Privatgemächern entdeckte sie zwei Liebesbriefe von Camilla. Einem Bediensteten zufolge waren die Briefe so »intim, daß man von ihnen auf eine langjährige Affäre schließen konnte. Diana entnahm dem Ton, daß Charles beabsichtigte, ihre Beziehung fortzuführen. Sie kopierte die Briefe. Sie war erst einige Wochen verheiratet, dachte aber schon voraus. Diana hat diese Briefe noch heute in ihrem Besitz. Sie sind unterzeichnet und datiert. Während all der

Zwischenfälle, die sich seitdem ereignet haben, hat sie die Briefe mehrmals als Druckmittel gegen ihren Mann verwandt. Sie sagte ihm einmal: ›Wäre es nicht peinlich, wenn diese *billets doux* in die falschen Hände gelangen würden?‹ Diana wußte, daß sie einen Trumpf in der Hand hatte.«

Der Aufenthalt auf Balmoral deprimierte Diana und brachte sie an den Rand der Verzweiflung. Charles ließ sie stundenlang allein, um durch das Moor zu wandern oder endlos fischen zu gehen. Diana langweilte sich und hatte genug. Er forderte sie auf, ihn bei der Jagd zu begleiten. Sie lehnte ab und bat Charles, die Reise abzukürzen und mit ihr nach London zurückzukehren, aber er fühlte sich ganz in seinem Element und weigerte sich strikt. Er sagte: »Wo hat man denn das schon einmal gehört, daß ein Paar freiwillig die Flitterwochen abbricht?«

Diana geriet immer tiefer in den Sog der Depressionen.

An dem Tag, an dem sie die geheimen Liebesbriefe entdeckte, schwor sich Diana, Camillas Namen nie wieder in den Mund zu nehmen. Von diesem Moment an nannte sie Camilla in Privatgesprächen nur noch den »Rottweiler«.

Freunden gegenüber sagte sie: »Der Rottweiler ist der Hauptgrund, warum ich durch diese Hölle gehe. Ich glaube tatsächlich, daß ich zumindest eine Chance hätte, Charles dazu zu bringen, mich zu lieben. Aber solange diese Frau in der Nähe ist, habe ich keine Chance. Er denkt nicht einmal an mich; alles, woran er denken kann, ist sie.«

Und Camilla weigerte sich, Charles den Rücken zuzuwenden. Und sie ließ auch nicht zu, daß Dianas Ausbrüche ihre Beziehung beeinträchtigten.

Ein Freund sagt: »In den frühen Tagen ihrer Ehe hegte Camilla keinen Groll gegen Diana. Sie hoffte aufrichtig, daß die Ehe funktionieren würde. Sie konnte ihre Freundschaft zu dem Prinzen nicht aufgeben. Im Laufe der Monate sah Camilla ein, daß Diana Charles nicht glücklich machen würde. Als er ihr immer häufiger von Dianas Stimmungsschwankungen und Launen berichtete, begann Camilla ihrerseits, die Prinzessin auf eine bestimmte Weise zu bezeichnen – sie nannte sie ›dieses lächerliche Wesen‹. Sie müssen wissen, daß Camilla keine bösartige Frau ist. Aber ihre Loyalitäten liegen unwiderruflich bei dem Prinzen. Camilla ist immer seine engste Vertraute gewesen. Es war keine Frage, für wen sie Partei ergreifen würde.

Am Anfang beäugten sich die beiden Frauen nur mißtrauisch. Aber innerhalb kürzester Zeit wurde aus dem Mißtrauen gegenseitige Abscheu.«

Das Gespenst Camillas

Als die Märchenehe endlich als jene Farce entlarvt wurde, die sie von Anfang an gewesen war, äußerte Diana Freunden gegenüber, daß sie das »Gespenst Camillas« von Anfang an verfolgt habe. Die Flitterwochen waren vorbei, das grelle Licht der Öffentlichkeit fiel auf Diana – und alle waren erschrocken, wie dünn und zerbrechlich die Prinzessin geworden war.

Im September 1981 war Diana überzeugt, daß ihr Ehemann hinter ihrem Rücken heimlich mit Camilla telefonierte. Sie hatte recht. Doch sie wußte nichts von dem »Gentlemen's Agreement«: Camilla und Charles waren übereingekommen, nach der Eheschließung zwar gute Freunde zu bleiben, ihre Affäre aber aufzugeben. Ein Freund von Camilla sagt: »Nach der Hochzeit war Camilla darauf eingestellt, ihr eigenes Leben zu führen. Sie sagte dem Prinzen, daß die Fortführung einer körperlichen Beziehung nicht in Frage käme. Er akzeptierte das. Er wünschte sich wirklich, daß seine Ehe funktionierte.

Aber Charles erkannte schnell, daß er ein großes Problem mit seiner jungen Frau hatte. Es gab einfach keine Gemeinsamkeiten zwischen ihnen, und er hatte niemanden, mit dem er über seine Probleme sprechen konnte. Seine Familie gratulierte sich noch immer zu dieser die Moral hebenden Hochzeit. Mit Diana konnte er unmöglich ein sachliches Gespräch führen. Es gab nur eine Person, der er sich uneingeschränkt anvertrauen konnte – Camilla. Er begann regelmäßig mit ihr zu telefonieren. Und seine hingebungsvolle Freundin Camilla stand ihm jederzeit mit Rat zur Seite. Diana geriet wegen der kleinsten Kleinigkeit völlig außer sich. Ständig lag sich das Paar wegen Camilla in den Haaren.

Sie machte Charles wegen der unglaublichsten Dinge Vorwürfe, war überhaupt ziemlich paranoid. Sie schrie ihn an, er würde ›Camilla immer noch ficken‹. Diana sah wie ein liebes kleines Mädchen aus – aber unflätige Ausdrücke benutzte sie hemmungslos.

Sie nahm ihn wirklich in die Zange. Charles hatte gehofft, daß ihr Leben nach der Aufregung und dem Durcheinander der Hochzeit ein gewisses Maß an Normalität erhalten würde. Aber Diana war nicht normal. Sie wurde paranoid und unberechenbar. Wenn er den Raum verließ, um zu telefonieren, beschuldigte sie ihn sofort, er würde ›diese verdammte Frau‹ anrufen.

Er konnte es ihr nicht recht machen. Natürlich rief er Camilla an, sie war schließlich seine beste Freundin. Aber zu diesem Zeitpunkt hatten sie keinerlei körperliche Beziehungen. In diesem Punkt war Camilla eisern. Charles hätte die Affäre wahrscheinlich allzugern fortgeführt, aber Camilla verlangte, daß er alles in seinen Kräften Stehende unternahm, um seine Ehe funktionieren zu lassen. Doch Dianas Ausbrüche bestürzten Camilla zunehmend.«

Anfang Oktober war Charles überzeugt, daß seine junge Ehefrau tiefliegende psychische Probleme hatte. Vor achtzehn Monaten war sie noch eine fröhliche Erzieherin im Kindergarten gewesen. Jetzt war sie die berühmteste Frau der Welt. Und der Druck, den ihr neues Leben ausübte, zeitigte schwere Folgen.

Er rief Camilla an, und sie empfahl einfühlsam, daß er professionelle Hilfe suchen solle. Sie sagte ihm: »Sie braucht entsprechende Hilfe. Damit kannst du nicht allein fertig werden.«

Im Oktober 1981 wurde Diana im Palast von zig Psychiatern und Therapeuten aufgesucht. Charles' Leibarzt Michael Linnett wurde ebenfalls hinzugezogen, um der gequälten Prinzessin zu helfen. Er wiederum zog den renommierten Psychiater Dr. Michael Pare hinzu – ein Experte in der Behandlung von Depressionen. Charles und seine Frau nahmen mindestens dreimal gemeinsam an psychologischen Beratungsgesprächen teil. Der Prinz führte auch allein Unterredungen mit den Ärzten, um mehr über Dianas Probleme zu erfahren.

Aber es nutzte nichts.

Ein älterer Höfling sagte: »Charles verstand die Probleme seiner Frau nicht ganz. Er glaubte, es sei etwas, das sich geben würde, wenn sie älter würde. Dianas Depressionen verschlimmerten sich aber ständig. Sie begann sogar, mit Selbstmord zu drohen. Aber die Psychiater beurteilten das Risiko, daß sie tatsächlich einen Suizidversuch unternehmen könnte, als ›niedrig‹. Sie erklärten, die Ausbrüche und Drohungen seien eher das Ergebnis ihrer akuten Einsamkeit.«

Diana wurde auch wegen ihrer Eßstörungen von Experten beraten. Im wesentlichen verschrieben sie ihr Beruhigungsmittel, aber Diana weigerte sich, sie zu nehmen. Denn nur vierzehn Wochen nach der Hochzeit merkte sie, daß sie ein Kind erwartete.

Mit der Schwangerschaft wurde sie noch unberechenbarer. Lady Colin Campbell, die zwei Bestseller über die königliche Familie verfaßt hat, sagte: »Diana war und ist die geborene Schauspielerin. Für die Öffentlichkeit war sie seit ihrem ersten Auftritt die wundervolle, märchenhafte Göttin. Sie lächelte süß in die Kameras und sah wie ein Filmstar aus. Die Fotografen beteten sie an, und natürlich verliebte sich auch die Öffentlichkeit in sie.

Aber privat machte sie Charles das Leben zur Hölle. Ihre seelischen Probleme wurden nur im engsten Kreis der Familie erwähnt. Doch von Anfang an hörte ich Geschichten über ihre bizarren Ausbrüche. Diana war für die ganze königliche Familie ein unangenehmer Schock. Das Königshaus kannte keine launischen jungen Mädchen. Diana konnte still und ruhig sein und in der nächsten Sekunde wie eine Verrückte losbrüllen.

Natürlich fragte Charles Camilla um Rat. Sie war für ihn immer der Fels in der Brandung. Wenn Diana durchdrehte, suchte er sein Heil in der Freundschaft zu Camilla.«

Während ihres ersten Weihnachtsfestes auf Sandringham erlitt Diana einen kleinen Nervenzusammenbruch.

Für Andrew Mortons Bestseller *Diana – ihre wahre Geschichte* autorisierte die Prinzessin Freunde, Details über eine Folge von Selbstmordversuchen zu enthüllen. Sie wies sie an, sie als ein Mädchen darzustellen, das schwere Depressionen hatte und von ihrem Mann und dessen Familie keinerlei Hilfe erhielt.

In Mortons Buch wird beschrieben, wie sich Diana im Januar 1982 zum erstenmal umbringen wollte, indem sie sich, im dritten Monat ihrer Schwangerschaft mit Prinz William, in Sandringham die Treppen hinunterstürzte. Diana erzählte Freunden, daß Prinz Charles verächtlich auf sie herabgeblickt hätte, als sie hilflos am Boden lag. Dann hätte er sich kühl weggedreht und sei fortgegangen, um sein Pferd für den täglichen Ausritt zu satteln. Morton führt ferner an, daß sich Diana ein anderes Mal gegen eine Glasvitrine geworfen und später versucht hätte, sich mit einem Zitronenschäler die Pulsadern aufzuschneiden.

Lady Colin Campbell nennt die Selbstmordgeschichten »absoluten Unsinn«. Sie sagt: »Es ist typisch Diana, auf diese Art Sympathien wecken zu wollen. Wenn es ihr mit einem Selbstmord ernst gewesen wäre, hätte sie wohl kaum versucht, sich mit einem Zitronenschäler umzubringen. Was wollte sie tun – *sich zu Tode schälen?*

Sie hat sich diese Selbstmordgeschichten nur ausgedacht, um das Mitgefühl der Öffentlichkeit zu gewinnen. Es war nur ein weiterer Trick, um die öffentliche Meinung gegen Charles zu wenden.

Bei einer anderen Gelegenheit gab Diana an, sie hätte eine Überdosis Paracetamol-Schmerztabletten geschluckt. Der Prinz war in Highgrove, und als er sich weigerte, zurück nach London zu fahren, um Diana zu sehen, rief sie ihn eine Stunde später an und sagte, sie hätte eine Überdosis genommen. Tatsächlich hatte der Prinz den Abend zuvor Kopfschmerzen gehabt und war auf der Suche nach Schmerztabletten zum Medizinschrank gegangen. Es waren vier Tabletten übrig. Er nahm zwei und ließ zwei in der Schachtel. Es widerte ihn an, daß sie versucht hatte, ihn so auszutricksen. Aber er wollte kein Risiko eingehen. Er rief ihren Arzt an und bat ihn, zum Kensington Palace zu fahren und Diana zu untersuchen. Natürlich fehlte ihr überhaupt nichts, und noch am selben Abend ging sie aus.«

Diana und Charles flogen zwei Wochen nach dem vermeintlichen »Selbstmordversuch auf den Treppen« mit Lord und Lady Romsey auf die Bahamas. Der Beobachter des Königshauses James Whitaker sagt: »Es gab keine Anzeichen dafür, daß das Paar nicht glücklich gewesen wäre. Charles und Diana benahmen sich wie jedes andere jungverheiratete Paar. Sie standen lange im Wasser, die Arme hinter dem Nacken des anderen verschlungen, und küßten sich ständig. Alles sprach dafür, daß die Vermutung, Diana habe sich einige Wochen zuvor absichtlich die Treppen in Sandringham runtergestürzt, lächerlich war. Mir war dieser Zwischenfall bekannt. Ich sprach mit jemandem, der unmittelbar nach dem Sturz dazukam, und der berichtete, daß Charles sehr besorgt gewesen sei. Er war keineswegs weggegangen, sondern hatte sofort ihren Arzt kommen lassen.

Er wartete, während der Arzt sie untersuchte und bis er mitteilte, daß es der Leibesfrucht nicht geschadet hätte. Er verhielt sich äußerst liebevoll und besorgt.«

Nach der Untersuchung lud Charles sie zu einem Picknick an der Küste Norfolks ein. Dianas Laune besserte sich augenblicklich. Charles sagte später: »Es war erstaunlich, wie radikal ihre Launen schwankten. Sie war manchmal gedrückt und deprimiert, dann wieder lächelte sie glücklich. Ich kenne niemanden, dessen Stimmung so schnell umschlägt – nicht nur von Tag zu Tag, sondern buchstäblich von Stunde zu Stunde.«

Lady Colin Campbell fügt hinzu: »Dianas ganzes Leben war ein einziger PR-Feldzug. Sie weiß genau, wie sie die Medien behandeln, und auch, wie sie auftreten muß, um wie eine Art Heilige zu wirken. Dieses Mädchen hält sich für Mutter Teresa.

Charles' Freunde kennen die Wahrheit. Sie ist ein durchtriebenes, manipulatives kleines Biest.

Sie wollte Charles heiraten und hat ihn von Anfang an hereingelegt. Als er anfing, sie zu umwerben, gab sie vor, das Landleben zu lieben. Sie sagte, sie jage und fische ›für ihr Leben gern!‹ In Wirklichkeit verabscheute sie seinen Lebensstil. Aber Diana wollte etwas mehr als alles andere, und das war, ihn zu heiraten. Von der Sekunde an, in der sie wußte, daß sie eine Chance hatte, stand ihr Entschluß fest. Sie war absolut entschlossen, ihren Prinzen zu heiraten. Es ist ihr auch gelungen, die Königinmutter und Camilla hereinzulegen. Sie nahmen ihr das Image der ›schüchternen Di‹ ab.

Unmittelbar nach der Hochzeit begann sie, Charles als alt und verknöchert zu bezeichnen. Er ist ein sehr sensibler Mann, der wollte, daß seine Ehe klappt. Aber Diana verdrehte alles.

Wenn sie sich einen Fingernagel abbrach, war Charles schuld. Auch für ihre Bulimie gab sie ihm die Schuld. Als Charles sich von ihr zurückzog, voller Grausen vor dieser Verrückten, die er geheiratet hatte, verbreitete sie das Gerücht, er würde mit Camilla schlafen. Zu diesem Zeitpunkt entsprach das nicht im geringsten der Wahrheit. Später ging Charles allerdings tatsächlich zu Camilla zurück. Bis heute sieht Diana nicht ein, daß es ihr eigenes Verhalten war, das Charles in Camillas Arme zurückgetrieben hat.

Ich werde – wie jeder, der den Prinzen kennt – immer überzeugt sein, daß er die besten Absichten für seine Ehe hatte. Pflichterfüllung war immer das Wichtigste in seinem Leben. Er heiratete aus Verantwortungsbewußtsein, hoffte aber, daß er eine Frau gefunden hätte, mit der er gemeinsam durchs Leben gehen könnte. Doch innerhalb einiger Monate mußte Charles einsehen, daß er eine Frau hatte, mit der er nicht mal bis zur nächsten Straßenecke gehen konnte. Er fühlte sich betrogen.

Diana ist außerordentlich findig. Nachdem sie sich zurechtgelegt hatte, daß Charles Camilla näherstand als ihr, war sie entschlossen, Camilla von ihrem Platz zu vertreiben. Camillas Stellung als königliche Vertraute war gesellschaftlich ehrenvoll und einflußreich. Ihre Position stellte sie höher als die meisten im Königshaus und war dicht unter Dianas eigener. Diana wußte das und war entschlossen, Himmel und Hölle in Bewegung zu setzen, um Camilla loszuwerden.«

Tatsächlich war es Diana, die Lady ›Kanga‹ Tryon ermutigte, ihre Freundschaft mit dem Prinzen aufzufrischen. Diana lud Kanga, die den Prinzen in seiner Junggesellenzeit gut gekannt, aber nach seiner Hochzeit aus den Augen verloren hatte, ins Restaurant San Lorenzo zum Lunch ein.

Die daraufhin veröffentlichten Fotos, die die zwei Frauen beim Mittagessen zeigten, putzten Kangas Image als königliche Vertraute neu auf. Später lud Diana Kanga zu einer Zusammenkunft der königlichen Familie auf Balmoral ein.

Ein Berater des Königshauses sagt: »Es war Dianas Versuch, Camillas Einfluß zu verringern. Sie dachte, daß Camilla verstimmt wäre, wenn Kanga als Vertraute des Prinzen erscheinen würde. Natürlich geschah nichts dergleichen. Camilla kannte ihre Bedeutung für Charles' Leben genau, sie wußte, daß er sie als seine Hauptverbündete betrachtete. Und Dianas netter kleiner Plan ging nach hinten los. Camilla und Kanga verstanden sich blendend. Kanga erkannte schnell, daß Diana eine flatterhafte, seelisch instabile junge Frau war. Sie und Camilla diskutierten die Probleme des Prinzen oft in schönster Eintracht. Sie wurden sehr gute Freundinnen und sind es bis heute.«

Prinz William wurde am 21. Juni 1982 geboren. Während das Land die Geburt des Sohnes und Thronerben feierte, trieb es Diana immer bunter.

Ein ehemaliger Angestellter am Hof erinnert sich: »Sie übergab sich zehn- bis zwölfmal am Tag. Sie schloß sich ein. Sie war so überzeugt, daß Charles wieder mit Camilla zusammen war, daß sie die ehelichen Pflichten wochenlang vernachlässigte.

Charles lag dem kleinen William von Anfang an zu Füßen. Er liebt Kinder und kann gut mit ihnen umgehen. Aber Diana begann das Baby als Druckmittel zu benutzen.

Wenn Charles Zeit mit seinem Söhnchen verbringen wollte, sagte Diana, daß er gerade schliefe. Diana wies das Kindermädchen sogar an, sie jedesmal anzurufen, wenn Charles das Kinderzimmer betrat. Dann ging sie nach oben und begann sich mit ihm zu streiten. Sie war zu diesem Zeitpunkt seelisch sehr angegriffen. Wenn zum Beispiel ihre Schuhe geputzt worden waren, bestand sie darauf, daß sie in genau der Reihenfolge wieder in den Schrank zurückgestellt wurden, in der sie vorher standen. Sie war besessen davon, daß alles perfekt sein mußte.

Diesen Anspruch stellte sie auch an sich selbst. Sie fing an, exzessiv Gymnastik zu treiben. Sie machte morgens und abends hundert Übungen für die Bauchmuskulatur. Sie schlang und übergab sich den ganzen Tag. Sie ging zu offiziellen Anlässen und aß ein Salatblatt. Zu Hause verschlang sie einen ganzen Schokoladekuchen und ging dann sofort ins Bad, um sich zu übergeben.«

Charles konnte es einfach nicht mehr ertragen. Auf der Suche nach Rat und Trost wandte er sich zunehmend an Camilla.

»Ich kann mich mit Diana einfach nicht vernünftig unterhalten«, beschwerte er sich bei Camilla.

Wie immer hörte sich Camilla alles geduldig an und gab ihm kluge Ratschläge. In den frühen Jahren seiner Ehe riet sie ihm, verständnisvoller zu sein, und versuchte zu erklären, daß seine Frau unter enormem öffentlichen Druck stand.

»Sie ist jung und naiv«, sagte Camilla. »Du mußt Geduld mit ihr haben und ihr die Möglichkeit geben, daß sie sich an die Situation gewöhnt. Niemand von uns kann verstehen, was sie im Moment durchmacht. Das einzige Problem dieses Mädchens ist es, daß es keinen Ratschlag annehmen will.«

Camilla ermutigte Charles auch, mehr Zeit mit seiner jungen Frau zu verbringen. Am Anfang der Ehe schrieb er seinen engsten Freunden einen Brief, in dem er verkündigte, er wolle mehr Zeit mit seiner Familie verbringen. Er fuhr nicht mehr so oft zum Skilaufen und verzichtete darauf, im August nach Island zu reisen, um zu fischen.

Ein Freund sagt: »Er war ernsthaft bemüht, alles für die Ehe zu tun, was in seinen Kräften stand. Er verbrachte sogar weniger Zeit mit Camilla. Aber ganz konnte er den Kontakt mit ihr nicht aufgeben. Er lebte mit einem Wirbelsturm zusammen, einer flatterhaften Frau, deren Verhalten er nicht begriff. Camilla verstand ihn. Sie war die einzige Person, der er sich anvertrauen konnte und bei der er sich sicher fühlte. Manchmal rief er Camilla unter Tränen an, außer sich vor Wut und Frustration. Er wußte, daß seine Ehe eine Katastrophe war. Der einzige Freund, den er auf der Welt hatte, war Camilla.«

Die Situation spitzte sich zu, als Diana ein Gespräch mitanhörte, das ihr Mann über sein Mobiltelefon vom Badezimmer aus führte. Sie hörte ihn flüstern: »Was auch geschieht, ich werde dich immer lieben.« Wütend stürmte Diana ins Bad und schrie ihren Mann zehn Minuten lang an, während er in der Wanne lag.

Ein ehemaliger königlicher Berater sagt: »Die Geschichte, daß Charles im Bad runtergemacht wurde, verbreitete sich wie ein Lauffeuer. Man hielt die Vorstellung, daß der zukünftige König splitterfasernackt in der Wanne saß und angebrüllt wurde, für komisch. Im nachhinein war sie eher traurig. Vielen tat der Prinz leid. Er wußte nicht, wie er mit dieser Situation fertig werden sollte. Er verbrachte immer mehr Zeit allein. Er zog sich zurück.«

Auch Camilla wurde von Diana angegriffen, weil sie überzeugt war, daß Charles eine neue Affäre mit seiner alten Flamme hatte. Ein Freund Camillas sagt: »Als Diana immer unberechenbarer wurde, begann sie, Camillas Haus zu jeder Tages- und Nachtzeit anzurufen. Wenn der Prinz es wagte, sich nach einem offiziellen Termin zu verspäten, rief Diana alle halbe Stunde bei Camilla an und legte auf, wenn sie ans Telefon ging.

Natürlich wußte Camilla, wer am anderen Ende der Leitung war. Es war entsetzlich für sie. Meistens war Charles nicht bei ihr. Ständig bekam sie diese entnervenden Anrufe.«

Barbara Cartland, Dianas Stiefgroßmutter, erinnert sich ebenfalls an ihre häufigen Wutanfälle. Sie sagt: »Ich bin mit dem Prinzen immer gut ausgekommen. Eines Tages erzählte er mir, Diana hätte ihn gebeten – oder ihm eher befohlen –, ihr eine Tasse Tee einzuschenken.

Er hat einen Sinn für trockenen Humor und gab zurück: ›Wir haben für so etwas hier Leute, Darling. Warum klingelst du nicht einfach und bittest einen Diener?‹

Sie war so wütend auf ihn, daß sie die Teekanne nahm und damit nach ihm warf! Stellen Sie sich das mal vor!«

Ein anderes Mal fuhr Charles mitten in einem Streit weg, um mit seiner Mutter zu Mittag zu essen. Als er im Hof in sein Auto stieg, öffnete Diana oben ein Fenster und schrie: »So ist es richtig! Geh nur zum Lunch mit deiner Mutter, und laß mich hier allein! Du bist so verdammt egoistisch!«

Dann stürzte sie die Treppen herunter, rannte neben seinem Jeep her und brüllte: »Ja, laß mich wie Dreck fallen! Laß mich wieder ganz allein – los, mach schon!«

Die Geschichten über ihre lautstarken Auseinandersetzungen wurden das Topthema aller Bediensteten. Eines späten Abends drangen laute Stimmen aus den Privatgemächern des Paares. Diana schrie schrill: »Was soll ich denn den ganzen Tag lang machen, während du dich amüsierst? Vor Langeweile sterben? Du willst immer nur im Schlafzimmer Ehemann sein, und auch nur, wenn es dir gerade paßt. Geh doch und bums Camilla, wenn das alles ist, was dich interessiert!«

Ein pensionierter Bediensteter sagt: »Diana schimpfte immer herum. Ihr war es völlig egal, wer ihren Streit mithören konnte. Sie kritisierte ihren Ehemann ständig vor den Bediensteten, was wir sehr ungehörig fanden. Ich erinnere mich an eine besonders heftige Auseinandersetzung; danach fragte sie mich: ›Es ist doch falsch, was er macht, oder?‹

Ich antwortete: ›Ich kann es wirklich nicht sagen, Ma'am.‹ Es war peinlich. Diana brach die goldene Regel, daß man niemals mit den Bediensteten über persönliche Probleme spricht. Als Charles herausfand, daß sie sich mit allen darüber unterhielt, versuchte er ihr vorsichtig zu erklären, daß ihr Verhalten einer Frau in ihrer Position nicht ›angemessen‹ sei.

Sie bekam wieder einen Wutanfall und schrie: ›Verdammt, mit wem zum Teufel soll ich mich denn dann unterhalten? Du redest ja nicht mit mir!‹«

Im September 1982 begegnete Diana ihrer Rivalin, als sie mit Charles die Einweihungsparty des neuen Sitzes der Parker Bowles besuchte. Das Paar hatte Bolehyde Manor verkauft und war auf Middlewick House bei Corsham in Wiltshire gezogen, knapp zwölf Meilen von Highgrove entfernt.

Ein Gast erinnert sich: »Diana war sehr unhöflich

und voller Widerspruchsgeist. Sie kam an, trank ein Glas Wasser und begann zu stöhnen, wie schlecht es ihr ginge und daß sie gehen wolle. Charles wurde dadurch öffentlich brüskiert. Er entschuldigte sich bei Camilla und fuhr Diana nach Highgrove zurück. Er ging in sein Arbeitszimmer, und Diana, die sich angeblich nicht wohl fühlte, holte sich eine große Packung Eiscreme. Danach ging sie ins Bad und übergab sich. Vierundzwanzig Stunden lang sprach sie nicht mit Charles. Sie wollte ihn dafür bestrafen, daß er sie auf dieses Fest geschleppt hatte.«

Charles begann, sich wieder regelmäßig mit Camilla zu treffen. Sie ritten häufig mit der Beaufort-Jagdgemeinschaft zusammen aus. Ihre Wege kreuzten sich auch, wenn er das Wochenende auf Highgrove verbrachte.

Camillas alte Freundin Carolyn Benson erinnert sich: »Als Charles Diana geheiratet hatte und die Ehe in Schwierigkeiten kam, wandte er sich erneut hilfesuchend an Camilla. Ich glaube, Camilla fand sich da in einer Position wieder, deren tiefe Bedeutung ihr zunächst gar nicht klar war.«

Diana beschloß zu diesem Zeitpunkt, daß das Leben auf dem Lande sie langweilte, und verbrachte immer mehr Wochenenden in London. Privat traf sie bei Dinnerparties Freundinnen aus ihrer sorglosen Mädchenzeit oder ging mit ihnen in ihr Lieblingsrestaurant San Lorenzo im Nobelviertel Knightsbridge. Trotz der Tatsache, daß Charles und Camilla wieder wie die Kletten zusammenhingen, waren ihre Freunde überzeugt, daß sie nicht miteinander schliefen.

Camilla sagte zu einem Freund: »Er brauchte nur jemanden zum Reden. So, wie die Dinge lagen, konnte er es kaum ertragen, mit Diana allein zu sein. Sie machte ihm mit ihren Eskapaden das Leben sauer.«

Anfang 1984 wurde Diana wieder schwanger – mit Prinz Harry. Währenddessen wurde die Beziehung von Camilla und Charles immer inniger.

Ein Freund sagt: »Der Prinz konnte ihr nicht lange fernbleiben. Als Diana mit Harry schwanger war, telefonierte er fünf- oder sechsmal täglich mit Camilla und nahm jede Gelegenheit wahr, sie zu sehen. Es war für jeden Beobachter klar, daß das Unausweichliche geschehen mußte.«

Harry wurde am 15. September 1984 geboren. Kurze Zeit später ging Charles wieder mit Camilla ins Bett. Ihr »Gentlemen's Agreement« – keine körperliche Beziehung – gehörte der Vergangenheit an. Charles wußte, daß Diana Harrys Geburt dazu benutzt hatte, in der Öffentlichkeit wieder ein paar Pluspunkte zu erzielen. Sie hatte Freunden erlaubt, folgende Geschichte an die Presse weiterzugeben: Charles hätte sich so auf ein Mädchen gefreut, daß er beim Anblick des kleinen Harry gesagt hätte: »Oh, es ist ein Junge – mit rostroten Haaren« und dann zum Polospielen gegangen sei.

Diana erzählte Andrew Morton später: »Etwas in mir starb. Ich wußte: Das ist der Anfang vom Ende.«

Charles wußte das auch. Ärgerlich rief er Camilla an, um ihr zu sagen, daß wieder eine erfundene Geschichte zur Presse durchgesickert sei, und arrangierte ein Treffen mit ihr – spätabends, kaum eine Woche nach Harrys Geburt.

Während Camilla ihn über Dianas »PR-Trick« hinwegzutrösten versuchte, beugte sich Charles vor und küßte sie – zum erstenmal seit der leidenschaftlichen Nacht am Vorabend seiner Hochzeit. Dann nahm er sie bei der Hand, führte sie nach oben – direkt in das Ehebett, das er mit Diana geteilt hatte.

Lady Colin Campbell sagt: »Es war unausweichlich, daß sich Charles in Camillas Arme flüchtete. Charles war über die Art, wie Diana Harrys Geburt benutzt hatte, um ihr Ansehen zu verbessern, fuchsteufelswild. In Wirklichkeit war Charles begeistert über Prinz Harry. Er blieb stundenlang bei Diana im Krankenhaus. Er spielte zwar Polo, aber erst am nächsten Tag. Es war wirklich nicht so, wie sie es darstellte: als ob er aus dem Krankenhaus gerannt sei, um Polo zu spielen.«

Das Paar schlief überhaupt nicht mehr zusammen. Diana vertraute einer Freundin an: »Er ist zu selten hier, um mich überhaupt zu bemerken.« Und ein Freund des Prinzen sagte später: »Diana mag das Image einer Sexgöttin haben, aber im Schlafzimmer war sie kalt wie ein Fisch. Der Prinz scherzte einmal, daß er nicht die Augen zumachen und an England denken würde, sondern an Camilla.«

Tatsächlich war es Diana, die das Ende ihrer körperlichen Beziehung wollte. Als Bulimikerin war sie mit ihrem Körper sehr unzufrieden. Eine ehemalige Kammerzofe berichtet, daß sie einmal in Dianas Schlafzimmer ging und die Prinzessin splitternackt vor einem Wandspiegel stand. Sie zerrte an ihrem flachen Bauch und versuchte, das letzte Restchen Fett wegzukneifen.

»Es war sehr seltsam«, sagte die Zofe. »Das arme Mädchen hatte da nichts, aber sie suchte nach dem kleinsten Fettpölsterchen. Bevor sie den Palast verließ, wollte sie immer hören, daß sie wundervoll aussieht. Jeder fand sie schön. Aber sie dachte immer, sie sei fett.«

Diana war von ihrem Übergewicht überzeugt und begann – zumal sie als Folge ihrer Eßstörung unter Kopf- und Halsschmerzen litt – Charles zurückzuweisen. Wenn er Anstalten machte, sich ihr zu nähern, drehte sie ihm den Rücken zu und gab vor zu schlafen.

Ein Freund des Prinzen sagt: »Er ertrug es eine Weile, aber bald verstimmte ihn ihr Verhalten. Er empfand es beleidigend, um es vorsichtig auszudrücken. Er beschwerte sich in Privatgesprächen oft, daß seine Frau ›kalt wie ein Fisch‹ sei. Diana unternahm nichts, um ihn zu ermutigen. Und auch ihre Bulimie stieß Charles ab. Er hörte oft, wie sie sich hinter der verschlossenen Badezimmertür übergab. Dann putzte sie sich die Zähne und kroch ins Bett. Er roch die unangenehme Verbindung von Erbrochenem und Zahnpasta. Eine solche Mischung verheißt nicht gerade eine leidenschaftliche Nacht.«

Das Paar bezog im Kensington Palace getrennte Schlafzimmer. Kurz vor seinem Tod erklärte Dianas Vater Earl Spencer: »Meine Tochter war Jungfrau, als sie heiratete. Soweit ich weiß, hat sie nur mit einem Mann in ihrem Leben geschlafen, und das ist ihr Gatte. Auf jeden Fall gibt es da ein Problem, denn sie erzählt mir, daß sie Sex nicht mag.«

Ihr Bruder Charles bestätigt das: »Hand aufs Herz, der einzige Mann, mit dem meine Schwester geschlafen hat, ist der Prinz von Wales.«

Diana ging oft um neun Uhr abends zu Bett, eine Angewohnheit, die Charles entnervte. Ein Mitglied des königlichen Haushalts sagte: »Sie ging, und er zog sich in sein Arbeitszimmer zurück. Er blieb lange auf und hörte mit voller Lautstärke Opern. Wenn er abends Schluß machte, ging er nach oben. Im Ankleidezimmer, das sich dem Schlafzimmer anschloß, war für ihn ein Einzelbett aufgestellt worden, in dem der Prinz schlief. Diana schien nichts gegen dieses Arrangement zu haben. Sie wußte, daß ihre Ehe im Begriff war zu scheitern.«

Obwohl Charles' Freunde wußten, daß die Affäre mit Camilla auf vollen Touren lief, bewahrten sie diskretes Schweigen. Dem Paar wurden einige »sichere«

Häuser zur Verfügung gestellt, in denen es sich treffen konnte.

Aus dem Freundeskreis verlautete: »Als ihre Affäre fortgesetzt wurde, war es für Camilla und Charles kein Problem, sich heimlich zu treffen. Sie kennen viele Leute, die ihnen sehr gern ihr Haus zur Verfügung stellten. Jeder wußte, wie sich Diana dem Prinzen gegenüber verhalten hatte, und stand auf seiner und Camillas Seite.«

Aber auch Diana hatte einige Fans.

Lord Beaverbrook, ein Cousin ersten Grades von Andrew Parker Bowles, sagte: »Es war falsch von Charles, sofort zu Camilla zu rennen, als es mit Diana schlecht lief. Und sowie er wieder bei ihr war, begann Camilla, ihren Einfluß geltend zu machen. Als sie sah, daß die Romanze ernst war, wurde sie aktiv. Natürlich machte sich Diana Sorgen. Sie hatte auch allen Grund dazu.«

Die Prinzessin verhielt sich jetzt sogar in der Öffentlichkeit unberechenbar. Bei der Parlamentseröffnung 1984 trat sie mit einer brandneuen Frisur auf, die zum erstenmal ihren Nacken zeigte. Es wurde berichtet, die Queen sei »wutentbrannt« darüber gewesen, daß ihre Schwiegertochter eine wichtige Staatsangelegenheit zu einem Modeereignis gemacht hatte.

Der königlichen Familie war mittlerweile durchaus bewußt, daß sie ein großes Problem hatte. Der zukünftige König und die zukünftige Königin sprachen kaum noch miteinander. Sie verbrachten ihre Wochenenden getrennt, und die einzigen Gelegenheiten, bei denen sich ihre Wege kreuzten, waren offizielle Anlässe, die schon vor Monaten festgelegt worden waren. Die Presse stürzte sich auf die Stories, und der andauernde »Krieg der Windsors« machte fast täglich Schlagzeilen.

Prinz Philip war auf seinen Sohn böse, weil er die Zukunft der Monarchie gefährdete, indem er nicht aufhörte, sich mit Camilla zu treffen. Er zitierte Charles zu einem »Gespräch von Mann zu Mann« in den Palast. Offen und unumwunden sprach er seine Bedenken aus. Mit zorngerötetem Gesicht kritisierte er Charles. Er sei selbstsüchtig und solle endlich, »verdammt noch mal, alles auf die Reihe kriegen«.

Charles, der nie ein besonders gutes Verhältnis zu seinem Vater gehabt hatte, war fassungslos. Er versuchte seinem Vater zu erklären, daß er mit einer Frau zusammenleben mußte, die irrationale Ausbrüche hatte und psychisch krank war.

»Well, verdammt nochmal, dann lerne gefälligst, damit klarzukommen«, war die kurze Antwort seines Vaters. »So kann das nicht weitergehen. Es ist an dir, diesem ganzen Unsinn ein Ende zu bereiten.«

»Es ist nicht mein Fehler«, antwortete Charles.

»Es ist mir völlig egal, wessen Fehler es ist, ich verlange von dir, daß du diese idiotische Situation sofort beendest!« entgegnete sein Vater.

Diese Auseinandersetzung verschlechterte nur Charles' Stimmung. Er begann zu verstehen, daß er wirklich nur eine Freundin hatte, die auf ihn einging – Camilla.

Ende 1984 begann Diana, eigene öffentliche Auftritte zu arrangieren. Dies gab ihr die Gelegenheit, die Anbetung der Massen, die sie so liebte, voll auszukosten. Und Charles wurde dadurch nicht länger gezwungen, den zweiten Platz hinter dem »Modeereignis Diana« einzunehmen.

1985 wurde Diana durch die Ankunft von Sarah Ferguson getröstet. Der lustige Rotschopf war eine alte Freundin, und als sie Prinz Andrews offizielle Freundin wurde, freute sich Diana sehr. Aber die amüsante Fergie um sich zu haben wurde für Diana bald ein Problem. Charles meinte nämlich: »Warum kannst du nicht ein bißchen mehr sein wie Sarah?«

Die königliche Familie erwärmte sich sofort für Fergie, die ihre Liebe zum sportlichen Landleben teilte und mit allen entspannt und natürlich umging. Diana versuchte, ihre Späße zu imitieren, indem sie während des Pferderennens in Ascot einem Freund mit ihrem Schirm in den Po piekste und während feierlicher Staatsanlässe mit ihrer Freundin kicherte. Aber ihr kindisches Benehmen verärgerte ihren Mann noch mehr.

»Ich wollte eine Ehefrau, aber ich habe ein dummes Schulmädchen geheiratet«, beschwerte er sich bei Freunden.

Nachdem Fergie und Andrew im Juli in Westminster Abbey geheiratet hatten, folgten Charles und Diana einer Einladung des spanischen Königs Juan Carlos nach Mallorca.

Während der Ferien wurde Charles' und Dis Beziehungskrise auch der Öffentlichkeit bekannt. Sie sprachen kaum miteinander und schienen es darauf anzulegen, soviel Abstand wie möglich voneinander zu halten.

James Whitaker erinnerte sich: »Wenn Charles aus seinen Gemächern kam, um zum Windsurfen zu gehen, schlug sie den entgegengesetzten Weg ein. Wenn sie zum Tauchen aus dem Boot sprang, schaute er absichtlich in die andere Richtung. Sie sprachen kein einziges Wort miteinander.

Die Ehe war fünf Jahre alt – und schon tot.«

Die Totenglocken läuteten, als Charles seinen Urlaub um zwei Tage verkürzte – und direkt in Camillas Arme flog. Er fuhr nach Balmoral, wo Camilla gerade Gast der Königin war. Mittlerweile hatte Diana keinen

Zweifel mehr daran, daß ihr Mann mit Camilla schlief. Sie sagte zu einer Freundin: »Ich kann einfach nicht verstehen, was er in ihr sieht. Sie ist so direkt und unhöflich. Was, zum Teufel, hat sie, das ich nicht habe?«

Was Camilla hatte, war ein tiefes Verständnis für Dianas Mann – das Diana nicht aufbringen konnte und wollte.

Zu Beginn des Jahres 1986 war die Märchenehe zur Farce geworden. Diana ließ ihre persönlichen Dinge aus Highgrove in ihre Räume im Kensington Palace bringen.

Highgrove hatte eine neue Herrin. Camilla.

Der Bruch

Anfang 1987 blieb den wenigen erlesenen Gästen, die übers Wochenende nach Highgrove eingeladen wurden, nicht verborgen, daß sich Camilla in ihrer Rolle als Hausherrin etabliert hatte.

Es war Camilla – und nicht Diana –, die die Gäste an der Eingangstür begrüßte. Es war Camilla – und nicht Diana –, die Charles gegenüber am Tisch saß. Und es war Camilla – nicht Diana –, die später mit Charles das Bett teilte.

Ein Mitglied des Freundeskreises sagt: »Wenn Dianas Name überhaupt genannt wurde, sagte Charles, sie hätte es vorgezogen, das Wochenende in London zu verbringen.

Ganz ehrlich, es war zu diesem Zeitpunkt nicht mehr zu übersehen, daß er die Ehe aufgegeben hatte. Diana paßte nie so nach Highgrove wie Camilla. Sie verabscheute die Konversation bei Tisch, die oft philosophisch und anspruchsvoll war. Camilla ging darin auf. Sie ist viel intelligenter als Diana; Charles und sie entdecken immer wieder obskure Schriftsteller, die sie noch nicht kennen. Sie sind beide äußerst belesen. Ihnen mangelt es nie an Gesprächsstoff.

Sie sind eines dieser Pärchen, die wissen, was der andere denkt, bevor es ausgesprochen ist. Sie haben ihre eigenen kleinen Späße. Camilla sagt etwas und wirft

Charles einen vielsagenden Blick zu. Dann schaut er mit wissendem Lächeln zurück. Sie sind wirklich auf einer Wellenlänge.

Camillas Körpersprache verriet alles. Sie wirkte auf Highgrove sehr entspannt. Hätte man nichts über sie und Charles gewußt, hätte man sie für ein langjähriges glückliches Ehepaar gehalten.

Sie war immer um ihn herum. Verstehen Sie mich nicht falsch, sie ist alles andere als ein Muttchentyp. Es wurde nur deutlich, daß sie viel Zärtlichkeit für Charles empfindet. Sie schob die Sofakissen zurecht, rückte schiefe Bilder gerade, machte eben diese kleinen Dinge, die normalerweise eine Hausherrin tut.

Sie sprach oft voller Stolz über die Rosen, die sie im Garten zog. Und häufig nahm sie im Bikini ein Sonnenbad. Charles und Camilla lebten in jeder Hinsicht wie Mann und Frau zusammen.

Camilla war, im Gegensatz zu Diana, durchaus bereit, sich ihren Tagesablauf so einzurichten, daß er zu den Plänen des Prinzen paßte. Weilte er am Wochenende auf Highgrove, so war sie die ganze Zeit für ihn da. Um ehrlich zu sein, war das Essen, das man serviert bekam, nicht immer erstklassig – aber die Konversation war immer sehr lebendig und die Gesellschaft exklusiv. Die Gespräche über Geschichte bewegten sich auf höchstem Niveau.«

Nur die ältesten und besten Freunde von Charles und Camilla wurden nach Highgrove eingeladen. Eine Besucherin war Lady Sarah Keswick, die Gattin eines Bankiers und Tochter von Lord Dalhousie. Sie teilte die Leidenschaft des Prinzen für Musik und Frohsinn. Und wie Camilla bekam auch Sarah bald Dianas Zorn zu spüren.

Eines Abends hatte Charles Sarah in die königliche Loge des Covent Garden zu einer Opernveranstaltung eingeladen. Diana kam zu spät und begann, die beiden anzuschreien.

Eine Person, die in einer der angrenzenden Logen saß, sagte: »Es war unglaublich. Ihr war völlig egal, wer sie hörte. Sie verhielt sich eher wie ein Fischweib aus Billingsgate. Ich werde es nie vergessen. Ich hatte keine Ahnung, daß sie so ordinär sein konnte.«

Diana bezeichnete die Freunde ihres Mannes verächtlich als »die verknöcherte Highgrove-Bande« oder »die Faltigen«. Aber deren Gesellschaft entsprach genau Charles' Geschmack. Sie teilten seine Interessen: sportliches Landleben, Malerei, Gespräche über die Umwelt, Architektur, Politik, Literatur, klassische Musik. Diana dagegen mochte laute Popmusik, Tanzen und das lebhafte Leben in London, dem Charles am liebsten entfloh.

Das Herrenhaus wurde in diesen dunkelsten Tagen seiner Ehe zu seinem Refugium, als er wußte, daß sie gescheitert war, aber trotzdem noch verzweifelt versuchte, für die Öffentlichkeit und die Monarchie das Bild des Traumpaares aufrechtzuerhalten. Charles war am glücklichsten, wenn er in seinem Garten arbeitete oder mit dem Wildhüter auf dem Besitz spazierenging – oder mit Camilla.

Er und Camilla engagierten sogar den Porträtmaler Neil Forster, der einige Meilen entfernt in Sherston wohnte, damit er ihnen Zeichenunterricht gab. Sie verbrachten Stunden im Garten von Highgrove, fertigten Skizzen an, zeichneten und unterhielten sich.

Auf Highgrove war er auch endlich in der Lage, sich an seinen Kindern zu erfreuen. Arthur Edwards bestreitet das von Dianas Freunden verbreitete Gerücht, Charles sei ein kalter, seinen Kindern entfremdeter Vater, entschieden. Er sagt: »Nichts ist von der Wahrheit weiter entfernt. Es ist nur so, daß er sich nicht selbst ständig als liebenden Elternteil präsentiert, so wie Diana es macht. Ich habe ihn sehr oft mit den Jungen gesehen, und beide beten ihn an. Ich habe beobachtet, wie William und Harry spontan die Arme um ihren Papa schlangen und ihm sagten, wie sehr sie ihn liebhaben.

Er ist ein wundervoller Vater. Auf Highgrove konnte er entspannt und von der Öffentlichkeit unbeobachtet mit seinen Söhnen zusammensein. Er verbringt Stunden mit ihnen, in denen er mit ihnen über das Leben spricht und über die Zukunft. Er geht oft mit ihnen Fahrradfahren, fischen und sogar jagen. Beide bewundern ihren Vater sehr. Aber, und das ist am wichtigsten, sie lieben ihn auch sehr. Alles Gerede darüber, daß Charles ein gefühlskalter Vater sei, ist Unsinn. Er ist ein guter Vater. Wenn man bedenkt, welche Gefühlskälte er als Kind erleben mußte, ist es erstaunlich, wie freundlich und offen er mit seinen eigenen Kindern umgeht. Aber vielleicht ist er auch deshalb ein so guter Vater. Er weiß, wie es ist, einen kalten, harten Vater zu haben und eine Mutter, die kaum anwesend ist. Er ist entschlossen, seinen Kindern ein guter Freund zu sein. Und das gelingt ihm auch.«

Arthur beobachtete im November 1991, wie Charles seinen Söhnen auf Wiedersehen sagte. Sie waren mit ihm und Diana auf der königlichen Yacht *Britannia* zu einem Staatsbesuch in Kanada gewesen und mußten jetzt nach Hause fliegen.

Arthur sagt: »Die kleinen Prinzen waren ganz offensichtlich traurig, daß sie ohne ihre Eltern nach England zurück mußten. Charles schien der Abschied am schwersten zu fallen. Während er seinen Jungen nachsah, liefen ihm die Tränen die Wangen hinunter. Es war offensichtlich, wie er sich fühlte.«

Anfang des Jahres 1987 besuchte Diana Highgrove noch gelegentlich. Sie erzählte dann ihren Freunden: »Ich muß dieses Wochenende wieder ins Gefängnis – leider.« An einem Wochenende, an dem Charles meistens beim Fischen war, um den Streits zu entkommen, drückte Diana die Wahlwiederholungstaste seines Mobiltelefons. Sie wurde mit Middlewick House, Camillas Sitz in Wiltshire, verbunden. Wütend warf sie das Telefon auf den Boden.

In einer Schublade von Charles' Frisierkommode in seinem Schlafzimmer entdeckte sie einen Stapel Briefe, die Camilla an Charles geschrieben hatte.

Camilla und Charles haben einander im Laufe der Jahre Hunderte von Briefen geschickt. Es ist eine Gewohnheit, die sie bis vor kurzem aufrechterhalten haben. Einige dieser Briefe sind sehr liebevoll und intim. Andere sind freundlich und im Plauderton. Eine entspannte Korrespondenz, die beide zu schätzen wissen.

Die Entdeckung dieser Briefe machte Diana wütend. In ihrem Besitz hatte sie schon »Liebesbriefe«, die sie während der Flitterwochen entdeckt hatte, aber ein früherer Angestellter behauptete, daß sie noch einen anderen Brief behalten habe. Später, so sagte Diana Freunden gegenüber, »plane ich, sie in einem Scheidungsverfahren zu benutzen«.

Sie aß an diesem Abend allein in ihrem Arbeitszimmer und fuhr am nächsten Morgen früh nach London zurück.

Ihre schlimmsten Ängste wurden wahr, als sie drei Wochen später wieder in Highgrove auftauchte. Sie kam morgens gegen acht Uhr an, nur in Begleitung eines Beamten der Kriminalpolizei. Diana sah in die entgegengesetzte Richtung ein Auto durch das Tor fahren. Darin saß eine Frau mit blondem Haar – Camilla.

Diana stürmte in das Wohnzimmer und fand ihren Mann beim Frühstück vor. »Was hat Camilla hier so früh am Morgen gemacht?« wollte sie wissen.

Charles ignorierte sie einfach und fuhr fort, seine Zeitung zu lesen. Diana ging nach oben ins Hauptschlafzimmer. Das Himmelbett, das sie und Charles geteilt hatten, war ungemacht, die Laken zerwühlt und verknittert. Die Prinzessin rannte in die Gästeschlafzimmer; alle Betten waren ordentlich.

Sie erzählte später einem Freund: »Da wurde ich hysterisch. Es war offensichtlich, daß in dem großen Bett, unserem Bett, meinem Ehebett, zwei Personen geschlafen hatten. Ich ging nach unten und brüllte ihn an, daß er mit dieser Frau in meinem Bett geschlafen hätte. Er antwortete nicht. Ich weinte und schrie, aber er sagte überhaupt nichts. Ich fragte ihn immer wieder, warum er mit ihr schliefe. Es war der schlimmste Moment meiner Ehe. Ich hatte das Gefühl, alles sei vorbei. Ich wußte ganz genau, daß er mit dieser Zicke schlief. Ich dachte daran, mich sofort umzubringen. Ich wußte, es gab keine Chance mehr. Ich wußte, er liebte sie und nicht mich – und hat es immer getan.«

Ein Freund sagte: »Diese gesamte schwierige Zeit hindurch, als die Ehe langsam in einem Morast versank, hatte Diana heimlich die Hoffnung gehegt, daß Charles seinen Irrtum erkennen und zu ihr zurückkehren würde. Als sie an diesem Tag ihre Vermutung bestätigt sah, daß Charles mit Camilla schlief, wußte sie, daß es vorbei war.

Charles hatte genug. Er hatte die Nase von ihren Mätzchen voll. Er schaltete auf stur. Man darf nicht vergessen, daß er daran gewöhnt war zu hören, daß alles, was er tat, wundervoll sei. Die Menschen in seiner Umgebung verhielten sich kontrolliert und bedacht. Diana war wie ein Elefant im Porzellanladen. Zuerst konnte er damit nicht umgehen und es nicht verstehen. Zum Schluß wollte er gar nicht mehr verstehen, was mit ihr oder der Ehe nicht stimmte.

Das grundlegende Problem war, daß Charles immer geliebt werden wollte. Und Camilla hat ihn immer geliebt. Diana ihrerseits war glücklich, wenn sie geliebt wurde und wenn die Menge sie vergötterte. Sie hat Charles nie verstanden, und sie wird es sicher nie tun.«

Andrew Morton interviewte für sein Buch *Diana – ihre wahre Geschichte* ausführlich den Gebrauchtwagenhändler James Gilbey – dessen Name in Zusammenhang mit Dianas berüchtigten »Squidgey«-Tonbändern genannt wird.

Gilbey erzählte Morton: »Diana wurde den Gedanken an Camilla einfach nicht los. Als Resultat wurde ihre Ehe zu einer Farce. Solange Camilla da war, fühlte sie sich als eine Art Ersatz. Ich kann es verstehen. Ich meine, was zum Teufel macht diese Frau in ihrem Haus? Diana hält die ganze Angelegenheit für sehr ungerecht.«

Im April 1987 fuhr Charles allein zu einem Zeichenurlaub nach Italien. Camilla wohnte in der Nachbarvilla. Sie benutzten den Urlaub, um ihre geheime Affäre fortzusetzen. Als zur Presse durchsickerte, daß Camilla weniger als zehn Minuten vom Prinzen entfernt wohnte, beeilte sich ihre Familie, sie zu verteidigen. Andrews Bruder Simon sagte: »Es ist Unsinn, etwas Unschickliches zu vermuten. Camilla war mit ihrem Ehemann da.«

Andrew Jacques, der ehemalige Polizeioffizier von Highgrove, enthüllte das ganze Ausmaß von Camillas Beziehung zu dem Prinzen in einer vernichtenden Story in der *Sun*.

Unter der Schlagzeile »Getrenntes Wohnen« erzählt Jacques, wie er einmal heimlich durch das Wohnzimmerfenster auf Highgrove geblickt hatte, als Charles mit Camilla allein im Haus war. Er sagte: »Ich machte einen Patrouillengang ums Haus, als ich in Prinzessin Dianas privatem Wohnzimmer Licht sah. Die Vorhänge waren geschlossen, aber durch einen Spalt zwischen den Gardinen sah ich, wie Charles und Camilla Wange an Wange tanzten. Sie knutschten bei sehr romantischer Musik. Dann sah ich sie nebeneinander auf dem Sofa sitzen. Sie umarmten sich. Sie verschwanden eine Zeitlang hinter dem Sofa. Ich konnte nur das Gesicht des Prinzen sehen; Camilla duckte sich außerhalb meiner Sichtweite. Es sah aus, als ob sie auf allen vieren war. Einige Minuten später kamen sie hinter dem Sofa hervor, und es schien, als ob der Prinz sich seine Hosen hochzog. Camilla zog sich das Kleid zurecht. Sie hatten offensichtlich gerade Sex gehabt.«

Jacques fügte hinzu: »Häufig kam es zu Kämpfen und Streitigkeiten zwischen Charles und Diana. Sie entfremdeten sich jeden Tag mehr. Zu Beginn ihrer Ehe waren sie ein ganz normales Pärchen. Aber innerhalb von zwei Jahren schien es, als ob sie sowenig Kontakt wie möglich miteinander haben wollten. Sie lachten nie zusammen, taten nichts gemeinsam.

Die einzigen Male, die sie sich sahen, war, wenn Diana die Jungen fürs Wochenende nach Highgrove brachte. Sie trafen sich dann bei den Mahlzeiten, die oft mit einem handfesten Krach endeten, den alle mit anhören konnten.

Sie hörten auf, miteinander zu schlafen. Charles ließ sein Lieblingsbett aus Messing aus dem Kensington Palace bringen und in seinem Ankleidezimmer aufstellen. Es war ein sehr maskuliner Raum, ohne weibliche Accessoires.

Im großen Schlafzimmer mit dem Himmelbett schlief Diana, wenn sie auf Highgrove war. Es war alles ganz typisch für sie. Ungefähr fünfzig Kuscheltiere saßen auf dem Sofa. Diana brachte Bücher mit Titeln mit wie *Ratgeber für Eheprobleme*.

Sie sprachen kaum miteinander. Sie lebten eine Lüge, und das war deutlich zu sehen.

Der Prinz war verrückt nach Mrs. Parker Bowles, und die Prinzessin wußte es.«

1987 heirateten der Marquess of Worcester und die Schauspielerin Tracy Ward. Die Hochzeit zeigte, in welche Abgründe die Ehe der Wales geraten war.

Charles verbrachte den Abend im Gespräch mit Camilla und verließ dann früh die Party. Diana blieb die ganze Nacht und tanzte mit einer Reihe von Männern. Einer von ihnen war Philip Dunne, ein ehemaliger Etonschüler. Diana überschüttete ihn mit Aufmerksamkeiten. Vor versammelter Gesellschaft ließ sie ihre Finger durch sein Haar gleiten und küßte ihn auf die Wange. Dunne war achtundzwanzig Jahre alt und nach Einschätzung von Dianas Freunden genau ihr Typ. Sein Vater war Lord Lieutenant of Hereford and Worcester, seine langjährige Freundin die Ehrenwerte Katya Grenfell.

Man sah Dunne und Diana bald darauf, wie sie in dem exklusiven Londoner Restaurant Menage à Trois zusammen speisten. Bald kursierten Gerüchte, daß Diana einen Flirt mit Dunne hätte. Das Gerücht erreichte seinen Höhepunkt, als Dunne im Sommer bei einem David-Bowie-Konzert neben Diana fotografiert wurde.

Einige Wochen später wurde bekannt, daß Diana eine Nacht auf dem Familiensitz der Dunnes in Herefordshire verbracht hatte. Seine Eltern waren an diesem Wochenende nicht zugegen. Charles war allein auf Highgrove. Einige Tage später wurde Philip – auf

Dianas besondere Anweisung – von der königlichen Familie zum Pferderennen in Ascot eingeladen. Während er mit Di am Zieleinlauf scherzte, wurde er fotografiert.

Als die Presse dem Flirt auf die Spur kam, erhielt Dunne einen Telefonanruf von Prinz Charles' Privatsekretär. Ihm wurde in unmißverständlichem Ton zu verstehen gegeben, daß er sofort den Kontakt zu Diana abzubrechen habe.

Bis zum heutigen Tag halten es Dianas Freunde nicht für wahrscheinlich, daß sie eine Affäre mit ihm hatte. »Sie hat Dunne nur benutzt, um Charles eins auszuwischen«, sagt einer. »Er war nie ein ernst zu nehmender Anwärter. Aber er war komisch, und er amüsierte sie sehr. Sie hatte nie mehr als einen Flirt mit ihm.«

Während eines offiziellen Besuchs in Madrid im April 1987 nahm sie die Gerüchte über ihre angeblichen Affären auf die leichte Schulter. Sie witzelte: »Als wir heirateten, galten wir als das perfekte Traumpaar. Jetzt wird gesagt, wir leben getrennt. Das nächste Mal werde ich lesen, ich hätte einen schwarzen Katholiken zum Liebhaber.«

Der Scherz kam nicht an, weil zu diesem Zeitpunkt zahlreiche Gerüchte kursierten, daß die Prinzessin in der Tat einige Freunde habe, deren Bekanntschaft der Prinz nicht billige.

Lady Colin Campbell sagt: »Diana begann mit Männern aus den besten Kreisen zu flirten. Wenn sie, wie sie sagt, nicht mit ihnen geschlafen hat, machte es jedenfalls diesen Eindruck.

Sie versuchte, Charles zu beunruhigen, Pech für sie: Es kümmerte ihn nicht mehr.«

1988 traf Diana Major James Hewitt, Offizier der Leibwache. Er begann der Prinzessin und ihren Söhnen auf dem Gelände der Kaserne von Conermere nahe

Windsor Reitunterricht zu geben. Hewitt war jung, sexy, komisch und auch wieder, nach Meinung von Dianas Freunden, genau ihr Typ.

Innerhalb kurzer Zeit wurde er für William und Harry wie ein Onkel. Diana fuhr mit ihren Söhnen regelmäßig nach Devon, um in dem Haus von Hewitts Eltern die Wochenenden zu verbringen – trotz der »größten Bedenken« des Prinzen.

James Whitaker interviewte ausführlich Hewitts ehemaligen Kammerdiener Malcolm Leete.

Leete sagte ihm: »Eines Morgens bekam ich um halb vier einen Anruf, daß Diana um sieben Uhr zum Reiten kommen würde. Es war wie gewöhnlich, sie kam an, gab Hewitt ein Küßchen und sagte hallo. Aber ich erinnere mich daran, daß sie von diesem Tag an sehr viel freundlicher zueinander waren. Der Rhythmus von Prinzessin Dianas Besuchen änderte sich. Statt einmal pro Woche kam sie montags, mittwochs und freitags.

Sie gingen immer in den Park, aber an diesem Tag war keine Hofdame bei ihnen. Sie gingen allein. Mir kam es sehr eigentümlich vor. Normalerweise hatte sie immer einen Kriminalbeamten oder so jemand bei sich. Diana und Hewitt kamen sich immer näher. Sie begann ihm teure Geschenke zu machen. Ich habe mich nie viel darum gekümmert, aber ich mußte die Sachen immer bügeln, bevor er sie trug, und das brachte mich darauf, daß er sich wohl mit ihr traf, wenn er die Sachen trug.«

Leete erzählte auch, daß das Paar eines Morgens in der Reithalle verschwand. Die Neugierde überwältigte ihn. Er stieg auf einen Reitstand und schaute durch das Fenster. Er sagte: »Sie waren in der Ecke. Ich bin nicht sicher, was ich genau sah, aber sie haben ganz gewiß geschmust.«

Lady Colin Campbell sagt: »Es war mehr als das. Leete sagte, er habe gesehen, daß Hewitt der Prinzessin die Hand in die Bluse steckte. Ihre Bluse war aus ihren Reithosen herausgerutscht, und seine Hand war eindeutig oben in der Bluse. Daran war nichts mehr unschuldig.«

Als Hewitt in den Golfkrieg geschickt wurde, schrieb ihm Diana lange, intime Briefe und schaute sich im Fernsehen endlos Nachrichtensendungen über den Fortgang des Krieges an. Sie unterschrieb alle Briefe mit »Dibbs«, wie Hewitt sie zärtlich genannt hatte. Sie hatte auch eine Fotografie von ihm in ihrer Nachttischschublade. Sie erzählte einem Freund, daß sie »außer sich vor Sorgen wegen James« sei, wenn er nicht zu der verabredeten Zeit anrief.

Hewitts Freundin Emma Stewardson erhielt auch Briefe. Sie erzählte später einer Sonntagszeitung, daß Hewitt ihre Zuneigung zugunsten der der Prinzessin verschmäht hatte. Sie berichtet, Hewitt sei in die Prinzessin »vernarrt« gewesen und habe sie regelmäßig an den Wochenenden getroffen. Bald erschienen Fotos, die die Prinzessin mit Hewitt zeigten. Auf einem sieht man sie, wie sie lachend den Kopf zurückwirft und die Hüften vorgeschoben hat, während sie ihm eine Polotrophäe überreicht. Auf einem anderen ist sie zu sehen, wie sie sich aufreizend mit dem Rücken gegen einen Land-Rover lehnt, während sie sich mit ihm unterhält. Lady Colin sagt: »Die Körpersprache versteht jeder. Diese Frau hat alle Signale ausgesandt.«

Als Hewitts Freundin über die Beziehung plauderte, wurde Diana wütend. Sie rief einen Freund an und sagte: »Warum, zum Teufel, darf ich nicht mein eigenes Leben führen, während sich niemand darum kümmert, daß mein Mann seine eigene Geschichte mit dem Rottweiler hat?«

Diana hatte sich ihre Freunde nicht weise ausgesucht. Im März 1994 betrog auch Hewitt sie, indem er die Geschichte ihrer »intimen« Freundschaft an den *Daily Express* verkaufte. Einige Monate zuvor hatte der gutaussehende Major schon einmal für peinliches Aufsehen gesorgt: Er wurde als Scheidungsgrund von Sally Faber, der Wetterfee aus dem Fernsehen, genannt.

Ein früherer Freund formuliert es so: »Er hatte immer ein Problem damit, in der Gesellschaft von hübschen Mädchen seinen Hosenschlitz zuzulassen. Er war ein Draufgänger, liebte die Jagd, wenn nicht sogar das Töten. Gott schenkte ihm ein hübsches Lächeln, wundervolle Augen und einen großen Schwanz, aber nicht sehr viel im Oberstübchen.«

Im Grunde waren Hewitts Enthüllungen über Diana eine große Enttäuschung. Obwohl er eine sechsstellige Summe von der Zeitung erhalten hatte, scheute er vor Fakten zurück und gab keinerlei Details preis. Er sagte: »Als wir uns zum erstenmal trafen, sprachen wir über das Reiten, und sie erzählte mir, sie hätte vor langer Zeit den Mut dazu verloren und immer daran gedacht, es noch einmal zu versuchen. Ich sagte, daß ich glaubte, ihr helfen zu können, und begann ihr Reitunterricht zu geben. Selbstverständlich mußte das von der Armee genehmigt sein. Wir fingen an, miteinander auszureiten. Es war alles sehr geheimnisumwoben. Ja, wir entwickelten sehr schnell eine enge Beziehung. Sie ist sehr lustig, hat einen guten Sinn für Humor. Ich fand sie interessant und faszinierend. Sie ist äußerst treu, zärtlich und warmherzig.

Natürlich war mir am Anfang wie allen, die sie nicht so gut kennen, nicht klar, wie unglücklich sie in ihrer Ehe war. Aber wenn man ein freundschaftliches Verhältnis mit Menschen aufbaut, bekommt man ein Gefühl dafür, was sie traurig und was sie glücklich macht.

Manchmal war sie traurig und manchmal glücklich. Sie sehnte sich nach Freundschaft.

In ihrer Situation ist es sehr schwierig, Freunde zu gewinnen. Sie müssen daran denken, daß sie noch jung ist und interessiert daran, die unterschiedlichsten Menschen kennenzulernen. Sie gehört zu den Leuten, die sich jemandem schnell offenbaren, wenn sie wissen, daß man ihnen Vertrauen schenkt. Prinzessin Diana ist ein sehr gebender Mensch. Ich würde jeden Mann verachten, der sie nicht attraktiv findet.« Als er darüber sprach, wie ihre Freundschaft intensiver wurde, fügte er hinzu: »Die ganze Zeit hörte ich in meinem Hinterkopf die Alarmglocken, die mich davor warnten, es zu ernst werden zu lassen.«

Als seine »Geschichten aus dem Nähkästchen« erschienen, sah sich Hewitt gezwungen, in der Schweiz unterzutauchen. Ein Beobachter des Königshauses sagt: »Es war so ... well ... geschmacklos. Ehrlich, man hätte glauben sollen, daß die Prinzessin von Wales einen Mann mit ein bißchen mehr Klasse ausgewählt hätte. Man fragt sich, wie sie sich wohl fühlte, als dieser Typ, in den sie soviel Vertrauen und Hoffnung investiert hatte, einen Moment später auf irgendeinem Boulevardblatt abgebildet war, nachdem er seine langweiligen Geschichten über sie verkauft hatte. Um ehrlich zu sein, es bestätigte nur, was alle dachten – daß der Prinzessin mit ein bißchen Schmeichelei von einem Typen der Kopf verdreht worden war, der offensichtlich auf dem gleichen intellektuellen Niveau steht wie sie. Es war eine ziemlich schmutzige Affäre. Es stellte sich heraus, daß er ein echter ›Bimbo‹ ist, der für einen ordentlichen Scheck bereitwillig alles ausplaudert.«

Zur gleichen Zeit, als Hewitts »langweilige Geschichten aus dem Nähkästchen« erschienen, druckte die *Sun* ein wesentlich feurigeres Interview mit Paula

Campbell, einer vollbusigen blonden Telefonistin, die bereitwillig zugab, daß sie Hewitts »bemerkenswerte Ausstattung« genossen hatte, als er in Deutschland stationiert war. Sie sagte: »Er rief mich oft an und sagte, er wolle meinen ganzen Körper von den Zehen an aufwärts lecken, und dann bat er mich, auch so mit ihm zu sprechen.

Er kam in die Telefonzentrale, und in dieser Nacht hatte nur ich Dienst. Das Büro war vielleicht vier Quadratmeter groß. Genug Platz, um sich hinzulegen. Dann tat er, worüber er am Telefon gesprochen hatte. Es war ziemlich enttäuschend. Er konnte besser reden als handeln. Aber da, wo es drauf ankommt, ist er groß.

Er sagte mir, er habe nie mit Prinzessin Diana geschlafen. Er erzählte, sie hätten eine ganz spezielle Beziehung gehabt, und ich glaube ihm, wenn er sagt, sie wären nie im Bett gewesen.

Ich glaube nicht, daß er außer sich selbst irgend jemand lieben kann, nicht einmal die Prinzessin von Wales.«

Doch als die Freundschaft der Prinzessin mit Hewitt 1988 öffentlich bekannt wurde, war das für Prinz Charles der Anlaß für den endgültigen Bruch.

Am 22. September flog der Prinz nach Balmoral.

Siebenunddreißig Tage lang sah er seine Frau nicht. Er verbrachte seine Zeit mit Malen, Fischen und Jagen. Seine einzige Gesellschaft bestand aus seinen alten Freunden Lord und Lady Tryon – und aus Camilla. Die beiden verbrachten ganze Tage allein, wanderten durch die Heide und sprachen viel über die Malerei.

Ein Freund Camillas sagt: »Camilla verbrachte zwei Wochen da oben, dann kehrte sie für einige Tage nach Hause zurück und flog dann wieder nach Schottland. Zu Beginn des Aufenthalts war der Prinz sehr deprimiert. Er erzählte Camilla, er sei an dem Punkt angelangt, an dem eine Entscheidung fallen müsse. Zu dieser Zeit nannte er Diana nur ›die Verrückte‹.

Der Prinz hatte von allem genug. Aber am meisten hatte er die Nase voll von seiner dummen Ehefrau und seiner verunglückten Ehe. Camilla machte sich ernstliche Sorgen um ihn. Stundenlang sprach sie mit ihm, tröstete und beruhigte ihn. Camilla hatte zu diesem Zeitpunkt enorme Schuldgefühle, weil sie so davon überzeugt gewesen war, daß Diana das richtige Mädchen für Charles sei. Aber es war nicht Camillas Schuld. Auf den ersten Blick war Diana wirklich die ideale Kandidatin für eine Ehe mit Charles. Er hatte das Gefühl, daß er alles in seinen Kräften Stehende unternommen hatte. Sein Stolz gab ihm jedoch zu verstehen, daß er immer noch mehr tun könne. Er hatte bis jetzt noch nie in seinem Leben versagt. Aber langsam dämmerte ihm, daß er in den wichtigsten Dingen nicht erfolgreich war: in puncto Ehe und Familie. Camilla verurteilte nie. Sie sprach nie besonders abfällig über Diana. Sie war nur eine großartige Freundin, eine, die stundenlang zuhören konnte, ohne sich zu langweilen.«

Ihre größte Prüfung kam im Juni 1990, als sich der Prinz bei einem Polospiel den Arm brach. Der Sturz war so schlimm, daß die Zuschauer, die mehr als fünfzig Meter entfernt standen, den Knochen knacken hörten, zweimal.

Die erste Operation blieb ohne Erfolg. Der Prinz wurde ins Nottingham General Hospital verlegt, wo er drei Wochen in einem Privatzimmer verbringen mußte.

Die Genesung ging langsam und schmerzvoll vonstatten. Er war monatelang zur Erholung auf Balmoral und Highgrove. Auf Anraten der Ärzte nahm er keine offiziellen Termine wahr. Camilla wich selten von seiner Seite. Als sich die Heilung langwieriger gestaltete als ursprünglich angenommen, heiterte sie ihn auf. Camilla bekam auf Balmoral eine eigene Suite, direkt neben der des Prinzen. Sie freundete sich mit Sarah Key an, des Prinzen hübscher australischer Physiotherapeutin.

Ein Besucher auf Balmoral meint: »Camilla saß stundenlang bei ihm, las ihm vor, unterstützte ihn bei seinen Übungen, half ihm bei den Mahlzeiten. Sie tröstete ihn, wenn die Schmerzen schlimmer wurden. Sie war ihm sehr zugetan und war immer um ihn herum. Abends saßen sie stundenlang in seinem privaten Zeichenraum. Sie unterhielten sich oder hörten klassische Musik. Bei anderen Gelegenheiten saßen sie schweigend zusammen. Aber es war nie eine unangenehme Stille. Es war das Schweigen eines Paares, das sich seiner Liebe sicher ist und keine Worte braucht.«

Diana war wütend, daß Charles sie nicht sehen wollte und es vorzog, von Camilla gepflegt zu werden. Die Prinzessin blieb im Kensington Palace.

Diana zu sehen war das letzte, was Charles sich wünschte. Der Unfall gab ihm genügend Muße, über seine Ehe nachzudenken. Und er kam zu dem Ergebnis, daß er es nicht mehr aushalten konnte.

Später erzählte er einem Freund: »Es war eine schlimme Zeit für mich. Der Bruch verursachte ständige Schmerzen, und ich fühlte mich nutzlos und hilflos. Es gab keine Möglichkeit, den Heilungsprozeß zu beschleunigen. Ich wollte wieder an die Arbeit. Camilla war für mich der Fels in der Brandung.

Der Unfall gab mir Zeit, mein Leben zu reflektieren. Und ich fand, daß es nicht so war, wie ich es mir wünschte.«

Charles war sehr besorgt. Zum erstenmal sagte er

seiner Mutter, er fürchte, er könne sich »für die Ehe nicht mehr stark machen«. Ihr ergreifendstes Treffen fand bei einem Mittagessen auf Balmoral statt. Die Königin bot ihren Rat an. Ihre eigene Ehe mit Prinz Philip war auch nicht immer reibungslos verlaufen. Sie wußte, daß Philip jahrelang »diskrete Liaisons« gehabt hatte. Sie sagte ihrem Sohn: »Eine Scheidung kommt nicht in Frage. Wir müssen ein Arrangement mit Diana treffen. Ich bitte dich nicht, Mrs. Parker Bowles aufzugeben. Wie du weißt, habe ich sie sehr gern. Aber Diana muß in Schach gehalten werden. Sie ist ein flatterhaftes Mädchen; wer weiß, was sie tut.«

Die Königin schrieb Diana einen langen Brief. Sie lud sie ein, mit ihr nach ihrer Rückkehr im Buckingham Palace zu dinieren. Über dieses Treffen erzählte Diana einem Freund: »Die Queen betonte, wie wichtig es sei, die Ehe zu retten. Sie sagte mir, Charles wäre bereit, es noch einmal zu versuchen. Ich versprach, mein Bestes zu tun, bestand aber darauf, daß er seine Freundschaft mit Camilla beendete. Ich erinnere mich, daß die Queen mich über ihre Brille hinweg ansah und sagte: ›Warum machst du dir wegen Camilla solche Sorgen? Alle Männer haben gewisse Bedürfnisse. Camilla ist verheiratet, sie stellt für dich keine Bedrohung dar. Versuche, nicht an sie zu denken. Du brauchst dir darüber keine Sorgen zu machen, meine Liebe.‹«

In diesem Moment wurde Diana klar, daß Camilla mehr als nur einen mächtigen Verbündeten in der königlichen Familie hatte. Privat vertraute die Queen einem Berater an, sie fürchte, Diana sei eine »Chaotin« – jemand, der aus der Familie ausbrechen und sie im Chaos zurücklassen würde, wenn es nicht nach ihrem Willen ginge.

Dianas unstetes Verhalten in der Vergangenheit tat nichts, um diese Furcht zu verringern. Schon als Teenager hatte Diana Schwierigkeiten, sich konsequent einer Sache zu widmen.

Nach ihrer Schweizer Internatszeit schrieb sie sich bei einem Kochkurs ein, blieb aber nur zehn Wochen dabei. Dann entschied sie sich für eine Ausbildung zur Tanzlehrerin und begann einen Kursus bei Madame Betty Vacani, die auch die Queen und Prinzessin Margaret tanzen gelehrt hatte. Der Kursus sollte drei Jahre dauern. Nach einem Monat ging Diana Skilaufen – und kam nie wieder in die Tanzschule.

Madame Vacani sagt: »Sie gab nie einen Grund oder eine Erklärung dafür, aber ich glaube, der Kurs war zuviel für sie. Ich vermute, sie hielt einen Job als Kindergärtnerin für weniger anspruchsvoll.«

Diana fing im Kindergarten Young England an. Sie sagte: »Ich ziehe es vor, halbtags zu arbeiten. Das läßt mir genug Freiraum, meinen eigenen Interessen nachzugehen. Ich hasse es, mich einschränken zu müssen.« 1988 gaben die Fesseln, die sie empfand, Diana fast das Gefühl zu ersticken.

Ein weiteres Mal läuteten die Totenglocken der Ehe am 10. März 1988. Diana, Charles, Fergie und Charles' Freund Major Hugh Lindsay sowie Patti und Charles Palmer-Tomkinson teilten sich ein kleines, abgeschiedenes Chalet in Wolfgang, nahe bei Prinz Charles' Lieblingsskiort Klosters in der Schweiz.

Nach einem Morgen auf der Piste kehrten Di und Fergie ins Chalet zurück, während sich der Prinz mit seinen Freunden höher in die Berge wagte, um abseits der Pisten zu fahren, wie sie es am liebsten hatten.

Eine Stunde später hörten die zwei Frauen einen Helikopter. Kurz danach betrat Prinz Charles' Pressesekretär Philip Mackie mit steinernem Gesichtsausdruck das Chalet. Er sagte ihnen, es habe einen schrecklichen Unfall gegeben. Die Gruppe des Prinzen sei unter einer Lawine begraben worden. Er sagte, weitere Details seien noch nicht bekannt, nur, daß ein männliches Mitglied der Gruppe ums Leben gekommen sei.

Einige Minuten später rief Prinz Charles sehr erschüttert und bestürzt an. Major Hugh Lindsay, früherer königlicher Stallmeister, war von den Schneemassen getötet worden. Patti Palmer-Tomkinson konnte durch Mund-zu-Mund-Beatmung wiederbelebt werden. Sie hatte schwere Verletzungen erlitten und mußte sich einer siebenstündigen Operation unterziehen, um ihre Beine zu retten. Diana und Fergie packten Hughs persönlichen Besitz ein. Prinz Charles begleitete Patti ins Krankenhaus. Er blieb die ganze Nacht, bis sie aus dem Operationssaal gerollt wurde, und war an ihrer Seite, als sie zu sich kam. Er suchte das Leichenschauhaus des Krankenhauses auf und besuchte Hugh ein letztes Mal. Zwanzig Minuten blieb er allein in dem Raum, um sich von seinem alten Freund zu verabschieden.

Am folgenden Tag flog die Gruppe traurig zurück zur RAF Northolt. Diana tröstete Hugh Lindsays Witwe, eine Mitarbeiterin des königlichen Pressebüros, die im sechsten Monat schwanger war.

Dianas Freunde brachten das Gerücht in Umlauf, daß der »kaltherzige« Prinz Charles nicht einmal mit dem Sarg seines Freundes nach England zurückkehren wollte; daß er meinte, alle würden überreagieren, und daß der Skiurlaub fortgesetzt werden solle.

Dies entsprach in keiner Weise der Wahrheit. Die Tragödie hatte ihm beinahe das Herz gebrochen. Im ersten Monat nach dem Unfall rief er Sarah Lindsay täglich an. Noch immer hält er regelmäßig Kontakt mit ihr, um sicher zu sein, daß es ihr gutgeht. Ein Freund sagt: »Es war Charles und nicht Diana, der Sarah in den

Stunden der schlimmsten Not seine Unterstützung anbot. Er telefonierte ständig mit ihr und arrangierte die finanzielle Seite des Begräbnisses. Er unternahm alles in seinen Kräften Stehende, um ihr zu helfen. Sie wird dem Prinzen ewig dankbar für alles sein, was er in den dunkelsten Stunden abgrundtiefer Verzweiflung nach Hughs Tod für sie getan hat.

Die Prinzessin war am Tag nach dem Unfall anwesend. Für die Fotografen am Flughafen sah sie angemessen traurig aus. Aber in den folgenden Monaten unternahm sie nicht viel. Sie rief Sarah vielleicht ein- oder zweimal an. Charles dagegen war ständig am Telefon.« Der Unfall festigte auch die Freundschaft zwischen dem Prinzen und den Palmer-Tomkinsons. Noch heute gehören sie zum Kreise seiner engsten Freunde.

Lady Colin Campbell sagt: »Der Freundeskreis des Prinzen ist klein, auserlesen und ihm zutiefst ergeben. Sie kennen seinen wahren Charakter und gehen zusammen durch dick und dünn. Charles war von dem Verlust sehr angegriffen, den Hughs Tod für ihn bedeutete. Er unterstützte Patti Palmer-Tomkinson während ihrer Genesung nach besten Kräften. Er besuchte sie häufig im Krankenhaus und später zu Hause, als sie langsam ihre Gesundheit wiedererlangte. Es lag ihm fern, nach dem Unfall in Klosters zu bleiben; schließlich war er es, der die ganze Nacht aufblieb, um die Überführung der Leiche und den Rückflug der anderen zu arrangieren. Es handelte sich um einen schändlichen Versuch Dianas, aus dem Unfall Kapital zu schlagen. Charles' Freunde haben ihr das nie verziehen.«

Zu diesem Zeitpunkt unterzog sich Diana einer Behandlung wegen ihrer Bulimie, die mittlerweile ein kritisches Stadium erreicht hatte, und zwar bei Dr. Maurice

Lipsedge am Londoner Guy's Hospital, einem weltbekannten Experten auf dem Gebiet der Eßstörungen. Pro Woche verbrachte die Prinzessin dreimal je eine Stunde in Dr. Lipsedges Praxis. Sie wurde gebeten, ein Eß-Tagebuch zu führen, die schönsten und schlimmsten Ereignisse jedes Tages aufzuschreiben und jeden Bissen zu notieren, den sie zu sich nahm.

In diesem Zeitraum traf Diana bei einer Geburtstagsparty auf Camilla. Nach Zeugenaussagen stürmte Diana auf Camilla zu und sagte: »Warum lassen Sie meinen Mann nicht in Ruhe?« Camilla drehte sich auf dem Absatz um und verließ das Zimmer. Charles folgte ihr.

Ein Freund Camillas sagt: »Der Zwischenfall hat nur bewirkt, daß Camilla noch verächtlicher von Diana dachte. Camilla hat seit diesem Tag kein Wort mehr mit der Prinzessin gewechselt. Jede Spur von Mitleid oder Sympathie, die sie vielleicht in ihrem Innersten für die Prinzessin empfand, ist gestorben. Von diesem Moment an herrschte offener Krieg um die Zuneigung des Prinzen, und es war klar, wer ihn gewinnen würde.«

Diana schlägt zurück

Andrew Parker Bowles bewunderte die Fohlen, die ihm in Ascot vorgeführt wurden. Es war im Juni 1992, und Andrew war mittlerweile Brigadier mit dem illustren Titel »Silver Stick in Waiting« der Queen. Er war auch für das Veteranen-Corps der Armee verantwortlich.

Er und Camilla waren in diesem Jahr als persönliche Gäste der Queen nach Ascot eingeladen worden. Die Affäre seiner Frau mit dem Prinzen war in seinen Kreisen inzwischen so bekannt, daß sie kaum noch kommentiert wurde.

Lord Charles Spencer-Churchill, der jüngere Bruder des Duke of Marlborough, hatte bereits einige Gläser Champagner getrunken, als er Andrew über den der königlichen Familie und ihren Gästen vorbehaltenen Bereich laufen sah. Churchill rief seinem Freund zu: »Ernest Simpson! Hey, Ernest Simpson! Warum kommen Sie nicht mal?«

Ein Ruck ging durch Andrews Körper. Er übersah natürlich stillschweigend die Affäre seiner Frau, aber öffentlich damit aufgezogen und im gleichen Atemzug mit dem gehörnten Ehemann von Wallis Simpson genannt zu werden, der vor einem halben Jahrhundert fallengelassen wurde, damit Wallis den Duke of Windsor heiraten konnte – das konnte er nicht tolerieren.

Vor Dutzenden von Zeugen drehte er sich ruhig zu Churchill um. »Kommen Sie her«, befahl er. Zitternd taumelte Churchill über die Koppel. Andrew griff ihn hart am Arm und zog ihn zu sich hin. »So sprechen Sie nie wieder mit mir. Verstanden? NIE WIEDER!«

Spencer-Churchill sagte gegenüber dem Bestsellerautor Nigel Dempster in seinem Buch über die königliche Familie *Behind Palace Doors*: »Er war wirklich äußerst aufgebracht. Er trommelte auf meinen Arm und meine Schulter ein. Am nächsten Tag hatte ich lauter blaue Flecken. Ich dachte, es sei nur ein Witz, ein bißchen Aufziehen. Aber Andrew fand es überhaupt nicht amüsant.«

Spencer-Churchill fügte geheimnisvoll hinzu: »Ich sagte ihm: ›Denken Sie daran: Es wird mit Tränen enden. Wer mit der Monarchie spielt, spielt mit Feuer.‹«

Einige Monate später saß Parker Bowles in seinem Herrenclub Whites in St. James. Lord Soames, einer der ältesten Freunde Andrews und Vater seiner ehemaligen »Flamme« Charlotte Hambro, setzte sich neben ihn und schalt ihn laut für sein »ungentlemanmäßiges« Verhalten. Parker Bowles war über die Kritik des alten Herrn so verärgert, daß er sofort aufstand und den Club verließ. Am Ausgang hörte er ein anderes Clubmitglied flüstern: »Da geht Englands bester Mann. Er ist der Krone so treu, daß er zum Wohle des Landes sogar seine Frau opfert.«

Obwohl er im Grunde mit seiner unkonventionellen Ehe ganz zufrieden war, trafen ihn diese Seitenhiebe im Mark.

Die Ehe der Parker Bowles hatte sich im Laufe der Jahre nicht sehr verändert. Camilla liebte sowohl den Prinzen als auch ihren Ehemann sehr. Sie führte ihren eigenen Haushalt – und den des Prinzen auf Highgrove.

Ein Familienmitglied sagt: »Camilla und Andrew haben sich immer sehr geliebt. Sie führen eine enorm stabile Ehe, egal, was die anderen sagen. Es ist eine offene Ehe; sie haben beide auch andere Partner, aber wenn sie zusammen sind, sind sie sehr glücklich miteinander. Auch heute noch, trotz des Chaos und des Kummers der letzten Jahre.

Camilla und Andrew sind gleichberechtigte Partner. Sie gibt soviel, wie auch er zu geben bereit ist. Ich habe die schlimmsten Streitigkeiten wegen der dümmsten Kleinigkeiten mitangehört, bei denen sie sich mit hochroten Köpfen anbrüllten. Sie sind ein sehr leidenschaftliches Pärchen. Aber so ein Krach hält nie lange an. Und sie scheinen beide ganz glücklich mit ihrem Leben. Andrew bewundert den Prinzen von Wales. Als ein Mann, der immer seine eigenen Freiheiten hatte, kann er die Freundschaft seiner Frau mit dem Prinzen billigen.«

Innerhalb der königlichen Familie waren die Meinungen unterschiedlich. Prinzessin Anne, die Diana nie gemocht hatte, hielt zu ihrem Bruder. Sie verweigerte konsequent, mit der Prinzessin zu sprechen, und glaubte, daß einige der negativen Zeitungsgeschichten über Charles von Dianas Verbündeten verbreitet wurden. Diana hatte sich einen eigenen Kreis eingeschworener Freunde aufgebaut. Diese Freunde hielten engen Kontakt mit sympathisierenden Reportern, um ihnen immer neue Geschichten über die Qualen der Prinzessin zu berichten – und neue Geschichten über Charles' Kaltherzigkeit.

Ein bekannter Reporter der Fleet Street sagt: »Als die Prinzessin auf der Szene erschien, bekamen wir zum erstenmal Insidergeschichten von der königlichen Familie. Natürlich haben sich unsere Jungs nicht beschwert. Wir hegten Sympathien für Diana. Ihre Seite hat schließlich mit uns gesprochen, während aus Charles' Freunden kein Wort herauszukriegen war. Sie konnten es einfach nicht über sich bringen, das Schweigegelübde zu verletzen. Dianas Leute waren da viel offener. Diana hat die Presse umworben. Sie erkannte den vollen Wert der Boulevardpresse, um ihre Seite der Geschichte an die Leute zu bringen. Und sie gebrauchte die Blätter für ihre Zwecke, so gut es ging.

Wenn auch nur die kleinste Chance bestand, auf die Titelseite zu kommen, nutzte Diana sogar den Besuch eines Kinderkrankenhauses, um eine bedeutende Bemerkung zu machen, die am nächsten Tag prompt in der Zeitung stand. Sie hat das schon früh gelernt. Als die Ehe zerbrach, begann sie, ihre öffentliche Position durch Pressearbeit zu festigen. Sie wollte sichergehen, daß sie als Opfer erscheinen würde, falls alles zusammenbrach.

Das Telefon klingelte Tag und Nacht. Die Informanten waren alles Dianas Freunde, und ihre Tips trafen immer genau den Punkt.«

Als einer von Dianas Informanten den Fotografen sagte, der Prinz würde einen »Bootsausflug mit einer mysteriösen Blondine« machen, reichte das, um die Fotografen der Fleet Street in Aufruhr zu versetzen. Als die ganze Meute am Ort des Geschehens ankam, gelangen einige gute Fotos von einem entspannten und völlig überraschten Prinz Charles, der sich mit seiner »mysteriösen Blondine« an Bord eines kleinen Kahns befand. Es war Camilla.

Bei einer anderen Gelegenheit gaben Dianas Freunde der Presse den Tip, daß Camilla ein Wochenende mit dem Prinzen auf Beeside Lodge verbrachte, der Jagdhütte von Königinmutter. Drei Tage mußten sie dort ausharren, dann kam die Gelegenheit für das Foto: Charles verließ das Haus, dicht gefolgt von Camilla.

Niemand hielt es für erwähnenswert, daß einige Schritte hinter Camilla ihr Ehemann erschien.

Als Charles im Mai 1988 zum Malen in Italien war, bekam er die Nachricht, daß Prinz Harry wegen eines Leistenbruchs zu einer Notoperation ins Krankenhaus eingeliefert werden mußte. Charles wollte sofort zurückfliegen, um an der Seite seines Sohnes zu sein, aber Diana sagte nein. Sie erzählte ihm, es sei »nur eine kleine Operation« und es bestünde »absolut kein Grund« zur Rückkehr. Charles rief dann stündlich im Krankenhaus an – so groß war seine Besorgnis um seinen Sohn.

Die Schlagzeilen des nächsten Tages sprachen eine deutliche Sprache.

Dianas Informanten hatten ein Bild des Prinzen gezeichnet, das ihn als kaltherzigen Vater darstellte, der die Krankheit seines Sohnes ignorierte, während »die heilige« Diana auf einem Stuhl neben dem Krankenbett die Nacht im Londoner Great Ormond Street Children's Hospital verbrachte.

Als Prinz William im Juni 1991 von einem Mitschüler versehentlich mit dem Golfschläger am Kopf getroffen wurde, war es wieder Diana, die als »gute Mutter« brillierte. Zum Zeitpunkt des Unfalls aß Diana gerade im San Lorenzo zu Mittag, während Charles auf Highgrove war.

Beide eilten ins Royal Berkshire Hospital in Reading, wo William geröntgt wurde. Als ein Bruch diagnostiziert wurde, brachte man das Kind auf dem schnellsten Wege in das Great Ormond Street Hospital.

Am selben Abend besuchte der Prinz eine Wohltätigkeitsgala in Covent Garden. *Tosca* stand auf dem Programm. Es war ein wichtiges Treffen auf Ministerebene. Das Ereignis war bereits einmal wegen Charles' Armbruch verschoben worden. Williams Chirurgen versicherten Charles, er könne ruhig gehen. Aber der Prinz bestand darauf, einen Beeper mitzunehmen, damit er jederzeit benachrichtigt werden könnte, falls sich Williams Befinden verschlechtern sollte.

Diana sprach währenddessen mit »wohlgesinnten« Journalisten. Sie erzählte ihnen, daß sie die Nacht an Williams Bett auf einem kleinen Stuhl verbracht habe, während der hartherzige Prinz Charles in der Stadt herumzigeunert sei.

Am nächsten Morgen sagten die Schlagzeilen wieder mal alles. »Was für ein Vater bist du eigentlich?« fragte die *Sun.* Ein ehemaliger Mitarbeiter am Great Ormond Street Hospital erzählt: »Die Prinzessin bat darum, daß alle Morgenzeitungen in Williams Zimmer geliefert würden. Sie nahm sich viel Zeit für die Lektüre und schien recht erfreut über die Berichterstattung, die sie zu ihren Gunsten erzielt hatte.«

Charles und der Rest der Familie wurden zunehmend ungehalten über die fortwährende Verleumdungskampagne. Zum einen war es unfair, zum anderen nicht wahr.

Ein ehemaliger königlicher Berater sagt: »Es verletzte den Prinzen sehr, daß die Presse ständig negativ über ihn berichtete. Er nimmt seine Stellung im Leben und in der Familie sehr ernst. Diana war viel geschickter darin als er, die Medien zu manipulieren. Es dauerte Jahre, bis es dem Prinzen genausogut gelang. Sein Problem war, daß es ihm widerstrebte, öffentlich schmutzige Wäsche zu waschen. Und jetzt hatte er diese Ehefrau, die sogar ihre Unterwäsche öffentlich wusch. Es erregte seinen Zorn und machte ihn wütend.«

Eine Frau, die Charles nahesteht, sagt: »Diana erwies sich als außerordentlich schwierig. Ihr Verhalten gefährdete die Zukunft ihrer Ehe, der Monarchie und des Landes und tut es heute noch. Viele Menschen, die sie während der Ehe mit Seiner Königlichen Hoheit kennengelernt haben, sind zu dem Schluß gekommen, daß sie sehr unangenehm ist. Es liegt nicht in der Natur des Prinzen, mit gleicher Münze zu zahlen. Er ist nicht so aufgewachsen. Es gab immer eine große intellektuelle Kluft zwischen ihnen, aber Diana war diejenige, die sich bei der Presse anbiederte.

Von Anfang an gab sich der Prinz viel Mühe mit seiner Ehe. Er stellte Psychiater und Spezialisten für Eßstörungen ein, die versuchten, seiner Frau zu helfen. Aber sie wollte immer mehr. Im Grunde ging es ihr um Macht. Sie genoß es, die Prinzessin von Wales zu sein, sie liebte all die Aufmerksamkeit und den Ruhm. Aber sie wollte die Prinzessin von Wales ohne den Prinzen von Wales sein. Und das ist eine äußerst lächerliche Idee. Aber Diana vertraute auf ihre eigene Presse. Sie dachte, sie stünde höher und weit über den anderen Mitgliedern der Familie. In Zeitungsumfragen brillierte sie ständig als das beliebteste Mitglied der königlichen Familie. Sie dachte, sie kann sich alles leisten.«

Prinzessin Anne sprach Diana einmal auf den täglich erscheinenden Klatsch über das Königshaus an. »Es ist erstaunlich«, sagte sie während eines ihrer seltenen Besuche im Kensington Palace. »Bevor du dazukamst, sickerte kaum etwas durch. Jetzt ist das Schiff so voller Löcher, daß es kein Wunder ist, wenn es sinkt.«

Diana schaute sie sprachlos an. »Ich würde nicht zu viele Geschichten erzählen, wenn ich du wäre«, fügte Anne hinzu. »Eines Tages könnten sie zurückkommen und dich verfolgen.«

Prinzessin Anne hatte nichts mit Diana gemein. Sie verachtete Dianas ständige Diäten und ihr Image einer Cover-Beauty. Anne hatte Jahre darauf verwandt, ihren Ruf als das am härtesten arbeitende Mitglied des

Königshauses wiederherzustellen, und fühlte sich von diesem Platz verdrängt, als Diana auftauchte und ihr die Schau stahl, indem sie einfach ein neues Kleid anzog oder ihren schlanken Körper im Bikini am Strand zeigte. Angeblich hat Anne einmal gesagt: »Sie ist nicht mehr als ein Zugpferd der Mode. Wenn sie ein echtes Pferd wäre, wäre es mir lieber. Denn Pferde haben wenigstens ein Gehirn.«

Bei einer anderen Gelegenheit bemerkte Anne, daß Dianas Garderobiere Evelyn Dagley immerhin Mittlere Reife habe. Diana dagegen hatte keinen Schulabschluß. Es war eine beiläufige Bemerkung, die beim Dinner in Hörweite der Prinzessin gemacht wurde. Der Seitenhieb blieb nicht unbemerkt.

Diana sagte später: »Sie mochte mich nie. Sie war immer eifersüchtig auf mich.«

Anne tat alles, um ein Zusammentreffen mit Diana zu vermeiden. Bei Staatsempfängen hielt sie sich so weit wie möglich von der Prinzessin entfernt, distanzierte sich buchstäblich von ihr. Privat verbrachte Prinzessin Anne die meiste Zeit auf Gatcombe Park, ihrem Sitz in Gloucestershire. Als Diana einmal erwartet wurde, um Prinz William abzuholen, der den Tag auf einer Geburtstagsparty von Annes Tochter Zara auf Gatcombe verbracht hatte, sattelte Anne ihr Pferd und ritt fort. Sie kam erst spät abends zurück, als Prinzessin Diana bereits abgefahren war.

Eine Handvoll von Charles Freunden entschloß sich, für ihn in die Bresche zu springen.

Einer von ihnen sagt: »Dianas Manipulation der Medien war so unfair und so einseitig, daß es lächerlich wurde. Der Prinz ist nicht so fotogen wie sie, aber er ist der zukünftige König, und er genießt die uneingeschränkte Unterstützung des Landes. Es ist kein Zufall,

Oben: *Charles und Camilla 1975, ganz am Anfang ihrer Romanze.*
Unten: *Die Turteltäubchen 1975 nach einem schönen Abend im West End von London.*

Camilla und ihre Schwester Annabel als Brautjungfern 1952 bei der Hochzeit eines Freundes.

Camilla und ihre Mutter, die Ehrenwerte Rosalind Shand, 1965 bei der Party zu Camillas Einführung in die Gesellschaft.

Eine lächelnde Camilla in ihren ersten Ehejahren.

Camilla beim Plausch mit einer anderen Debütantin.

Die Hochzeit von Andrew und Camilla Parker Bowles in der Guards Chapel im Juli 1973.

Oben: *Lt. Colonel Andrew Parker Bowles und seine Familie, als ihm im Buckingham Palace der OBE-Orden verliehen wurde.*
Unten: *Andrew und Camilla Parker Bowles in der glücklichen Anfangszeit ihrer Ehe.*

Oben: *Camillas und Andrews erster Wohnsitz – Bolehyde Manor, Wiltshire.*
Unten: *Andrew Parker Bowles mit seiner ehemaligen Geliebten Prinzessin Anne.*

Das Märchen, das nie eines wurde – Charles und Diana auf dem Weg in die Flitterwochen.

Die beiden Frauen in Charles' Leben – Diana und Camilla beim Ludlow-Rennen 1980.

Wie es hätte sein können: die Hochzeit von Charles und Camilla in einer künstlerischen Bildmontage.

Diana mit William und Harry – ihre „größten Freuden“ in den turbulenten Ehejahren.

Andrew Parker Bowles eskortiert die königliche Kutsche bei der Märchenhochzeit von Charles und Di.

„Die offene Ehe" – ein Schnappschuß des Paares, kürzlich im großen Park von Windsor aufgenommen.

Camilla in entspannter Stimmung, bevor der Skandal losbrach.

1992 bei einem Besuch in Southport, Diana in Tränen aufgelöst – ihre Ehe war schon am Ende.

1980 beim Ludlow-Rennen; Diana und Camilla beobachten Charles beim Reiten – beide in denselben Mann verliebt.

Charles und Diana am Remembrance Sunday – ihre Ehe ist gescheitert.

Unten: *Charles und Diana während der verunglückten Koreareise 1992.*

Oben links: Die Londoner Wohnung der Parker Bowles'.
Oben rechts: Das großartige Middlewick House in Corsham, Wiltshire – der Hauptwohnsitz der Parker Bowles'.

Die Familie erholt sich im herrlichen Garten von Middlewick House, Camillas ganzem Stolz.

Tage der Verzweiflung: die beiden Frauen in Charles' Leben. Diana durch ein Autofenster fotografiert, Camilla auf der Flucht.

MI5 BUGGED

Charles in einem seltenen Moment der Heiterkeit, bevor seine Welt durch die „Camillagate"-Krise in die Brüche ging.

Oben: *Die Königin lädt Camilla zum Polo ein – wenige Tage nachdem der Skandal alle Titelseiten zierte.*
Unten: *Nur zwei Tage nach „Camillagate“ besucht Camilla ihren Sohn Tom in Eton auf dem College.*

Camilla im November 1993 beim Gedenkgottesdienst für den verstorbenen Earl of Westmorland in der Guards Chapel.

Andrew Parker Bowles, Camilla und Sohn Tom, kurz nachdem Tom das College verließ.

Andrew und Camilla gehen groß aus. Nach all den Jahren sind sie immer noch zusammen.

Selbst auf dem Höhepunkt des „Camillagate"-Skandals winkt Camilla den Journalisten noch freundlich zu.

daß wir Fotos von Prinzessin Diana mit ihren Söhnen in Alton Towers und Thorpe Park sehen. *Sie* ist es, die dafür sorgt, daß die Fotografen wissen, wann sie wo sein wird. Prinz Charles hat die Jungen oft zur Schule gefahren, und er macht ständig mit ihnen Ausflüge. Stundenlang geht er mit ihnen angeln, radfahren und wandern. Aber man sieht kaum ein Foto von ihnen, weil es nicht sein Stil ist, seine Kinder für sein öffentliches Image zu benutzen. Er vermeidet es nicht nur, die Kinder in den Vordergrund zu schubsen, sondern tut sogar das Gegenteil. Er will seine Kinder abschirmen. Der Prinz möchte nicht, daß sie ständig von der Öffentlichkeit beobachtet werden. Die zahlreichen Bilder, die sie mit ihrer Mutter zusammen zeigen, verärgern ihn.

Einige von uns haben sich entschlossen, dieser ungehemmten Propaganda in den Medien, die Diana jeden Tag entfachte und die zu seinen Lasten ging, etwas entgegenzusetzen – ob es ihm gefiel oder nicht.«

Der dreißigste Geburtstag der Prinzessin gab Charles' Freunden zum erstenmal die Möglichkeit, öffentlich zurückzuschlagen. Diana hatte durch den Kreis ihrer Informanten verlauten lassen, Charles sei so unnahbar und gleichgültig, daß er sich nicht darauf verständigen konnte, ihre Geburtstagsfeier zu besuchen. In Wahrheit hatte der Prinz Diana monatelang gebeten, ihm zu gestatten, auf Highgrove zu ihren Ehren eine große Feier auszurichten.

»Ich will auf keine Party, die du für mich organisierst«, sagte sie. »Dann bin ich schon lieber allein.«

Charles hatte beteuert, er würde nur ihre Freunde einladen, aber sie schlug es ihm rundweg ab, berichtet ein enger Freund des Prinzen.

Die Story kam über einen guten Freund des Prinzen an die Presse. Der tags darauf erscheinende Zeitungsbericht, die Titelgeschichte unter der riesigen Schlagzeile »Di will nicht tanzen«, verärgerte die Prinzessin maßlos.

Wie ein bockiges Kind, das nicht seinen Willen bekommt, stampfte sie mit dem Fuß auf und schrie: »Das kann er doch nicht machen! Das kann er doch mit mir nicht machen!«

Letztendlich verbrachte Diana den Tag allein mit Prinz Harry und ging dann abends mit ihrer Schwester Jane essen. Ihre Presseverlautbarung, die Freunde für sie in Umlauf brachten, lautete: »Ich habe den Abend mit dem einzigen Mann in meinem Leben ruhig zu Hause verbracht – mit Prinz Harry.«

Ein Freund des Prinzen berichtet: »Statt ihrem Mann die kleine Freude zu gönnen und ihn eine Party für sie organisieren zu lassen, zog sie es vor, allein herumzusitzen und sich zu langweilen. Es war engstirnig und kleinlich. Charles war verärgert, aber es sagte viel über Diana aus. Sie war imstande, sich selbst weh zu tun, nur um Charles zu quälen.«

Während Charles' Freunde zurückschlugen, fand er in seinem eigenen Lager einen Feind vor: Sein Vater, Prinz Philip, kämpfte gegen alle. Er betrachtete Diana als dummes kleines Mädchen und war gleichzeitig wütend auf Charles, weil er sich nicht gegen sie durchsetzen konnte.

Philip und Charles hatten nie eine enge Beziehung. Von Kindheit an war Philip entschlossen, sein ältester Sohn müsse ein »richtiger Kerl« werden. Philip bestand darauf, Charles in seine eigene frühere Schule Gordenstoun zu schicken, ein strenges Internat in Schottland. Charles verabscheute die »Kalte-Dusche-Mentalität« des Internats und nennt sie heute noch »eine Anstalt und keine Schule«.

Philip entschied auch, daß Charles, kaum daß er ein

Teenager war, in seine Fußstapfen treten und zur Royal Navy gehen sollte.

Es war immer Philip gewesen, der Charles die Bedeutung seiner zukünftigen Position als Oberhaupt der britischen Monarchie und der Kirche von England eingetrichtert hatte.

Ein ehemaliger Kammerdiener sagt: »Philip hat Charles zur Heirat gezwungen. Charles wäre gern Junggeselle geblieben. Aber Philip bestand auf einer Heirat. Er stichelte, daß die Leute ihn für schwul halten würden, wenn er sich nicht beeilen würde. Philip hat mit einer Stahlrute über seinen Sohn geherrscht. Insgeheim hat Charles noch immer Angst vor seinem Vater. Als sich Philip den Befürwortern einer Ehe mit Diana anschloß, hatte Charles das Gefühl, ihm sei jeglicher Fluchtweg abgeschnitten. Er mußte es tun. Die Philosophie hinter Philips Erziehung bestand darin, Charles klarzumachen, daß Pflicht und Krone immer an erster Stelle stehen. Auch Philip hat so gelebt. In den Anfangsjahren seiner Ehe mit der Queen empfand er es als sehr schwierig, sich zurückzuhalten und ihr den ersten Platz zu überlassen. Aber er rief sich immer wieder seine Pflicht vor Augen. Philips tiefverwurzelte Loyalität kam nie ins Wanken. Zu Charles, der für seinen Geschmack viel zu sensibel war, war er immer brutal offen.

Philip wußte, was es bedeutete, sich zu bemühen und dabei nie etwas zu sagen zu haben. Er tat es sein ganzes Leben. Und er verstand Charles' Bedürfnis nach einer Geliebten. Aber er war außer sich, als Charles und Camilla öffentlich in der Zeitung diskutiert wurden.«

Monatelang versuchte Philip, mit Charles über seine Affäre mit Camilla zu sprechen. Er schrieb Charles sogar mehrere Briefe, in denen er der Furcht Ausdruck verlieh, Charles' Privatleben werde »zunehmend komplizierter«. Aber jedesmal, wenn er mit ihm darüber reden wollte, wechselte Charles das Thema.

Schließlich trieb Philip ihn auf dem Schießplatz von Sandringham in die Enge. Nach Zeugenaussagen verlief das Gespräch etwa so: »Was zum Teufel ist los? Der ganze Hof spricht über dich und Camilla. Du spielst mit dem Feuer. Es ist mir egal, ob du eine Affäre hast, aber komm um Gottes willen irgendwie mit Diana zu Rande. Das ist dein Problem. Du versuchst immer, die Probleme zu vermeiden, bis sie so groß werden, daß sie dich überwältigen. Du mußt der Sache entgegentreten und deinen Mann stehen.«

Prinz Charles, vor Verdruß rot im Gesicht, versuchte, sich abzuwenden.

Philip packte ihn am Arm. »Diesmal gehst du mir nicht wieder weg«, rief er.

Charles versuchte ihm sein Dilemma zu erklären: »Diana ist unmöglich. Wir haben absolut keine Gemeinsamkeiten. Ich würde liebendgern aussteigen. Warum hat bloß niemand versucht, mich rechtzeitig von dieser Sache abzuhalten?« explodierte er.

Philip war wütend. Er schüttelte Charles am Arm: »Um Gottes willen, werde endlich erwachsen«, rief er.

Philip sprang in seinen Land-Rover und fuhr davon. Danach sprachen sie vier Monate nicht miteinander.

Ein ehemaliger Diener sagt: »Von diesem Moment an verließ Philip jedesmal das Zimmer, wenn Charles hereinkam.«

Charles' einzige Verbündete in der Familie war die Königinmutter. Er begann, viel Zeit mit ihr zu verbringen, sowohl auf ihrem Londoner Sitz Clarence House als auch auf Birkinhall in Schottland.

Ein Insider berichtet: »Charles hatte zu seiner Großmutter immer ein innigeres Verhältnis als zu seinen Eltern. Wenn Camilla nicht zu erreichen war, sprach er mit der Königinmutter. Sie versuchte in der wachsenden Feindschaft zwischen Charles und Diana zu vermitteln. Sie versuchte sogar zu kuppeln, indem sie beide am selben Nachmittag nach Clarence House einlud. Aber Diana konnte der alten Lady nicht gegenübertreten. Sie fühlte sich immer sehr unbehaglich in ihrer Gegenwart. Sie sagte in der letzten Minute unter dem Vorwand ab, sie hätte Migräne.«

Es schien, als ob nichts das Unausweichliche verhindern könnte. Die Ehe, die der Märchenhochzeit folgte, war so kaputt, daß nichts und niemand sie retten konnte. Prinz Charles selbst suchte Rat und Hilfe bei einem Fachmann. Er suchte Dr. Allan McGlashan, einen berühmten britischen Psychiater, auf. In der schwierigen Zeit besuchte er mindestens einmal pro Woche seine Praxis. Dr. McGlashan habe dem Prinzen sehr geholfen, meint eine Freundin: »Sie sprachen über Dianas Eßstörungen und wie der Prinz am besten damit umgehen könne. Der Prinz glaubt, Dianas Bulimie und ihre tiefverwurzelten Kindheitsprobleme seien schuld an dem Dilemma seiner Ehe.«

Die Queen persönlich versuchte, die Wogen des Sturms zu glätten. Sie rief Diana oft an, um zu versuchen, die Probleme zu lösen. Eines dieser Probleme trat auf, als am 29. März 1992 Dianas geliebter Vater Johnnie Spencer verschied.

Das Paar befand sich auf einer Skireise im österreichischen Lech. Im Jahr zuvor war Charles allein gefahren und wurde heftig kritisiert, weil er Diana und die Jungen nicht mitgenommen hatte. Buckingham Palace hatte angeordnet, daß in diesem Jahr der Öffentlichkeit gegenüber das Bild einer glücklichen Familie aufrechtzuerhalten sei.

Charles und Diana hatten sich ihren Söhnen zuliebe zu diesem Skitrip bereiterklärt. Die Mitteilung, daß Charles seine Familie begleiten würde, veröffentlichte der Palast erst in letzter Minute. Der Prinz hatte geplant, die Woche auf Balmoral zu verbringen – mit Camilla. Aber zwei Tage bevor Diana und die Jungen in das Hotel Arlberg nach Lech flogen, beugte sich Charles dem Wunsch des Palastes und verkündete, daß er mitkommen würde.

Privat sprach das Paar kaum miteinander. Charles flog getrennt von seiner Familie nach Lech und begrüßte seine Söhne öffentlich vor dem Hotel. Später wurde enthüllt, daß Diana von diesem Fototermin verbannt worden war.

Ein Kenner des Palastes sagte: »Der Prinz war nicht verrückt danach, mit den Jungen zusammen fotografiert zu werden, aber auf Anweisung seiner Berater willigte er ein. Sie sagten ihm, daß er zur Erhaltung des Publicity-Gleichgewichts etwas unternehmen muß. Er mußte sich in einem positiven Licht zeigen.«

Am folgenden Tag lieferten sich Charles und die Jungen eine Schneeballschlacht, die vom Hotel Schneiderhof aus gut zu beobachten war, wo die meisten Fotografen und Reporter wohnten. Die fröhlichen Schnappschüsse waren am nächsten Tag in vielen Zeitungen zu sehen. Charles, der so lange zugelassen hatte, daß Diana die Medien manipulierte, schlug endlich zurück. Und Diana war fuchsteufelswild.

Als die Nachricht von Lord Spencers Tod kam, packte Diana sofort ihre Koffer. Sie beabsichtigte, nach Hause zu fliegen, und wollte ihren Mann und die Söhne in Österreich lassen. Aber der Palast war unnachgiebig: Es würde einen äußerst nachteiligen Eindruck machen, wenn man glauben müßte, Charles ließe seine Frau in Stunden tiefster Verzweiflung allein.

»Warum machen sie sich Sorgen darum, er könnte mich links liegenlassen?« sagte Diana grimmig. »Er ignoriert mich schon seit Jahren.« Schließlich erreichte sie ein Anruf der Queen von Windsor Castle. Sie rief Diana direkt an und sprach mehr als zwanzig Minuten mit der verärgerten Prinzessin. Am Ende stimmte Diana, wenn auch zögernd, zu, sich den Wünschen ihrer Schwiegermutter zu beugen und Charles zu erlauben, mit ihr zurückzureisen.

Das Paar sprach während des Flugs kein Wort miteinander. Eine Zeugin sagte: »Einmal versuchte Charles seine Hand auf ihren Arm zu legen, aber sie schob sie beiseite.«

Bei der Landung gelang Diana ein neuer PR-Coup. Obwohl sie den Eindruck erweckte, über den Tod ihres Vaters verstört zu sein, verweigerte sie das Angebot ihres Mannes, ihr die Koffer aus der Maschine am RAF Northolt zu tragen. Die folgenden Fotos und Berichte verurteilten den Prinzen dafür, daß er Diana in der dunkelsten Stunde der Trauer ihre Koffer allein hatte schleppen lassen.

Einer von Charles' Beratern sagte dazu: »Das stimmt so einfach nicht. Es war so unfair, was sie an diesem Tag tat. Der Prinz bot ihr an, ihre Koffer zu tragen, aber sie bestand darauf, sie selbst zu schleppen. Es überraschte uns alle, daß Diana selbst an so einem Tag daran dachte, in der Öffentlichkeit Punkte zu erzielen.«

Das Paar reiste zusammen zum Kensington Palace. Später am Abend fuhr Charles nach Highgrove, um Camilla zu sehen. Sie blieben die nächsten achtundvierzig Stunden zusammen.

Ein ehemaliger Diener auf Highgrove berichtet: »Sie kamen kaum aus dem Raum. Der Prinz und Camilla schlossen sich stundenlang zusammen ein. Es ging offensichtlich um etwas Ernstes. Wenn jemand in sein privates Wohnzimmer kam, um etwas zu essen oder zu trinken zu bringen, sprachen sie über Diana und über das Problem, zu dem sie geworden war. Aber beide unterbrachen das Gespräch sofort, wenn der Diener eintrat. Sie haben beide viel zuviel Stil, um in der Öffentlichkeit schmutzige Wäsche zu waschen.«

Am 1. April flog der Prinz in einem roten Helikopter zum Begräbnis nach Northamptonshire. Aber er kehrte noch vor der Krematoriumsfeier zurück. Seine Berater sagten, er hätte wichtige Termine, die er wahrnehmen müsse. In Wirklichkeit verließ er Northamptonshire, um sich mit Camilla zu treffen.

Zu diesem Zeitpunkt nahm Charles die größten Risiken auf sich, um mit der Frau zusammenzusein, die er liebte. Meistens verließ er London Freitag nachmittags in seinem glänzenden Aston Martin. Er nahm die Autobahn M4 bis zur Ausfahrt 7. Auf der Fahrt begleiteten ihn ein Polizeiauto mit zwei Sergeants der königlichen Schutzgarde; sein persönlicher Leibwächter folgte in einem weiteren Fahrzeug.

Der Prinz war überzeugt, seine Sicherheitsleute würden glauben, er verließe die Autobahn, um über kleine Landstraßen nach Highgrove zu fahren; er bat die Begleiter, ihn an der Autobahnausfahrt zu verlassen und allein weiterfahren zu lassen. Aber seine Affäre mit Camilla war allen bekannt, die mit dem Königshaus zu tun hatten.

Ein ehemaliger Berater sagt: »Der Prinz wußte natürlich nie, daß wir mitbekommen hatten, was los war. Er sagte, er wolle den verbleibenden kurzen Weg nach Hause allein machen, und gestattete nur seinem persönlichen Leibwächter, ihn zu begleiten. Der Officer folgte ihm dann bis zu den Toren von Camillas Anwesen und wartete dort. Manchmal eine Stunde, machmal zwei – manchmal saß er die ganze Nacht in seinem Wagen vor Camillas Toren.

Natürlich wußten wir alle, was los war. Wenn der Prinz wegfuhr, sangen wir im Chor: ›Wir wissen, wo du hingehst!‹«

Wenn Charles auf Highgrove blieb, fuhr er in einem Ford, der zum Besitz gehörte, die zwölf Meilen zu Camilla.

Ein Angestellter sagt: »Es war ein ziemlich heruntergekommenes Auto, drinnen von all den Hunden und Maschinen schmutzig, und es stank zum Himmel. Aber Charles benutzte es, weil es ihm Anonymität bot.

Ich erinnere mich, daß ich mit Freunden von Middlewick sprach, und sie sagten mir, das erste Mal, als der Ford erschien, hätten sie ihn abschleppen lassen wollen, weil er so dreckig war. Dann sagte man ihnen, es sei das Auto des Prinzen, was alle sehr überraschte, denn sie waren daran gewöhnt, den Aston Martin vor Mrs. Parker Bowles' Haus parken zu sehen. Aber er nahm lieber den Ford. Oft umschwärmten Reporter beide Landsitze. Ich glaubte, der Prinz dachte, sie würden nie daran denken, einen zweiten Blick auf dieses alte Auto zu werfen, in dem er saß.

Das Auto war so dreckig, daß wir es eines Freitags abends, bevor der Prinz erschien, wuschen. Als er sah, was wir getan hatten, war er darüber nicht sehr glücklich. Er gab Anweisungen, daß der Ford in Zukunft schmutzig bleiben sollte. Er zog ihn so vor, weil er weniger Aufmerksamkeit auf sich lenkte – oder auf ihn. Aber alle wußten, was vor sich ging.

Es war für jeden, der auch nur im entferntesten etwas mit der königlichen Familie zu tun hatte, ein offenes Geheimnis, daß die Ehe von Charles und Diana vorbei war.

Und es war ein offenes Geheimnis, daß Charles sehr in Camilla verliebt war. Man brauchte nur auf seinen Augenausdruck zu achten, wenn er mit ihr zusammen war, um zu erkennen, wie verrückt er nach ihr war.

Nur das britische Volk wußte es nicht. Aber es war nur eine Frage der Zeit, bis es dahinterkommen sollte.«

Zwischen Teufel und Beelzebub

Bereits im November 1989 verlangte Prinzessin Diana zum erstenmal die Trennung. Sie hatte genug davon, eine »Lüge zu leben«, wie sie später Freunden erzählte. Sie stellte Charles in seinem Arbeitszimmer zur Rede und sagte, sie wolle aus der Ehe aussteigen.

Er tat ihre Forderungen als »lächerlich« ab und entgegnete: »Es kommt überhaupt nicht in Frage, daß entweder ich, meine Familie oder der Palast einer Trennung zustimmen. Wenn du mich unerträglich findest, mußt du mich nicht mehr sehen. Aber die Ehe bleibt erhalten. Ich werde nie in eine Scheidung einwilligen.«

Denn Charles wußte, daß, egal, wie schlecht die Ehe war, jede Trennung eine konstitutionelle Krise heraufbeschwören würde, eine Krise von denselben Ausmaßen wie die, die die Monarchie vor ungefähr fünfzig Jahren erschütterte, als sein Großonkel Edward VIII. der Krone zugunsten seiner großen Liebe entsagte.

Die königliche Familie würde nicht zulassen, daß sich die Geschichte auf solch verdammenswerte Weise wiederholt. Das House of Windsor hatte eine Krise überlebt – es würde keine weitere überstehen.

Edward VIII. wurde nach dem Tod seines Vaters George V. im Januar 1936 König. Innerhalb von zwölf Monaten hatte er den größten Skandal der britischen

Geschichte heraufbeschworen und wurde für den Rest seines Lebens ins Exil verbannt – alles wegen der Liebe zu einer Frau.

Die Ähnlichkeit zwischen Edward und Mrs. Simpson und Charles und Camilla ist fast gespenstisch. Beide Affären gingen über Jahre. In beide waren starke Frauen verwickelt. Beide Affären blieben den Augen der Öffentlichkeit jahrelang verborgen – während in aristokratischen Kreisen offen darüber geklatscht und diskutiert wurde. Und beide verursachten einen Skandal, der die Monarchie in ihren Grundfesten erschütterte, als sie der Öffentlichkeit bekannt wurden.

Die erste Affäre endete damit, daß der Monarch zurücktreten und den Rest seines Lebens im selbstauferlegten Exil verbringen mußte mit der Frau, die er liebte, die aber nie akzeptiert oder in den königlichen Kreis aufgenommen wurde. In die andere Affäre war eine Frau verwickelt, die von der königlichen Familie voller Wärme aufgenommen worden war – der aber nie erlaubt werden würde, den Mann zu heiraten, den sie liebte.

Die Geschichte durfte sich nicht wiederholen.

Die Affäre zwischen Edward VIII. und Wallis Simpson begann 1931, als beide zu einer Einführungsfeierlichkeit bei »Grande Dame« Thelma, Viscountess Furness eingeladen wurden. Ein königlicher Beobachter beschrieb es so: »Wallis hatte sofort ein Auge auf Edward geworfen. Sie wußte, was sie wollte, und es war der Hauptgewinn. Niemand konnte sie aufhalten.«

Als Partnerin des zukünftigen Königs war sie völlig unpassend. Sie war von ihrem ersten Ehemann, dem U.S.-Seeoffizier Earl Winfield Spencer, geschieden und lebte von ihrem zweiten Ehemann, Ernest Simpson, getrennt, als sie Edward traf.

Vom ersten Moment an war Edward von ihr fasziniert. In seinem Tagebuch schrieb er kurz nach dem Beginn ihrer Affäre im Juni 1931: »Sie ist die interessanteste, faszinierendste, unberechenbarste Kreatur, die ich jemals getroffen habe. Ich fürchte, es ist um mich geschehen ...«

Die Ähnlichkeiten zwischen Wallis und Camilla sind geradezu unheimlich. Beide sind keine Schönheiten im klassischen Sinn, aber beide haben ein natürliches Wesen, das die Herzen der Männer gefangennahm. Wallis war stark und selbstbewußt, genau wie Camilla. Freunde berichten, daß Wallis »immer irgendeinen Satz wußte, der die dunklen Wolken von Edwards Depressionen vertreiben und ihm das Gefühl geben konnte, daß er geliebt sei« – die gleichen Eigenschaften, die auch Charles an Camilla so anziehend findet. Beide wurden als grundsolide, glaubwürdig und treu beschrieben.

Auch zwischen Charles und seinem Großonkel bestehen Ähnlichkeiten. Beide wuchsen nach einer einsamen Kindheit voll Sehnsucht nach Zärtlichkeit zu sensiblen Männern heran.

Edward erzählte seiner früheren Geliebten Freda Dudley Ward: »In meiner Kindheit habe ich keine Liebe erfahren. Es gab Bedienstete, die mich zu mögen schienen, aber ich glaubte immer, das sei so, weil ich der Thronfolger war. Von meinen Eltern habe ich keine Zärtlichkeit erfahren.«

Charles sagte auch: »Als ich aufwuchs, habe ich nie den Trost einer liebevollen Familienumgebung kennengelernt. Meine Kindermädchen schienen mich zwar zu lieben, aber ich wußte nie, ob sie es meinetwegen taten.«

Wie Camilla avancierte Wallis bald zur »akzeptierten« Geliebten. Sie spielte Gastgeberin auf Edwards Privatsitz Fort Belvedere bei Ascot. Sie saß am Kopfende des Tisches und nannte Edward vor allen Leuten »mein Junge«.

Obwohl die Londoner Gesellschaft von nichts anderem als von Edwards »ungebührlicher« Affäre sprach, wußte die englische Öffentlichkeit nichts über den sich anbahnenden Skandal. Die britische Presse bemühte sich, die Affäre nicht zu erwähnen – und ließ die Bombe einen Tag vor der Abdankung platzen.

Die britische Öffentlichkeit fühlte sich betrogen und hereingelegt, als sie die unfaßbare Wahrheit erfuhr. Der damalige Herausgeber einer Zeitung sagte: »Die Presse hatte ihnen Sand in die Augen gestreut. Die amerikanischen und europäischen Zeitungen hatten bereits seit Jahren immer wieder über die Affäre von Edward und Wallis Simpson geschrieben. Aber die britische Öffentlichkeit wußte nichts darüber. Als sie herausfand, daß sie betrogen worden war, gab es einen enormen Aufschrei. Edward war sehr beliebt. Der Aufruhr, der seiner Abdankung folgte, war beispiellos.«

Edward und Wallis besuchten in aller Öffentlichkeit gemeinsam Parties in London; sie war exklusiv nach der neuesten Mode gekleidet und über und über mit Juwelen geschmückt. Wie Camilla und Charles ein halbes Jahrhundert später, schienen sie die konstante Kritik an ihrer Beziehung zu ignorieren, die in ihren Kreisen erhoben wurde.

Edwards Mutter, Königin Mary, bat ihren Sohn, zum Wohl des Vaterlandes »dieser Frau zu entsagen – und zum Wohl der Krone«. Wie Charles viele Jahre später antwortete Edward: »Ich kann es nicht, Mama. Ich liebe diese Frau.«

Im September 1935 machten Edward und Wallis in Europa Urlaub. Dort faßte Edward den Entschluß, der Krone zu entsagen. Er wurde von Premierminister Stanley Baldwin und von seiner eigenen Familie bedrängt, seine Meinung zu ändern – aber sein Entschluß stand fest. »Ich kann nicht ohne die Frau leben, die ich liebe«, wiederholte er immer wieder.

Im England der dreißiger Jahre, das sich auch noch einem Krieg stellen mußte, war die Vorstellung einer zweimal geschiedenen Amerikanerin als Königin auf dem Thron undenkbar. Die Krise zog sich mehrere Monate hin. Endlich wurde eine Entscheidung getroffen. Am 10. Dezember 1936 unterschrieb Edward die Abdankungsurkunde, und George VI., der Vater der heutigen Queen, wurde als neuer König inthronisiert.

In einer äußerst emotionalen Radioansprache gab Edward am nächsten Tag die wahren Gründe bekannt, warum er das Land und die Krone in diese Krise gestürzt hatte. Er sagte: »Es ist mir ohne die Unterstützung und die Hilfe der Frau, die ich liebe, unmöglich, die schwere Last der Verantwortung zu tragen und meine Pflichten als König so zu erfüllen, wie ich es gern getan hätte.«

Zwei Tage später ging Edward nach Frankreich ins Exil. Am 3. Juni 1937 heiratete er Wallis auf dem Château le Cande, ihrem neuen Anwesen bei Paris. Die königliche Familie erlaubte ihnen den Titel des Duke und der Duchess of Windsor zu tragen, aber sie verweigerte Wallis ihren sehnlichsten Wunsch – die Ehre, als Ihre Königliche Hoheit angesprochen zu werden.

Erst nach seinem Tod am 28. Mai 1972 wurde der Duke of Windsor wieder von seiner Familie aufgenommen. Die Queen arrangierte, daß seine Leiche nach London überführt wurde. Auf dem Friedhof von Frogmore im Windsor Great Park wurde er beigesetzt. Wallis verbrachte ihren Lebensabend in Frankreich. Als sie am 2. April 1986 starb, wurden auch ihre sterblichen Überreste nach Frogmore geflogen und neben dem Mann beerdigt, der den höchsten Preis für ihre Liebe gezahlt hatte. Auf ihrem schlichten Grabstein steht die Inschrift: »Wallis: Duchess of Windsor, 1896–1986«. Selbst im Tod verweigerte ihr die königliche Familie, was sie sich so gewünscht hatte: die Buchstaben HRM.

Der jetzigen königlichen Familie hatte die Abdankungskrise immer als abschreckendes Beispiel dafür gedient, wie Egoismus und Schwäche eines Mannes dem House of Windsor gefährlich werden konnten. Die Königinmutter verabscheute Wallis als Verursacherin einer Zwangslage, die ihren »geliebten Bertie« auf den Thron brachte, wofür sie ihn aufgrund seines schlechten Gesundheitszustandes und seiner nervösen Disposition für ungeeignet hielt. Als er mit nur vierundfünfzig Jahren starb, gab sie »dieser schrecklichen Frau« die Schuld dafür, ihn einer Belastung ausgesetzt zu haben, die seiner ohnehin schwachen Gesundheit den Rest gab. Bis heute nennt die Königinmutter Wallis nie beim Namen. Wenn die Abdankungskrise erwähnt wird, was im königlichen Haushalt sehr selten geschieht, dann ist Mrs. Simpson für sie »diese entsetzliche Frau«.

Als die Krise zwischen Camilla, Charles und Diana nicht mehr zu übersehen war, sagte die Königinmutter kurz angebunden: »Es darf nicht zugelassen werden, daß sich die Geschichte wiederholt. Absolut nicht. Nie, *nie*, NIE!«

Doch 1989 wiederholte sich die Geschichte.

Charles erzählte Freunden, er fühle sich von einer Bemerkung verfolgt, die durch die Zeiten nachhallte:

Sir Alan Lascalles, ein Berater von Edward VIII., hatte auf dem Höhepunkt der Krise gesagt: »Sir, Sie können den Thron haben oder die Frau. Aber nicht beides.«

Seinem engsten Freundeskreis vertraute Prinz Charles an: »Diese Bemerkung ging mir immerzu im Kopf herum. Ich war in derselben elenden Situation. Und ich wußte nicht, was ich tun sollte.

Ich war gefangen zwischen Teufel und Beelzebub.«

Nachdem Diana zum erstenmal die Trennung gefordert hatte, informierte Charles seine Mutter. Die Queen lud das Ehepaar zu einem privaten Mittagessen im Buckingham Palace ein und bedrängte sie, ihre Ehe auf das richtige Gleis zurückzubringen, zumindest dem Augenschein nach.

Kenner des Palastes sagen, Diana habe aufmerksam zugehört, als die Queen betonte, wie wichtig es sei, »zum Wohl der Krone der Öffentlichkeit den Eindruck tadellosen Verhaltens zu vermitteln«. Am Ende der Zusammenkunft sagte Diana ruhig: »Ich kenne meine Pflichten.« Aber während sie nach außen hin der Queen recht gab, plante sie heimlich ihre Flucht.

Dianas Wut wuchs, als Camilla im Juni 1992, während die Spekulationen um den Zustand von Dianas' und Charles' Ehe einen neuen Höhepunkt erreicht hatten, zum Queen's-Polo-Cup-Spiel am Smith's Lawn in Windsor Park eingeladen wurde. Camilla war persönlicher Gast der Queen und wurde von Ihrer Majestät in der königlichen Loge warmherzig begrüßt.

Mit dem für sie typischen Humor trug Camilla einen »Prince of Wales«-Zweiteiler, ein kariertes Kostüm.

Ein anderer Gast meinte: »Camilla sagte, es sei ihr einziges sauberes Kleidungsstück, aber die Ironie war uns allen bewußt. Camilla hatte schon immer einen sehr trockenen Humor. Die Prinzessin von Wales war außer sich vor Wut.«

Es war eine Demonstration der Queen, daß sie auf Camillas Seite stand – und eine öffentliche Zurücksetzung Dianas. Der Wind hatte gedreht und blies Diana ins Gesicht.

Lady Colin Campbell sagt: »Diana wußte, daß sie etwas so Zerstörerisches brauchte, das ihr die Macht geben würde, von der königlichen Familie alles zu bekommen, was sie verlangte. Sie wurde eindeutig geächtet und wußte, daß sie eine starke Keule brauchte.

Sie wußte auch, daß niemand aus dem königlichen Kreis irgend etwas tun würde, was die Krone gefährden könnte.

Sie schwindelte einem Sicherheitsberater vor, sie wolle ihre Ehe mit dem Prinzen retten, brauche aber Beweise für seine Affäre mit Camilla. Die Idee war, so sagte sie, Charles und Camilla abzuhören und ihn damit zu zwingen, daß er seine Geliebte aufgab. Natürlich diente dieser Plan nur dazu, Charles in die Falle laufen zu lassen und ihn mit dem Tonbandmaterial gefügig zu machen, alle ihre Forderungen zu erfüllen.«

Der Sicherheitsbeamte ließ eine Wanze an Charles' tragbarem Telefon anschließen.

Das berühmt-berüchtigte »Camillagate«-Gespräch wurde am 17. Dezember 1989 aufgenommen. Das Gespräch, das in diesem Buch ausführlich wiedergegeben wird, war genau die Bombe, die Diana brauchte.

Sie veranlaßte, daß das Gespräch wiederholt über die Leitungen von tragbaren Telefonen gesendet wurde. Es war ein unverfrorener Akt von Hochverrat, der später entsetzlich nach hinten losgehen sollte. Das Gespräch wurde tatsächlich mitgehört und aufgenommen. Aber es blieb zwei Jahre in privatem Besitz und wurde nicht veröffentlicht.

Diana brach ihr Versprechen, das Tonband zur Rettung ihrer Ehe zu benutzen. In Wirklichkeit sabotierte sie genau das bißchen, das von ihrer Ehe noch übriggeblieben war.

Einige Tage später suchte Diana ihren Mann wieder auf.

Ein Vertrauter des Prinzen berichtet: »Sie ging eiskalt in sein Büro und sagte: ›Mir wurde dieses Tonband zugeschickt. Es beweist, daß du eine Affäre mit Camilla hast. Ich verlange die Trennung – und zwar sofort.‹ Charles sagte ihr, er habe sie schon vor einigen Wochen wissen lassen, daß eine Scheidung des Prinzen und der Prinzessin von Wales ›undenkbar‹ sei. Er weigerte sich, auf ihre Bedingungen einzugehen. Er machte sich über ihre Drohungen lustig und bezeichnete sie als ›wirre Ausgeburt einer kranken Seele‹.«

Aber obwohl der Prinz überzeugt war, daß ihm seine Frau den Bluff abnehmen würde, informierte er seinen Privatsekretär und andere enge Berater. Sie nahmen die Nachricht über das Tonband sehr viel ernster als er. Denn sie waren überzeugt, daß Diana, instabil und verärgert, wie sie war, vor nichts zurückschrecken würde, um ihren Krieg zu gewinnen – einen Krieg nicht nur gegen ihren Mann, sondern gegen die ganze königliche Familie.

Sie entschlossen sich, Feuer mit Feuer zu bekämpfen.

Sie wußten alles über Dianas außereheliche Verbindungen. Zu diesem Zeitpunkt war allgemein bekannt, daß sie eng mit dem Gebrauchtwagenhändler James Gilbey befreundet war.

Als Diana nach Sandringham kam, wo sie Weihnachten verbringen wollte, hatte sie keine Ahnung, daß das Telefon in ihrem Schlafzimmer mit einer Wanze versehen worden war.

Der Palast mußte nicht lange warten: Am Silvesterabend sorgten Diana und James für die berüchtigten »Squidgey«-Tonbänder.

Telefonsex

Es war eine Bombe, die dem Mythos der »perfekten Prinzessin« mit einem Donnerschlag den Garaus machte.

»Und, Darling, was gab es heute sonst noch für Tiefpunkte?« fragt James Gilbey.

Unverkennbar antwortet die Prinzessin von Wales: »Beim Mittagessen fühlte ich mich schrecklich. Und ich habe beinahe angefangen zu heulen. Ich war wirklich traurig und fühlte mich ganz leer, und ich dachte: Verdammt nochmal, nach allem, was ich für diese verdammte Familie getan habe.«

Die »Squidgey«-Tonbänder hatten länger als zwei Jahre im Safe der *Sun* gelegen. Die sensationellen Aufnahmen waren dem Amateurfunker Cyril Reenan in Abingdon an Silvester 1990 gelungen. Eine 900 Pfund teure Satellitenschüssel auf dem Dach seines Hauses hatte das Gespräch aufgefangen, das heimlich von Prinz Charles' Beratern aufgenommen und ausgesendet worden war.

Reenan, ein wohlbeleumundeter pensionierter Bankangestellter, erkannte den Wert und die Bedeutung des Gesprächs sofort und händigte die Tonbänder der *Sun* aus. Die Zeitung wußte, daß sie damit eine Zeitbombe besaß, die das Märchenimage jener Frau zerstören würde, die regelmäßig von ihren Lesern zum beliebtesten Mitglied der königlichen Familie gewählt wurde.

Während der dreiundzwanzigminütigen Unterhaltung nennt Gilbey Diana dreiundfünfzigmal »Darling« und vierzehnmal »Squidgey«, was in etwa »Pummelchen« bedeutet. Sie bewundert ihn und haucht ihm Küsse zu. Sie sprechen über Masturbation und die Angst vor einer ungewollten Schwangerschaft.

In dem denkwürdigen Dialog sagt Gilbey: »O Squidgey, ich liebe dich, liebe dich, liebe dich, liebe dich«, worauf sie erwidert: »Du bist der netteste Mensch auf der ganzen weiten Welt.«

Tatsächlich hatte die *Sun* 1990 zehn Tage nach Erhalt der »Squidgey«-Tonbänder einen Reporter zu Gilbeys Wohnung nach Lennox Gardens nahe Kensington Palace geschickt. Als ihn der Reporter direkt auf die »Squidgey«-Bänder ansprach und einige der verwendeten Sätze zitierte, wurde Gilbey kreideweiß und starrte den Reporter mit offenem Mund an.

»Er stand nur fassungslos da«, sagt eine Zeugin. »Er wußte, daß alles aufgeflogen war. Er sagte kein einziges Wort. Als er sich etwas gesammelt hatte, rannte er zu seinem Auto und fuhr in rasendem Tempo davon. Kein Zweifel, er wußte, daß wir ihn in flagranti erwischt hatten.« Bis zum heutigen Tag verweigert Gilbey standhaft jeden Kommentar zu den Tonbändern.

Es wurde damals beschlossen, die Tonbänder zu diesem Zeitpunkt nicht zu veröffentlichen, denn, wie ein Verantwortlicher der Zeitung sagte: »Wir wußten, daß die Tonbänder dem Ansehen der Prinzessin und der königlichen Familie enormen Schaden zufügen konnten. Und dazu waren wir nicht bereit. Wir hatten die Bänder prüfen und uns die Authentizität bestätigen lassen, haben sie aber nicht veröffentlicht. Um ehrlich zu ein: Wir fragten uns, ob sie wohl jemals publik gemacht werden konnten. Sie haben viel zerstörerisches Potential. Der Gedanke, daß die Prinzessin von Wales mit einem anderen Mann als ihrem Gatten so intime Dinge besprechen konnte, mit einem Mann, der ständig flüstert, daß er sie liebt, und der so vertraut mit ihr ist, daß er sie ›Squidgey‹ nennt, war wie eine Bombe, die Dianas Ruf für immer zerstören konnte.«

Im Sommer 1992 hatte die königliche Familie aber offenbar vor, sich selbst zu zerstören. Prinzessin Anne war geschieden und hatte eine neue Liebesaffäre mit Commander Timothy Laurence. Fergie lebte von Andrew getrennt, und die berüchtigten »Zehensauger«-Fotos von ihr und ihrem Finanzberater Johnny Bryon in Südfrankreich waren gerade durch alle Zeitungen gegeistert. Prinz Edward seinerseits machte Schlagzeilen, indem er mit: »Ich bin nicht schwul« auf eine Frage antwortete, die gar nicht gestellt worden war. Die Ehe von Charles und Diana war offensichtlich eine Farce – und beide Parteien versorgten die Fleet Street mit Informationen über die jeweils andere. Diana hatte öffentlich mit dem Autor Andrew Morton für sein Buch *Diana – ihre wahre Geschichte* zusammengearbeitet und ihm über ihre unglückliche Ehe berichtet.

Die »Squidgeygate«-Tonbänder, die zwei Jahre zuvor als zu sexy für eine Veröffentlichung beurteilt wurden, schienen jetzt dazu geeignet, denn sie dokumentierten das ganze Ausmaß der Ehekrise. Es zeigte auch die Doppelmoral der königlichen Berater. Jahrelang hatte die Presse bereits gewußt, daß die Ehe am Ende war. Doch jahrelang hatte der Palast dementiert, daß auch nur eine Spur Disharmonie vorhanden sei. Es war fast schon lachhaft.

Alle im königlichen Kreis wußten, daß Diana und Charles getrennt lebten. Die Fleet Street wußte, daß die Ehe am Ende war. Dianas Freunde riefen jede Woche an, um über neue Greueltaten des Prinzen zu berichten. Und trotzdem veröffentlichte der Palast beharrlich Presseerklärungen, um den Mythos dieser Ehe aufrechtzuerhalten.

Tatsächlich hatte das Paar seit mehr als fünf Jahren nicht mehr zusammen geschlafen. Sie sprachen kein Wort miteinander, es sei denn im Streit. Es war eine Scheinehe – und die Öffentlichkeit hatte das Recht, darüber informiert zu werden.

Am 24. August 1992 entschloß sich die *Sun*, den Inhalt der »Squidgey«-Tonbänder wörtlich wiederzugeben. Auch die amerikanische Zeitung *National Enquirer* wollte das vollständige Transskript abdrucken.

Diesmal wurde die Öffentlichkeit nicht hinters Licht geführt. Vier Millionen Leser erfuhren: »Mein Leben ist eine Folter. ›Dianagate‹-Tonbänder des Liebestelefonats enthüllten Ehemisere.«

Das Band war aufgenommen worden, als Diana 1989 nach dem Weihnachtsfest allein in ihrem Schlafzimmer auf Sandringham war. Nach einem, wie es hieß, »unendlich langweiligen« Weihnachtsfest mit der königlichen Familie fühlte sie sich einsam. Gilbey saß in seinem Auto auf einem Parkplatz in Oxfordshire – und sprach von seinem Mobiltelefon aus mit der Nummer 0860 354 661.

Diana sagte später, die Veröffentlichung der Tonbänder sei eine große Erleichterung für sie gewesen, weil zum erstenmal das ganze Ausmaß der Abscheu, die sie gegen ihren Ehemann hegte, und das Scheitern ihrer Ehe publik gemacht wurde. Gegenüber einer Freundin äußerte sie: »Mir wurde eine schwere Last von der Schulter genommen. Zum erstenmal erfuhren alle, durch welche Hölle ich gegangen bin. Ich hatte von der Existenz der Bänder seit zwei Jahren gewußt. Sie waren wie ein Damoklesschwert, das die ganze Zeit über meinem Kopf hing. Als sie veröffentlicht wurden, war es ein Alptraum, aber auch eine große Erleichterung.«

Prinz Charles war wütend. Er fand die Veröffentlichung des Gesprächs der Prinzessin mit ihrem Bewunderer, voller Andeutungen und ordinärer Anspielungen, für die königliche Familie unendlich peinlich. Die Frage, ob Diana je mit Gilbey geschlafen hat, wird unter ihren Freunden immer noch heiß diskutiert. Die meisten sind der Meinung, daß diese Beziehung nie über ausgiebiges Petting hinausging. Dennoch weisen einige Stellen des Tonbandes darauf hin, daß sie doch intimer miteinander waren. Auf dem Band kann man hören, wie Diana sagt: »Ich will nicht schwanger werden.

Gilbey: »Darling, es wird nichts passieren. Du wirst nicht schwanger.«

Diana: »Yeah.«

Gilbey: »Es wird nichts passieren. Du wirst nicht schwanger.«

Diana: »Ich habe mir heute ›Eastenders‹ angeschaut. Eine der Hauptdarstellerinnen hatte ein Baby. Sie dachten, es sei von ihrem Ehemann. Es war aber von einem anderen.«

Gilbey: »Squidgey, küß mich. Gott, dieses Gefühl ist so wundervoll, nicht wahr? Liebst du es nicht auch?«

Diana: »Ich liebe es. Ich liebe es. Hatte ich noch nie. Ich habe es noch nie zuvor erlebt.«

Gilbey: »Darling, es ist so wundervoll, daß ich dir dabei helfen kann.«

Diana: »Tust du wirklich. Du wirst nie erfahren, wie sehr.«

Gilbey: »O doch, Darling. Ich fühle mich dir so nahe, so von dir umgeben. Ich umhülle dich, schütze dich.«

Diana: »Ja, bitte ... ja, bitte ...«

Ein Teil des Gesprächs wurde von der *Sun* ausgelassen. Man hielt es für zu persönlich und intim, um es in einer Familienzeitung abzudrucken.

Gilbey sagt: »Darling, hm, es ist so, hm, wie ...«

»An sich herumspielen?«

»Was? Nein, mache ich nicht«, sagt Gilbey.

»Ich sagte, es ist so, als ob ... als ob.«

»An sich herumspielen ...«

»Ja.«

Gilbey: »Nicht ganz so gut. Nein, ich habe nicht an mir herumgefummelt. Ganze achtundvierzig Stunden lang nicht. Seit achtundvierzig Stunden nicht. Hm, erzähl mir noch etwas ...«

Diana: »Ich auch seit einem Tag nicht.«

Gilbey: »Wirklich nicht?«

Diana: »Einen ganzen Tag lang nicht.«

Einige Beobachter sind überzeugt, daß Diana tatsächlich eine Affäre mit James hatte. Lady Colin Campbell sagt: »Diana erzählt diese Geschichtchen, daß ihre Beziehung mit Gilbey nur ein harmloser Flirt war. Es klingt aber nach mehr, wenn man sich die Tonbänder anhört. Wenn Diana darüber spricht, schwanger zu werden, ist es doch ziemlich klar, daß sie zusammen geschlafen haben.«

Auf den ersten Blick wirkte Gilbey nicht gerade wie ein geeigneter Kandidat. Er leitete die Holbein Motor Company, eine Gebrauchtwagenfirma in Battersea. Die Firma wurde liquidiert, nachdem sie finanzielle Verluste erlitten hatte.

Gilbey kannte Diana noch aus ihrer unbeschwerten Mädchenzeit am Coleherne Court.

Ein Freund von Gilbey sagt: »James hatte immer einen Blick für hübsche Mädchen und wußte, was ihm guttat. Als er Diana in den späten achtziger Jahren auf einer Party wiedertraf, sah er seine Chance gekommen.«

Ihre Freundschaft machte Schlagzeilen, als die Prinzessin im Oktober 1989 dabei fotografiert wurde, wie sie aus Gilbeys Apartment in Lennox Garden kam. Später kam heraus, daß sie ihren Sicherheitsbeauftragten Sergeant David Sharp zwei Stunden zuvor aus dem Tagesdienst entlassen hatte. Gilbey sagte: »Wir haben lediglich Bridge gespielt. Es ist für die Prinzessin nicht einfach, alte Freundschaften aufrechtzuerhalten.«

Er sagte, die Prinzessin war die vierte Person beim Spiel. Aber das war unmöglich. Sie war während des ganzen Abends die einzige Besucherin.

Einige Berater des Prinzen sagen, die unstandesgemäße Freundschaft zwischen Diana und dem Autohändler sei allen im Palast bekannt gewesen.

Einer meint: »Alle fanden es recht amüsant, daß Diana endlich jemanden auf ihrem geistigen Niveau gefunden hatte. Natürlich wußten alle, daß sie einen Flirt mit ihm hatte. Sie trafen sich ständig, und Diana konnte ihren Sicherheitsbeamten nicht entlassen, ohne daß wir davon erfuhren. Das erste, was er dann tat, war, uns im Palast darüber zu informieren, daß Diana unbewacht in der Wohnung dieses Mannes war. Ein zweites Auto wurde ohne ihr Wissen dorthin geschickt. Es stand überhaupt nicht zur Debatte, sie ungeschützt zu lassen. Das wäre ja lächerlich.«

Die wahrscheinlich beunruhigendste Nachricht für den Palast war, daß Gilbey mit Morton für dessen Buch *Diana – ihre wahre Geschichte* kooperierte. Gilbey wurde ausgiebig in dem Buch zitiert und ist für die indiskreteren Geschichten verantwortlich, die Morton über Diana berichtet.

Ein Berater des Königshauses sagt: »Dianas Kontakt mit Gilbey erregte im Palast große Besorgnis, weil er als ungeeigneter Vertrauter der zukünftigen Königin galt. Er bewies das bereits durch seine Kooperation mit Andrew Morton. Selbst die Prinzessin war besorgt darüber, weil einige Geschichten, die er Morton erzählt hatte, übertrieben waren. Zu behaupten, daß der Zwischenfall auf den Treppen von Sandringham ein ernst zu nehmender Selbstmordversuch war, obwohl Diana nur über eine Stufe gestolpert war, war zu dick aufgetragen, um es vorsichtig auszudrücken.« Aber Diana war entschlossen, die Freundschaft fortzusetzen – allen im Palast zum Trotz, die sie vor Gilbey warnten.

Dianas Hauptverbündete in ihrer wachsenden »Freundschaft« mit Gilbey war Mara Berni, die Besitzerin des luxuriösen Restaurants San Lorenzo in Knightsbridge. Mara erlaubte Gilbey, Briefe für Diana bei ihr zu deponieren, die sie dann später diskret der Prinzessin überreichte. Sie überließ Diana und Gilbey Privaträume des Restaurants.

Eine ehemalige Kellnerin sagt: »Sie gingen da hinein, bestellten, und dann durfte niemand außer Mara den Raum betreten. Es war sehr seltsam – sie waren oft stundenlang da drinnen. Kein Laut drang nach außen, außer zuweilen das hohe Kichern der Prinzessin.«

Auf den »Squidgey«-Tonbändern sagt Gilbey: »Darling, das mal einen Moment beiseite, wie geht es Mara?«

Diana: »Ihr geht's gut. Nein, ihr geht es prima. Kann es kaum abwarten, wieder zurückzukommen (aus dem Urlaub).«

Gilbey: »Tatsächlich? Wann kommt sie zurück?«

Diana: »Samstag.«

Später kommt das Gespräch noch einmal auf Mara und eine geplante Verabredung in ihrem Restaurant zurück.

Gilbey: »Ich höre dich so gern lachen. Es macht mich glücklich, wenn du lachst. Weißt du, daß ich glücklich bin, wenn du glücklich bist?«

Diana: »Ich weiß.«

Gilbey: »Und ich weine, wenn du weinst.«

Diana: »Ich weiß. So süß. Wenn wir so weitermachen, brauchen wir das Dinner am Dienstag gar nicht.«

Gilbey: »Nein, ich werde tatsächlich kein Dinner brauchen. Dich zu sehen ist alles, was ich brauche.«

Tatsächlich wußten Charles Freunde alles über die Verbindung zu Mara Berni.

Einer von ihnen sagt: »Natürlich wußte Charles Bescheid. Diana ging ständig ins San Lorenzo, um Gilbey dort zu treffen. Der Prinz hatte nicht vor, sich darüber zu beschweren. Je mehr Zeit Diana woanders verbrachte, desto mehr Freiheit hatte er. Er wollte sie nicht in seiner Nähe haben. Sein einziger Einwand war, daß sie sich für jemanden entschieden hatte, der so offensichtlich aus einer anderen gesellschaftlichen Schicht stammt. Er fand es beschämend, daß sie ausgerechnet mit Gilbey, einem Gebrauchtwagenhändler, flirtete. Es bestätigte ihn nur in der Vermutung, daß sich Diana in jeden verlieben konnte, der etwas amüsant war und ihrem Gejammer zuhörte.«

Dianas Anhänger hingegen glauben nicht, daß die Faszination auf Gegenseitigkeit beruhte. Sie weisen darauf hin, daß James Gilbey ihr seine Liebe erklärt – während sie sich still zurückhält.

Ein Freund von Gilbey sagt: »James stellte Diana auf ein Piedestal. Es ist, als ob man eine dieser Sex-Telefonnummern anruft. Diana war aber anscheinend nie sehr an Sex interessiert. Für sie war die Idee, daß irgendein Kerl auf dem Parkplatz steht und sich bei dem Gedanken an sie aufgeilt, das heißeste. Sie fand es toll, ihn aufzuregen und mit ihm zu flirten.«

Auf einem anderen Stück des Tonbandes spricht Diana über James Hewitt, einen ehemaligen Bewunderer. Sie erzählt, daß sie ein Vermögen ausgegeben habe, um ihn neu einzukleiden.

Gilbey: »Ich mag diese ganz normalen italienischen Dinger, die zwei Jahre halten, und dann schmeiß' ich sie weg. Es ist so eine Art Pflichtübung. Ich habe nach einer Identität gesucht, als ich mir vor zwölf Jahren mein erstes Paar Guccis kaufte.«

Diana: »Du gute Güte!«

Gilbey: »Und ich habe sie noch. Tun immer noch ihren Dienst.«

Diana: »Gut.«

Gilbey: »Ich nehme dich beim Wort, Darling. Ich werde dir etwas Geld geben. Du kannst losgehen und es für mich ausgeben.«

Diana: »Mach ich. Klar.«

Gilbey: »Wirklich?«

Diana: »Ich kenne mich auf dem Gebiet aus.«

Gilbey: »Well, das glaubst du.«

Diana: »Well, ich habe schon diverse Leute ausgestattet.«

Gilbey: »Wen? Nicht so viele, hoffe ich doch.«

Diana: »James Hewitt ... total, habe ihn von Kopf bis Fuß neu eingekleidet. Hat mich eine Menge gekostet, der Mann. Eine ganze Menge.«

Gilbey: »Das kann ich mir vorstellen. Auf deine Kosten?«

Diana: »Ja.«

Gilbey: »Hat er dir nicht einmal Geld dafür gegeben, daß du es machst?«

Diana: »Nein!«

Gilbey: »Was für ein ... sehr extravagant, Diana.«

Diana: »Nun, das bin ich doch, nicht wahr? Alles, um die Menschen glücklich zu machen.«

Gilbey: »Du darfst das nicht aus diesem Grunde tun, Darling, denn du machst die Menschen sowieso glücklich. Allein durch das, was du ihnen gibst ...«

Für eine Person war die Veröffentlichung des Tonbandes ein großer Schock: für Gilbeys langjährige Freundin Lady Alethea Savile. Die Tochter des Earl of Mexborough hatte nicht die leiseste Ahnung von der Beziehung ihres Freundes zu der Prinzessin. Bis zum Tag der Veröffentlichung war sie davon ausgegangen, daß sie Gilbey heiraten würde.

Lady Alethea verweigerte jeglichen Kommentar über den »Betrug« ihres Freundes. Sie sagte nur: »Die ganze Sache macht mich verrückt.« Eine ihrer Freundinnen sagt: »Sie lief Amok. Sie fühlte sich total betrogen. Ob James mit der Prinzessin schlief oder nicht, Tatsache war, daß er es gern getan hätte. Nur einige Tage bevor der Abdruck in der *Sun* erschien, war er mit ihr im Bett, hatte sie geliebt. Im nächsten Moment sieht sie ihn in allen Zeitungen, liest, daß er Telefonsex mit einer anderen Frau hat – und dazu noch mit der Prinzessin von Wales. Alethea war entsetzt. Sie ist eine wundervolle Frau und stammt aus einer guten Familie. Ihre Familie war ohnehin gegen ihre Freundschaft mit Gilbey. Als diese Tonbänder veröffentlicht wurden, wollten die Saviles endgültig nichts mehr mit ihm zu tun haben.

James versuchte, Alethea anzurufen, aber sie weigerte sich, mit ihm zu sprechen. Sie war außer sich. Sie ging fast kaputt daran.«

Alethea schrieb ein Jahr später einen Artikel für die *Daily Mail,* in dem es heißt, daß sie in die Rehabilitationsklinik Sierra Tuscon in Arizona aufgenommen wurde, um dort ihre schweren Depressionen zu kurieren. Alethea gab zu, sie sei nach der Veröffentlichung der Bänder »in Tränen aufgelöst« gewesen, und sie unterzog sich einer Therapie, um ihre Kopfschmerzen und »enorme Niedergeschlagenheit« zu bekämpfen.

Ein enger Freund Aletheas sagt: »Sie konnte mit dem Aufsehen, das erregt wurde, nicht fertig werden. Die

Verfolgung durch die Presse und all die endlosen Spekulationen machten sie verrückt. Alethea hat daraufhin mit James Schluß gemacht.«

Gilbey weigerte sich, über die Tonbänder zu sprechen, und wechselte seinen Job kurz danach, um in der Werbeabteilung von Lotus Formula One in Norfolk zu arbeiten. Ein Bekannter von ihm meint: »Als James zu Lotus kam, stand er noch ganz unter dem Einfluß dieser Ereignisse. Eine Woche lang war er abweisend und verließ sofort den Raum, wenn die Prinzessin erwähnt wurde. Aber nach einer Weile entspannte er sich. Er schien sogar ziemlich stolz auf seine Verbindungen zum Königshaus. Er ist nicht der attraktivste aller Männer, mit etwas Bauch und leichter Glatze. Für sein Ego war es eine wahre Wohltat, daß das attraktivste Mädchen der Welt auf so intime Weise mit ihm gesprochen hatte.«

Enge Freunde erzählen, Diana habe seit Ende 1993 kein Wort mehr mit Gilbey gewechselt.

»Dianagate«, wie die *Sun* die Affäre nannte, machte Diana nur noch stärker darauf bedacht, sich von der königlichen Familie loszusagen.

Sie war entsetzt, als sie von der Existenz eines zweiten Tonbandes erfuhr – das von ihrem Schlafzimmer im Kensington Palace aufgenommen worden war, während sie sich mit einem »wohlgesinnten« Journalisten unterhielt. Das Tonband, das sich noch immer in den Händen von Prinz Charles' Beratern befindet, ist ein endgültiger Beweis, daß Diana nicht nur direkt mit Andrew Morton kooperierte, sondern auch dafür, daß sie ständig die Zeitungen mit rufschädigenden Geschichten über ihren Ehemann »versorgte«.

Auf dem zweiten Tonband diskutiert Diana mit Gilbey über das Buch von Morton. Diana instruiert

Gilbey, »auch weiterhin so gut zu arbeiten«; sie meinte damit, Pro-Diana-Geschichten an die Presse weiterzugeben.

Ein Kenner der Palastszene sagt: »Diana wurde zu diesem Zeitpunkt über die Existenz des zweiten Tonbandes informiert. Es bewies, daß sie mit Morton zusammengearbeitet hatte. Niemand weiß genau, wo sich das Tonband jetzt befindet, aber man kann sicher sein, daß es sorgfältig im Palast aufgehoben wird, und Diana weiß, daß es gegen sie verwendet wird, wenn es die Verantwortlichen so wollen.«

Drei Tage nach der Veröffentlichung der »Squidgey«-Tonbänder erreichte die Krise ihren Höhepunkt.

Diana, die sich mit der königlichen Familie auf Balmoral aufhielt, verlangte wieder einmal die Scheidung. Sie wollte aus ihrer Ehe heraus. Hinter verschlossener Tür fand eine Krisensitzung mit Diana, Charles, der Queen und Prinz Philip statt. Die Queen, die Verständnis für Dianas Wunsch hatte, empfahl, daß Diana Prinz Charles im November 1992 auf die geplante Koreareise begleiten sollte. Alles andere würde nur Öl ins Feuer gießen. Diana stimmte zu. Die Queen schlug Charles und Diana eine dreimonatige »Erholungspause« vor, um in aller Ruhe über die Zukunft nachzudenken.

Es wurde auch über die Möglichkeit einer informellen Trennung diskutiert. Prinz Philip erklärte, die Möglichkeit einer offiziellen Scheidung komme nicht in Frage. Er sagte, daß Diana im Falle einer Scheidung das Sorgerecht für die beiden Jungen verlieren würde. Weil sie die zweiten und dritten in der Thronfolge seien, würde das Sorgerecht bei der königlichen Familie bleiben. Alles andere sei indiskutabel. Diana wußte, daß es die Familie ernst meinte.

Diana erkannte, daß ihr einziger Vorteil darin lag,

daß sie die Mutter des zukünftigen Königs und des Zweiten in der Rangfolge war. Einem Freund sagte sie: »Nur über meine Leiche können sie mir die Jungen wegnehmen.«

Sie traf eine Übereinkunft. Sie würde bis zum Ende des Jahres nicht am Bestand der Ehe rühren. Sie würde den Prinzen und ihre Söhne im Sommer zu einer Kreuzfahrt auf dem Mittelmeer begleiten und die Koreatour mitmachen. Aber wenn sie nach der Rückkehr immer noch so empfinden würde wie zum jetzigen Zeitpunkt, würde der Palast die Trennung bekanntgeben. Man kam überein, daß Diana ihre Privatgemächer im Kensington Palace behalten dürfe, während der Prinz in den St. James' Palace ziehen würde. Sein Hauptsitz würde auch weiterhin Highgrove bleiben, das Diana sowieso verabscheute.

Charles suchte kurze Zeit später Camilla auf, um ihren Rat für die Renovierung von Highgrove einzuholen. Camilla überwachte die Umdekorierung auf Highgrove. Die Pastelltöne und Blumenmuster aus der Ära Diana wurden verbannt, und Highgrove bekam einen »männlicheren« Stil.

Ein Arbeiter auf dem Besitz sagt: »Es war, als ob der Prinz jede Erinnerung an Diana aus dem Haus verbannen wollte. Camilla beaufsichtigte den Arbeitsprozeß. Sie befand sich die ganze Zeit im Haus, selbst wenn der Prinz nicht anwesend war. Und er war von dem Ergebnis begeistert. Sie hatte alles großartig geplant. Camillas Geschmack hinsichtlich Dekor und Möbel entspricht dem seinen. Das Haus ist viel wohnlicher geworden, ohne all den Chintz und den Schnickschnack aus Dianas Zeiten.«

Die Queen hegte indessen immer noch die Hoffnung, Diana würde die Familie nicht verlassen. Ein königlicher Berater sagt: »Sogar in der Zeit nach der Veröffentlichung der »Squidgey«-Tonbänder tat die Queen alles, um die Ehe und damit die Würde der Monarchie zu retten. Sie hatte immer Verständnis für Diana und hoffte gegen jeden Augenschein, daß Diana bleiben würde. Aber ich glaube, im Herzen wußte sie wohl, daß alles verloren war. Sie wollte es sich bloß noch nicht eingestehen.

Die Queen war mehr als fair gegenüber Diana. Sie war immer verständnisvoll und engagierte sich höchstpersönlich, als die Ehe auseinanderbrach. Sie spricht bis zum heutigen Tag mit Diana. Die beiden haben mehr Kontakt, als die meisten glauben. Von der ganzen Familie ist die Queen diejenige, die alles gegeben hat, um der Prinzessin gegenüber fair und hilfreich zu bleiben.«

Einige Tage später wurde ohne großes Aufsehen im Büro des Prinzen im St. James' Palace ein fahrbarer Kleiderständer mit zahlreichen grauen und schwarzen Säcken aufgestellt. In ihnen befanden sich die Uniformen des Prinzen von Wales, außerdem eine kleine Schachtel mit persönlichen Papieren und Schmuckstücken, wie etwa die Manschettenknopfsammlung des Prinzen. Dazu gehörte auch das Paar mit den beiden ineinander verschlungenen Cs, das er von Camilla als Hochzeitsgeschenk bekommen hatte.

Ein Berater des Palastes sagt: »Es war ein deutliches Zeichen, daß der Prinz von Wales seine Sachen aus dem Kensington Palace entfernte. Die Uniformen und die Schachtel mit der persönlichen Habe wurden später im Auto nach Highgrove gebracht. Einige blieben in seinem neuen Quartier im St. James' Palace.

Es war sehr traurig. Es war, als ob der Prinz auf die Straße geworfen wurde. Wirklich sehr traurig.

Er weigerte sich, die Räume im Kensington Palace zu betreten, wenn Diana dort war. Er wartete, bis sie den Palast verlassen hatte, und ging dann zurück, um weiter zu packen. Er nahm alle seine Briefe, alle seine Tagebücher mit. Er wollte nichts zurücklassen, was Diana finden und gegen ihn benutzen konnte.«

Im Sommer 1992 begleitete Diana ihren Mann auf einer Kreuzfahrt durchs Mittelmeer. Die Luxusyacht gehörte dem griechischen Reeder John Latsis. Die Presse sprach enthusiastisch von »zweiten Flitterwochen« – doch nichts hätte weiter von der Wahrheit entfernt sein können. Das Paar wurde von Prinzessin Alexandra und ihrem Ehemann Sir Angus Ogilvy, Lord und Lady Romsey sowie den Söhnen William und Harry begleitet.

Unglücklicherweise wechselten der Prinz und die Prinzessin kaum ein Wort miteinander. Diana zog es vor, die Mahlzeiten außerhalb der Gruppe einzunehmen. Sie aß zusammen mit den Kindern und schlief in einer kleinen Kabine am anderen Ende des Schiffes, weit von ihrem Mann entfernt.

Eines Tages begegneten sie sich zufällig in der Kombüse. Er ignorierte sie einfach. Er nahm sich ein Glas Milch und verließ den Raum.

In einem aktualisierten Kapitel seines Buchs *Diana – ihre wahre Geschichte* enthüllt Andrew Morton, daß Diana in die Kabine ging, um mit England zu telefonieren. Sie wollte sich über den Zustand ihres an Aids erkrankten Freundes Adrian Ward-Jackson informieren. Sie nahm den Hörer ab und bekam mit, daß ihr Mann ausgiebig mit Camilla sprach.

Morton sagt: »Dies bestätigte erneut Dianas Verdacht, daß ihr Mann eine Affäre mit Camilla hatte – wenn es überhaupt noch einer Bestätigung bedurfte.«

Im Oktober 1992 standen sich Diana und Camilla noch einmal gegenüber. Es war in Westminster Abbey; der Anlaß war eine Gedenkfeier zum fünfzigsten Jahrestag der Schlacht von El Alamein. Camilla trug Schwarz und wurde zur Feier von ihrem Vater Major Bruce Shand begleitet. Sie hatte erwogen, in letzter Minute abzusagen, da sie wußte, daß Diana anwesend und die Presse entsprechend neugierig sein würde. Aber aus Liebe und Ergebenheit zu ihrem Vater nahm sie davon Abstand.

Ein hörbares Raunen ging durch die Abbey, als Camilla eintrat. Sie hielt den Kopf hoch erhoben und ging langsam mit ihrem Vater zu den für sie reservierten Plätzen. Einige Augenblicke später betrat Charles mit Diana das Gebäude. Als sie zur ersten Sitzreihe der Abbey gingen, drehte sich Diana um und starrte Camilla mit eiskalter Miene an.

Ein Zeuge berichtet: »Es war ein Blick, der einen erstarren lassen konnte. Aber Camilla, wie sie eben so ist, tat, was sie immer tat, wenn sich Diana wie ein trotziges Kind benahm: Sie übersah sie einfach.«

Danach wurde Camilla von einer großen Gruppe Fotografen vor die Kirche gedrängt. Sie scherzte später: »Es war wie der berühmte Gang in die Höhle des Löwen. Aber ich glaube, das einzige, was die Fotografen wirklich interessierte, war meine unordentliche Frisur.« Und so war es auch: Die Schlagzeilen brandmarkten Camilla als »Vogelscheuche«, und wiederholt wurde die scheinbar einzig wichtige Frage gestellt: Wie konnte Charles nur die schönste Frau der Welt für ein so durchschnittlich aussehendes Geschöpf verlassen?

Später am Abend rief der Prinz Camilla an, um sich für das kindische Benehmen seiner Frau und für die »Schimpftiraden« der Presse zu entschuldigen. Einem Freund der Familie zufolge antwortete Camilla: »Es hat keinen Zweck, daß du dich entschuldigst, Darling, denn es ist nicht deine Schuld. Ich fürchte, Diana erfreut sich im Moment nicht der besten Gesundheit. Ich weiß, daß die Leute mich als die Hexe in der ganzen Geschichte sehen wollen, aber du kennst die Wahrheit – und nur darauf kommt es mir an. Wenn ich deine Unterstützung habe, kann ich alles ertragen.«

Das Erscheinen von Andrew Mortons Buch und der Vorabdruck in der *Sunday Times* im Sommer 1992 hatten Camilla großen Kummer bereitet, aber Diana schlug immer noch Kapital aus dem Buch, als sich die Wogen bereits wieder geglättet hatten. Nur einige Tage nach der ersten Folge in der *Sunday Times* rief eine vornehme Dame einen Redakteur der *Sun* an und empfahl ihm, Fotografen zum Haus von Carolyn Bartholomew zu schicken, einer Freundin Dianas, die im großen Stil mit Morton für das Buch zusammengearbeitet hatte.

Angegeben wurde auch Bartholomews Geheimadresse in Fulton. Als die Fotografen vor Ort erschienen, begrüßte sie der Anblick Prinzessin Dianas, die gerade Carolyns Haus verließ. Die Damen umarmten sich volle fünf Minuten. Auf diese Art wollte Diana zeigen, daß sie zu dem stand, was in dem Buch gesagt wurde. Die Prinzessin blieb dabei: Sie weigerte sich standhaft, eine Erklärung zu unterzeichnen, daß sie nicht mit dem Autor des Buches kooperiert hätte. Sie lehnte es auch ab, sich vom Inhalt des Buches oder von ihren Freunden, die einen Beitrag dazu geleistet hatten, zu distanzieren.

Prinz Charles war über diesen unverhohlenen Verrat entsetzt. Später sagte er zu Camilla: »Von heute an werde ich nie wieder verzeihen oder vergessen, was sie getan hat.«

Er blies sofort zum »Gegenangriff«.

Mehrere »positive« Artikel über den Prinzen erschienen. Penny Junor, eine gute Bekannte und Mitglied seines Freundeskreises, seit sie eine Biographie über ihn verfaßt hatte, schrieb einen Artikel für die Zeitung *Today*. Die Schlagzeile lautete: »Charles: Seine wahre Geschichte«.

Im Mittelpunkt stand die Enttäuschung über seine Ehe und das Verhalten seiner Frau. Junor schreibt: »Es ist an der Zeit, die Dinge ins rechte Licht zu rücken. Der Prinz hat durch das Schweigen lange genug gelitten.«

Sie fügte hinzu: »Es ist ein Wunder nötig, um diese Ehe zu retten. Ich fürchte allerdings, daß ihr schon zuviel Schaden zugefügt wurde. Als Thronerbe wird Charles eines Tages der ›Defender of the Faith‹ sein. Einer der Grundsteine des anglikanischen Glaubens ist der Glaube an die Heiligkeit der Ehe. Charles hat erkennen müssen, daß es mit seinem Glauben und seiner Position unvereinbar ist, in einer Ehe voller Lügen zu leben.

Man muß hinzufügen, daß es für die Zerrüttung der Ehe nur einen Grund gibt: Dianas Krankheit. Gebe es Aussicht auf Heilung, wäre Charles sicher bereit, gemeinsam mit ihr den Schaden, den die Ehe erlitten hat, zu reparieren.

Das Problem ist, daß Diana sehr krank ist. Der Öffentlichkeit erscheint sie als wundervolle Prinzessin, charmant und schön. Aber die Frau, mit der Charles lebt, ist eine ganz andere. Sie schreit und brüllt, ist voller Haß und ungerecht ihm gegenüber.«

Während Charles' Berater versuchten, den Schaden zu begrenzen, wurde Camillas Leben zur Hölle. Reporter kampierten vor ihrem Haus. Sie nahm stark ab und wurde Kettenraucherin.

Eine enge Vertraute sagt: »Camilla machte viel durch. Aber sie dachte keine Sekunde daran, ihren Standpunkt publik zu machen. Wie immer blieb sie loyal. Sie war den schlimmsten Anfeindungen ausgesetzt. Sie wurde als Schuldige gebrandmarkt und mit jedem erdenklichen Schimpfnamen versehen. Zum Schluß verließ sie das Haus und ging zu einer Freundin, bei der sie einige Wochen verbrachte. Sie kam mit dem ganzen Theater einfach nicht mehr klar. Ich bin sicher, daß Camilla liebend gern die ganze Sache ins rechte Licht gerückt hätte. Aber sie schwieg würdevoll.

Trotzdem blieb sie in engem Kontakt mit dem Prinzen. Während des ganzen Skandals, den Mortons Buch ausgelöst hatte, blieb Camilla dem Prinzen eine unbeirrbare Freundin. Und immer bewies sie, daß sie etwas hatte, was der Prinzessin von Wales eindeutig fehlte: echte Klasse.«

In Camillas Familie heißt es: »Sie glaubt an das alte Sprichwort: ›Schweigen ist Gold‹. Wenn man sich anhört, was Dianas Freunde gesagt haben, könnte man glauben, Camilla sei die böse Hexe, die der Märchenprinzessin den Prinzen gestohlen hat.

Doch so war es nicht. Der Prinz war es, der sich weigerte, Camilla aufzugeben. Sie ist tatsächlich die einzige Frau, die er je geliebt hat und jemals lieben wird. Man darf nicht ihr die Schuld geben. Die Ehe war von Anfang an eine Katastrophe. Der einzige Mensch, der dem Prinzen die Kraft geben konnte, die ganze Misere durchzustehen, war Camilla.

Nach Mortons Buch, sogar nach den ›Squidgey‹-Tapes, war Camilla immer für ihn da. Er wußte, daß er in Camilla einen echten Freund hatte.«

Die viertägige Reise des Prinzen und der Prinzessin von Wales nach Südkorea im November 1992 wurde eine einzige Katastrophe. Die Reise war von Peter Westmacott, dem Privatsekretär des Prinzen, zwei Monate zuvor geplant worden – aber nicht einmal er wußte bis zweiundsiebzig Stunden vor dem Abflug, ob Diana Charles tatsächlich begleiten würde.

Ein Mitglied des Palastes sagt: »Es war das reine Chaos. Alles war unklar. Niemand wußte, was geschehen würde. Diana drohte noch drei Tage vor der Reise, daß sie nicht mitkommen würde.« Das Paar stritt sich während des Fluges entsetzlich und wechselte nach der Landung kein Wort mehr.

Am Vorabend der Reise hatte Diana eine Presseerklärung veröffentlichen lassen, die dem Gerücht entgegentrat, sie hätte sich mit der Queen entzweit, die aber auch die beredte Aussage enthielt, es gebe »Schwierigkeiten« in ihrer Ehe.

Die Hoffnungen des Palastes, es könnte eine »Liebesreise« werden, zerschlugen sich bald. Der Prinz und die Prinzessin konnten es kaum ertragen, sich anzuschauen. Bei gemeinsamen Auftritten machte ihre Körpersprache dem Rest der Welt unmißverständlich klar, wie sehr sie sich gegenseitig verachteten und haßten. Sie standen absichtlich so weit wie möglich voneinander entfernt. Diana verdrehte häufig die Augen, wenn ihr Mann öffentlich sprach. Sie wandte ihm die Schulter zu, wenn sie gezwungen war, neben ihm zu stehen oder zu sitzen.

Ein Freund von Diana sagt: »Sie war offensichtlich unglücklich, daß sie dort sein mußte. Sie fühlte sich gezwungen, ihren Teil der Abmachung zu erfüllen, die sie mit der Queen getroffen hatte. Sie wußte von Anfang an, daß es ein Fehler war. Charles zu sehen machte sie schon verrückt. Und zu wissen, daß er zurückgehen und stehenden Fußes bei Camilla anrufen würde, brachte sie nur noch mehr auf.«

Ein Beobachter berichtet: »Sie hielten sich so weit wie möglich voneinander entfernt. Nicht einmal Blicke warfen sie sich zu.«

Doch wann immer sie während der Reise getrennt voneinander waren, entspannten sie sich merklich. Diana wurde dann wieder zur fröhlichen Prinzessin, und auch der Prinz heiterte sichtlich auf. Aber sowie sie wieder zusammen waren, herrschte feindliches Schweigen, und die Gesichter wurden länger.

In England erschien die Schlagzeile »Die Trauerklöße«. Als sie im Auto zum Staatsempfang fuhren, schauten beide ernst und grimmig drein. Absichtlich blickten sie in entgegengesetzte Richtungen und wandten sich voneinander ab. Dann sprach der Prinz zu seiner Frau die einzigen Worte, die man die nächsten vier Tage hören sollte: »Du steigst auf dieser Seite aus«, sagte er, als das Auto seinen Bestimmungsort erreicht hatte.

Die diplomatische Mission der beiden königlichen Botschafter Englands war zu einer grausamen, unbeholfenen Farce geworden. Ein Zeuge sagte: »Es war wie der Krieg der Rosen. Sie hatten jeder sein Lager und seine eigenen Auftritte. Wenn sie zusammen waren, konnte man die Luft mit dem Messer schneiden. Es war schrecklich. Die koreanischen Gastgeber verstanden gar nicht, was los war. Sie hatten ein Märchenpaar erwartet, aber was sie bekamen, war *Nightmare on Elm Street*.«

In dem verzweifelten Versuch, zu retten, was zu retten war, rief Westmacott James Whitaker zu sich. Er erklärte dem königlichen Berichterstatter, der Prinz und die Prinzessin seien »entnervt« über das Verhalten der Presseleute, deren fortgesetzte Aufdringlichkeiten sie als Eingriff in ihr Privatleben empfanden.

Whitaker antwortete: »Soll das vielleicht heißen, daß das eine glückliche Ehe ist?«

Westmacott erwiderte: »Nein. Ich sage nur, daß das Verhalten der Presse unfair und übertrieben ist.«

Diese Geschichte kam sofort in die Abendnachrichten – war es doch das erste Mal, daß ein offizieller Sprecher des Buckingham Palace zugegeben hatte, daß sich die Ehe in Schwierigkeiten befand. Das Paar flog nicht einmal zusammen nach England. Diana kehrte allein nach London zurück, während Charles nach Hongkong weiterreiste.

Ein Berater sagt: »Der Prinz wußte genau, daß die Koreareise eine Katastrophe war. Er sagte einmal zu mir: ›Diana ist unmöglich. Sie gibt sich nicht einmal mehr Mühe, den Schein zu wahren. Und ehrlich gesagt, ich kann mich nicht darum länger kümmern. Wenn es so sein muß, muß es eben so sein. Ich will verflucht sein, wenn ich mich noch länger mit dieser Frau abgebe.‹«

Kurz nach ihrer Rückkehr sagte Diana einer Freundin, sie hätte versehentlich im Hotelzimmer den Telefonhörer abgenommen und ein zärtliches Gutenachtgespräch mit Camilla mitangehört. Das Resümee: »Es ist alles vorbei. Ich will aus dieser verdammten Familie raus, und es ist mir egal, was für ein Nachspiel das hat.«

Am 15. November 1992 feierte Prinz Charles seinen vierundvierzigsten Geburtstag. Seine Frau schrieb ihm nicht einmal eine Glückwunschkarte, von einem Geschenk ganz zu schweigen. Camilla gratulierte ihm telefonisch. Das Gespräch dauerte länger als eine Stunde.

Vierundzwanzig Tage später, am 9. Dezember, tat der Palast in dürren Worten kund: Der Prinz und die Prinzessin von Wales geben ihre offizielle Trennung bekannt.

Endlich vorbei

Premierminister John Major gab schließlich bekannt, was alle Welt längst erwartet hatte.

Am 9. Dezember 1992 verkündete er im Sitzungssaal des Unterhauses: »Buckingham Palace gibt mit Bedauern bekannt, daß der Prinz und die Prinzessin von Wales beschlossen haben, sich zu trennen. Ihre Königlichen Hoheiten haben nicht die Absicht, sich scheiden zu lassen, und ihre verfassungsmäßige Stellung ist davon nicht betroffen. Diese Entscheidung ist in gütlichem Einvernehmen getroffen worden, und beide werden sich gleichermaßen um die Erziehung ihrer Kinder kümmern. Ihre Königlichen Hoheiten werden weiterhin in vollem Maße ihren diversen öffentlichen Verpflichtungen nachkommen und auch von Zeit zu Zeit bei familiären Anlässen oder nationalen Ereignissen zusammen erscheinen. Die Königin und der Herzog von Edinburgh sind zwar betrübt, jedoch voller Verständnis und Anteilnahme für die Schwierigkeiten, die zu dieser Entscheidung geführt haben. Ihre Majestät und Seine Königliche Hoheit haben nun vornehmlich die Hoffnung, daß das Eindringen in die Privatsphäre des Prinzen und der Prinzessin endlich ein Ende hat.

Sie sind der Meinung, daß ein gewisser Grad von Intimsphäre und Verständnis unbedingt erforderlich ist, wenn Ihre Königlichen Hoheiten in der Lage sein sollen, ein glückliches und sicheres Aufwachsen ihrer Kinder zu gewährleisten, während sie weiterhin mit aufrichtigem Engagement ihre öffentlichen Verpflichtungen erfüllen.«

Diana hatte der Königlichen Familie diese Verlautbarung abgetrotzt. Einige Tage nach ihrer Rückkehr von der katastrophalen Südkoreareise suchte sie den Rechtsanwalt Paul Butner von der Kanzlei Wright, Son and Pepper in London auf. Butner hat sich nie über dieses Treffen geäußert, aber es ist bekannt, daß Diana ihn gebeten hatte, mit Sir Matthew Farrer, dem Anwalt der Königin, ein Trennungsarrangement auszuarbeiten.

Dann wies sie ihren Anwalt an, darauf zu bestehen, daß der Premierminister die Trennung bekanntgab. Dazu ein Angestellter des Königshofes: »Zu diesem Zeitpunkt war es allen klar, daß jedweder Versuch, die Risse in der Ehe zu übertünchen, vergeblich sein würde. Daher gestattete der Palast der Prinzessin, die ersten Schritte auf eine Trennung hin zu unternehmen. Aber bestürzt war man, als sie verlangte, der Premierminister solle die Ankündigung übernehmen. Diana versuchte wieder einmal zu demonstrieren, wieviel Macht sie hatte. Bis zum Schluß spielte sie die Primadonna.«

Als der Palast ihr Verlangen anfänglich ablehnte, zog sie das As aus dem Ärmel. Am 12. Dezember sollte die Hochzeit von Prinzessin Anne und Commander Timothy Laurence stattfinden. Eine schmollende Diana drohte damit, die Trennung an diesem Tag selbst bekanntzugeben; damit hätte sie das bißchen positive Publicity eingeheimst, das sich der Palast von Prinzessin Annes glücklicher Hochzeit erhoffte.

Die Königin war wütend – gab aber nach. Sie war entschlossen, dafür zu sorgen, daß niemand, und ganz bestimmt nicht die Prinzessin von Wales, Anne ihren großen Tag kaputtmachte. Sie sagte gegenüber einer engen Vertrauten: »Ich denke, wir müssen diesem lästigen Mädchen wieder seinen Willen lassen. Ich lasse nicht zu, daß Annes großer Tag ruiniert wird. Geben Sie dem Premierminister die entsprechenden Anweisungen.«

Am Tag der Bekanntgabe sollte sich Premierminister Major mit anderen Staatsoberhäuptern der Europäischen Union in Schottland treffen. Aber als Reaktion auf einen Anruf der Königin ließ er seine Pläne fallen und flog am Abend vorher nach London. Und so wurde die Trennung im Unterhaus verkündet, genau wie Diana es verlangt hatte.

Dazu Lady Colin Campbell: »Der Palast war konsterniert, daß man wieder einmal den Launen dieser eigensinnigen jungen Frau hatte nachgeben müssen. Das hinterließ einen sehr unangenehmen Nachgeschmack.

In höfischen Kreisen wurde Diana nun ganz offen als Außenseiterin angesehen. Was sie in diesen letzten Monaten des Jahres 1992 getan hatte, hatte nun endgültig die Krise der Monarchie bewirkt, die jedermann zu vermeiden gesucht hatte. Ihre Handlungsweise wurde als schändlich und abstoßend betrachtet. Von dem Tag an wurde sie aus dem Kreis der Königlichen Familie effektiv ausgeschlossen. In der Öffentlichkeit wurde ihr als Mutter des zukünftigen Königs von den anderen Mitgliedern des königlichen Haushalts natürlich ein gewisses Maß an Höflichkeit entgegengebracht. Aber persönlich war sie eine sozial Geächtete. Sie hatte ihre Seite im Stich gelassen, und die Königin war nicht amüsiert.«

Camilla für ihren Teil weigerte sich, die Trennung zu kommentieren, und sagte loyal: »Ich möchte mich nicht dazu äußern. Wenn etwas schiefgelaufen ist, tun mir die beiden natürlich sehr leid.«

Ihr Ehemann meinte: »Wie jeden macht mich das, was passiert ist, sehr traurig.«

Kurze Zeit nach der offiziellen Bekanntgabe setzte der Palast Diana darüber in Kenntnis, daß William und Harry Weihnachten mit ihrem Vater und dem Rest der königlichen Familie in Sandringham verbringen würden. Diana versuchte, dagegen Einspruch zu erheben, aber ihre Einwände trafen auf taube Ohren. Sie verbrachte ein, wie sie es später nannte, »einsames und tränenreiches« Weihnachtsfest mit ihrem Bruder Earl Spencer auf dem Landsitz Althorp.

Zu ihren Freunden sagte sie bitter: »Sie haben mir über Weihnachten die Jungen weggenommen. Ich versuche mich zur Wehr zu setzen, aber ich bin des Kämpfens müde. Es scheint, als könne ich nichts mehr tun. Wenn ich mich zu sehr beklage, nehmen sie mir die Jungen weg. Und die Jungen sind alles, was ich jetzt noch habe.«

Langsam wurde Diana bewußt, daß sie zwar die Schlacht um die Zerstörung ihrer Ehe und die Zerstörung des Ansehens des zukünftigen Königs gewonnen hatte – daß sie aber dabei war, den Krieg zu verlieren.

Sechsunddreißig Tage später brach mit der Kraft eines Wirbelsturms der »Camillagate«-Skandal los.

Der Skandal

»Deine größte Leistung ist es, daß du mich liebst«, sagt er.

»O Liebling, es fällt mir leichter, als vom Stuhl zu fallen«, erwidert sie.

»Du mußt all diese Demütigungen und Qualen und Verleumdungen ertragen.«

»Liebling, sei nicht so dumm. Für dich würde ich alles ertragen. Das ist Liebe. Die Kraft der Liebe. Nacht, mein Schatz.« Das »Camillagate«-Band wurde am 13. Januar 1993 veröffentlicht und enthüllt zum erstenmal das volle Ausmaß der Gefühle zwischen Prinz Charles und der Frau, die fast ein Vierteljahrhundert seine Geliebte war.

Dieser »Gute-Nacht-Anruf« fand am 18. Dezember 1989 gegen ein Uhr morgens statt; Charles hielt sich im Haus einer alten Freundin auf, bei Anne, der Duchess of Winchester. Er rief von seinem Mobiltelefon aus an. Camilla war auf ihrem Landsitz in Wiltshire allein im Bett. Ihr Gatte weilte in London.

Sie und Charles sprachen mit der freimütigen Offenheit von Liebenden, die sich sicher wähnen, daß die intimen Einzelheiten ihrer Unterhaltung an kein fremdes Ohr dringen. Sie konnten nicht ahnen, daß ihr sechs Minuten und 1574 Wörter langes Gespräch von einer versteckten Wanze aufgenommen wurde und daß es sie mehr als drei Jahre später heimsuchen und zu einem für die Neuzeit beispiellosen Skandal führen würde.

Die Affäre, die Prinz Charles mehr als zwei Jahrzehnte geleugnet und zu verheimlichen versucht hatte, sollte nun rund um den Globus bekannt werden.

Tatsächlich hatte die Transskription der Bänder schon seit Monaten bei der *Sun* und auch beim *Daily Mirror* in der Schublade gelegen; im November 1992 waren in beiden Zeitungen Artikel erschienen, in denen die Existenz der Bänder erwähnt wurde. Andrew Knight – ehemals leitender Geschäftsführer von News International, der Agentur, der die *Sun* gehört – hatte schon im Juli 1992 einen Artikel im Magazin *Spectator* geschrieben und behauptet, daß die Zeitung »höchst belastendes Material« über die königliche Familie in Wapping im Safe eingeschlossen habe. Dazu gehörten das »Squidgey«-Band von Diana und das »Camillagate«-Band. Wieder entschied sich die britische Presse dafür, das Material nicht als erste zu veröffentlichen; der »Camillagate«-Skandal wurde am anderen Ende der Welt ausgelöst. Das auflagenstarke australische Magazin *New Idea* tat kund, daß es in den Besitz einer Kopie des Bandes gelangt sei und beabsichtige, es zu veröffentlichen – komme, was da wolle.

Prinz Charles hatte ursprünglich in Erwägung gezogen, durch eine gerichtliche Verfügung die Veröffentlichung der Bänder verbieten zu lassen. Ihm war völlig klar, daß sich diese im Besitz der britischen Zeitungen befanden. Nach langen Diskussionen mit seinen Beratern sprach er sich allerdings kategorisch gegen alle juristischen Schritte aus, weil das noch mehr Druck bedeuten würde auf die Person, die ihm wirklich wichtig war – Camilla. Dazu die Aussage eines Freundes: »Als die Bänder schließlich auftauchten, wußte der

Prinz schon seit mindestens sechs Monaten darüber Bescheid. Er kannte ihren Inhalt und wußte, daß sie früher oder später ans Licht kommen würden. Er hatte mehrfach mit Camilla über die Auswirkungen gesprochen. Auch sie wußte Bescheid.

Charles war überzeugt, mit der Situation klarkommen zu können. Wenn er versucht hätte, die Veröffentlichung der Bänder verbieten zu lassen, wäre der Skandal nur noch größer geworden. Die Leute hätten wissen wollen, was er zu verbergen hatte, und er wäre auf jeden Fall für schuldig befunden worden. Und er wußte auch, daß Camilla wieder ins Spiel gebracht würde, wenn er versuchte, gerichtlich vorzugehen. Er wollte alles in seiner Macht Stehende tun, um zu verhindern, daß die Frau, die er liebt, einer solch alptraumartigen Nervenzerreißprobe ausgesetzt werde.

Er wußte, daß er am Ende eines sehr kurzen Sprungbretts stand, sobald die Zeitungen das Band hatten. Blieb nur die Frage, wie lange er dort stehenbleiben müßte, bevor er zum Sprung gezwungen würde.

Aber ich denke, daß nicht einmal er sich völlig darüber im klaren war, wie stark die Reaktion ausfallen würde. Ich vermute, er glaubte insgeheim, daß die Öffentlichkeit nach den ›Squidgey‹-Bändern nicht so schockiert sein würde über das Gespräch zwischen ihm und Camilla. Aber natürlich war sie schockiert.«

Die Nachrichtenagenturen Reuters und Associated Press hatten schon Auszüge aus dem Inhalt der Bänder ins Ausland gekabelt. Der britischen Presse blieb keine andere Wahl, als sie zu drucken.

Der Mittwoch des 13. Januar 1993 sollte von nun an in königlichen Kreisen »Schwarzer Mittwoch« genannt werden.

Prinz Charles wurde an diesem Morgen um halb

sieben von Sir Robert Fellowes, dem Privatsekretär der Königin, telefonisch geweckt. Fellowes, der Ehemann von Dianas Schwester Lady Jane Spencer, war schon lange einer der engsten Freunde des Prinzen. Nach dem Skandal von »Squidgeygate« und dem Buch von Andrew Morton hatte er sämtliche Verbindungen zu seiner Schwägerin abgebrochen. Als hundertprozentiger Royalist betrachtete er Diana als »Verräterin«.

Charles besuchte gerade die Shetlandinseln. Fellowes rief also den Prinzen an und teilte ihm mit, daß die »Camillagate«-Bänder veröffentlicht worden seien. Die Reaktion des Prinzen war schlicht und hilflos: »O Gott.« Der nächste, der anrief, war der Privatsekretär des Prinzen, Commander Richard Aylard. Er vereinbarte noch für denselben Tag ein Treffen mit dem Prinzen, »um über Schadensbegrenzung zu sprechen«. Das, was jetzt nottat, als Schadensbegrenzung zu bezeichnen, war allerdings eine Untertreibung. Die Bänder waren so intim, so persönlich und so peinlich, daß der Prinz später einem königlichen Berater anvertraute: »Ich mußte meine ganze Kraft aufbieten, um an diesem Tag zum Frühstück hinunterzugehen – ich konnte nicht einmal dem Hauspersonal gegenübertreten. Der Gedanke, meiner Familie zu begegnen, erfüllte mich mit Grauen.«

Sein erster Gedanke war natürlich, Camilla anzurufen und sie vorzuwarnen. Sie wußte schon Bescheid. Ihr Haus wurde seit Tagesanbruch von Reportern und Fotografen belagert. Ein Reporter der *Sun* hatte ihr die Nachricht von den Bändern überbracht, als sie am frühen Morgen aus dem Haus gekommen war. Als erstes sagte sie: »Mein Gott, ich kann's nicht glauben! Ich muß mit meinem Mann sprechen.« Sie verschwand wieder im Haus und legte den Telefonhörer neben die Gabel.

Der Prinz konnte sie deshalb nicht erreichen, als er gegen sieben Uhr an diesem Morgen wiederholt versuchte, sie anzurufen und auf den drohenden Skandal vorzubereiten.

Die unverhohlene Leidenschaft der Unterhaltung zwischen dem Prinzen und seiner Geliebten verblüffte alle. Wie ein Adjutant es ausdrückte: »Es war umwerfend, die Tiefe der Leidenschaft zu spüren, die da zum Ausdruck kam. Jeder, der dem Prinzen nahestand, wußte, daß er und Camilla ihre romantische Verbindung vor ein paar Jahren wiederaufgenommen hatten. Das Paar kennt sich schließlich seit beinahe zwanzig Jahren, aber sie unterhielten sich mit der Leidenschaft von Jungvermählten. Das hat uns alle total überrascht. Es bewies, daß sie viel tiefer in diese Beziehung verstrickt waren, als man vermutet hätte.

Man würde große Schwierigkeiten haben, Eheleute zu finden, die sich so lange kennen und einander immer noch mit einer derart glühenden Leidenschaft zugetan sind.

Sie sprechen ohne jede Befangenheit oder Verlegenheit. Sie haben keine Skrupel, auf äußerst intime Weise miteinander zu reden.«

Während des ganzen Gesprächs ist die Sprache farbig, intim und – voller Verlangen.

Camilla: »Mmmm, du bist wahnsinnig gut darin, dich einzufühlen.«

Charles: »Ach, hör auf! Ich will mich in dich einfühlen, über deinen ganzen Körper, rauf und runter, rein und raus ...«

Camilla: »Oh!«

Charles: »Besonders rein und raus ...«

Camilla: »Ach, das ist genau das, was ich jetzt brauchen könnte.«

Charles: »Tatsächlich?«

Camilla: »Es würde mich wieder aufleben lassen. Einen Sonntagabend ohne dich kann ich kaum aushalten.«

Charles: »O Gott.«

Camilla: »Ist wie das Fernsehprogramm ›Start the Week‹. Ich kann die Woche ohne dich nicht beginnen.«

Charles: »Ich tank dich auf!«

Camilla: »Ja, das tust du.«

Charles: »Dann wirst du mit allem fertig.«

Camilla: »Dann geht's mir gut.«

Charles: »Und ich? Das Problem ist, daß ich dich ein paarmal in der Woche brauche.«

Camilla: »Mmmm. Ich auch. Ich brauche dich die ganze Woche, immer.«

Charles: »O Gott, ich möchte am liebsten in deinem Höschen leben oder so. Dann wäre alles so viel einfacher!«

Camilla (lachend): »In was willst du dich denn verwandeln? Ein Höschen? Oh, willst du als ein Höschen wiedergeboren werden?«

Charles: »Oder, da sei Gott vor, ein Tampax. Bei meinem Glück!«

Camilla: »Du bist vielleicht ein Quatschkopf! Aber was für eine herrliche Idee.«

Charles: »Von wegen, ins Klo geschmissen zu werden und dann nicht unterzugehen, sondern immer oben rumzuwirbeln!«

Camilla: »O Liebling!«

Charles: »... bis der nächste das Klo benutzt!«

Camilla: »Oder du könntest ja als Packung wiederkommen.«

Charles: »Was für 'ne Packung?«

Camilla: »Na, 'ne Packung Tampax, dann könntest du immer weiterleben ... O Liebling, ich will dich jetzt.«

Charles: »Ja?«

Camilla: »Mmmm.«

Charles: »Ich auch.«

Camilla: »Unbedingt, unbedingt, unbedingt!«

Das Paar spricht über ein Treffen im Haus eines verläßlichen Freundes. Camilla bezieht sich auf ihren Mann als »es«.

Ein Teil der Unterhaltung dreht sich um ihre Versuche, sich zu treffen. Sie sprechen über den »Krankenwagenstreik«, eine erbitterte Auseinandersetzung, die schon seit sechs Monaten im Gange war. Camillas Ehemann Andrew Parker Bowles spielte dabei insofern eine Schlüsselrolle, als er dafür sorgte, daß ersatzweise Armeekrankenwagen eingesetzt wurden. Charles und Camilla wünschen sich, daß die Auseinandersetzungen andauern, damit sie sich treffen können. Heimlich.

Charles: »Wann kann ich dich wieder sprechen?«

Camilla: »Ich halt's nicht aus. Ehm ...«

Charles: »Mittwoch abend?«

Camilla: »O sicher, Mittwoch abend. Ich bin allein, ehm, Mittwoch, weißt du, abends. Oder Dienstag. Während du rumhetzt und was tust, weißt du, bin ich allein, bis *es* wieder auftaucht. Und früh am Mittwoch morgen. Also, er geht so um halb-, dreiviertel neun aus dem Haus. Am Donnerstag ist er nicht zu Hause, hoffentlich. Ehm, dieser Krankenwagenstreik, also ich weiß, es ist schrecklich, so was zu sagen, aber der ist doch vielleicht am Donnerstag noch nicht zu Ende?«

Charles: »Ich denke doch.«

Camilla: »Also, ich meine, ich hoffe natürlich fürs Allgemeinwohl, daß er vorbei ist, aber für unser Wohl hoffe ich, daß er noch weitergeht.«

Charles: »Warum?«

Camilla: »Na ja, weil er Donnerstag nach Hause kommt, wenn der Streik beendet ist.«

Charles (stöhnend): »O nein.«

Camilla bietet ihm nicht nur eine leidenschaftliche körperliche Beziehung, sondern auch ihre mütterliche Unterstützung. Sie bittet ihn um das Manuskript einer Rede, die er gerade geschrieben hat und die sie gerne lesen möchte.

Charles: »Ich muß schon wieder am nächsten Vortrag arbeiten.«

Camilla: »Was denn nun schon wieder?«

Charles: »Ein ziemlich wichtiger für Mittwoch.«

Camilla: »Na, wenigstens stehe ich hinter dir.«

Charles: »Ich weiß.«

Camilla: »Kann ich eine Kopie von dem haben, den du gerade gehalten hast?«

Charles: »Natürlich.«

Das Paar spricht sehnsüchtig darüber, »wie wundervoll« es wäre, »nur eine Nacht zusammen zu haben«.

Camilla schlägt einige »sichere Häuser« vor, in denen sie sich treffen könnten. Nach so langjähriger Intimität haben sie immer noch nicht die Freiheit, sich zu treffen und ihre Liebe zueinander offen zu zeigen. Aber beide stimmen darin überein, daß sie ein Leben ohne regelmäßige Treffen nicht ertragen könnten.

Als sie schließlich das Gespräch beenden, sagt Charles, er will auflegen, indem er »auf die Titte drückt«, auf den Knopf seines Mobiltelefons. Camilla erwidert: »Ich wünschte, du würdest meine jetzt wirklich drücken.«

Eine enge Freundin Camillas sagt: »Das Gespräch ist schockierend offen, und ihre Nähe läßt sich nicht leugnen. Sie bestätigt ihn während des ganzen Gesprächs und sagt ihm, wie sehr sie ihn liebt. Daß sie immer für ihn dasein wird. Sie versichert ihm wieder und wieder, wie sehr er geliebt wird und wie klug er ist.

Wenn der Prinz zu Camilla sagt, es sei ihre größte

Leistung, daß sie ihn liebt, hält man ihn dabei nicht für arrogant, sondern spürt, wie unendlich dankbar er ist, ihrer Liebe würdig zu sein.

Die Tatsache, daß Camilla gern seinen Vortrag lesen möchte, beweist, daß ihr wirklich an seiner Arbeit liegt und sie sich für alle Aspekte seines täglichen Lebens interessiert. Sie unterstützt ihn in allen Bereichen.

Eine Menge Leute verachteten Camilla, aber jeder, der ihr und dem Prinzen nahesteht, weiß, welch unschätzbare Quelle der Kraft sie für ihn ist. Außer Camilla hat er niemanden, mit dem er frei sprechen kann. Und natürlich betet er sie an.

Jeder, der Camilla kennt, betet sie an. Sie ist gescheit, sehr komisch und macht einem nichts vor: Sie ist schon fast zu loyal, und wenn sie dein Freund ist, weißt du, daß du einen Freund fürs Leben hast. Camilla ist diejenige, die wir alle anrufen, wenn wir einen soliden Rat brauchen. Aber sie selbst belastet niemanden mit ihren Problemen; das ist nicht ihr Stil. Sie ist sehr stark und selbstsicher als Frau. Zu dem ganzen Skandal hatte sie die Einstellung, daß sie selbst die Wahrheit kannte, daß alle, die sie liebte, die Wahrheit kannten, und nur darum ging es ihr.«

Innerhalb der nächsten vierundzwanzig Stunden brachten dreiundfünfzig Zeitungen der ganzen Welt »Camillagate« auf den Titelseiten. Fernsehstationen von Japan bis Südafrika, von Amerika bis Australien nahmen sich ebenfalls der Sache an.

Der Spott, der der Veröffentlichung der »Camillagate«-Bänder folgte, war für den Prinzen beinahe unerträglich. Geschlagen kehrte er zum Sitz der Queen in Sandringham zurück.

»Wie ist es möglich, daß alles so schnell schiefgelaufen ist?« Diese Frage stellte er seinem loyalen Privatsekretär Richard Aylard wieder und wieder.

Wie aus seinem engsten Kreis zu hören war, zog er ernsthaft in Erwägung, Großbritannien zu verlassen, dem Thron zu entsagen und in sein geliebtes Italien zu flüchten. Ein Freund sagte: »Es hat ihn total fertiggemacht. Der Spott war überwältigend. In Italien nannte man ihn Prinz Tampacchino, den ›kleinen Tampaxprinzen‹. In Geschäften überall in England und Amerika fragten die Mädchen nach ›Charlies‹ statt nach Tampons.

Natürlich kamen all diese Geschichten dem Prinzen zu Ohren, und er war untröstlich. Er hatte das Gefühl, er habe sich selbst verraten, die Königin und vor allem sein Land.

Er sprach allen Ernstes davon, nach Florenz zu gehen. Er war drauf und dran zu verschwinden. Er hat immer absolut an sein Schicksal geglaubt. Aber dieses eine Mal, wenn auch nur für eine kurze Zeit, fragte er sich, ob seine Zukunft so verlaufen sollte, wie es vorherbestimmt war. Er war desillusioniert und hatte die Nase gestrichen voll. Er war so deprimiert, wie keiner ihn je zuvor erlebt hatte.«

Der Prinz ließ sogar seine Räume im St. James' Palace und jeden einzelnen Raum in Highgrove auf Wanzen durchsuchen. Es wurden keine gefunden – aber es war sowieso zu spät: Sein Ruf hatte bereits einen nicht wiedergutzumachenden Schaden erlitten. Der Prinz begann Schlaftabletten zu nehmen, um nachts etwas Ruhe zu finden. Ein Freund sagte: »Er schlief nur ein bis zwei Stunden pro Nacht. Er war total fertig. Schließlich verordnete ihm der Arzt ein mildes Schlafmittel. Monatelang lächelte er fast nie; er bot einen elenden, bemitleidenswerten Anblick. Stundenlang schloß er sich ein. Oft sah man ihn mit rotgeweinten Augen.«

Ein anderer enger Freund, der ihn über einen Monat nach Veröffentlichung der Bänder bei einer Dinnerparty sah, sagte: »Den ganzen Abend war er kurz davor zu weinen. Er versuchte, über das, was er gerade durchmachte, zu sprechen, und es war klar, daß er zutiefst unglücklich war. Ärgerlich wurde er nur, wenn er über Diana sprach. Er war der Meinung, und ist es bis heute, daß er sich in der Anfangszeit sehr darum bemüht hat, eine gute Ehe zu führen. Er hätte auch weiter an der Ehe festgehalten, sogar als schon klar war, daß sie nicht klappte. Diana mit ihren Problemen war für die Schwierigkeiten verantwortlich. Sie war es, die die Trennung erzwungen hat. Sie war es, die sich in den Kopf gesetzt hatte, auszubrechen. Er sagte mehrfach, daß er das alles nicht gewollt habe und daß er ›den ganzen verdammten Schlamassel‹ nicht begreifen könne. Er war wirklich völlig durcheinander und traurig. Einige von uns haben sich wegen seiner Depression ernstlich Sorgen gemacht. Er war so verletzlich, er fühlte sich so allein, daß in diesem Stadium alles möglich schien.

Er machte sogar eine beiläufige Bemerkung über Selbstmord. Er sagte: ›Vielleicht würden alle es vorziehen, wenn ich unter der Erde wäre. Was sie dann wohl tun würden?‹

Er lachte gezwungen, als er das sagte. Es sollte ein Scherz sein. Aber unter uns waren wir doch sehr besorgt um ihn. Er war so deprimiert wie nie zuvor. Sein ganzes Leben lang hatte er dafür gekämpft, ernst genommen zu werden. Und jetzt hatte er mit einem nicht einmal zehnminütigen Telefongespräch Jahre harter Arbeit zunichte gemacht. Alle lachten über ihn – alle außer Camilla. In seinen schlimmsten Stunden wandte er sich wieder an sie. Sie tröstete ihn und bot ihm eine starke Schulter zum Anlehnen. Beständig stand sie ihm mit Ratschlägen zur Seite. Sie ermutigte ihn, sich erhobenen Hauptes dem Kampf zu stellen.«

Das Paar telefonierte mindestens einmal täglich, manchmal zwei oder drei Stunden lang.

Die Königinmutter war sehr um das Wohlergehen ihres Lieblingsenkels besorgt. Ein königlicher Berater berichtet: »Die Königinmutter weiß, wie tief die Windsor-Männer in ihrer Verzweiflung versinken können. Schließlich hatte sie mitansehen müssen, daß sich Edward VIII., der frühere Prinz von Wales, wegen Wallis Simpson immer tiefer ins Unglück manövrierte. Und sie wußte auch, daß Charles immer unter Anfällen von tiefer Melancholie gelitten hatte. Sie befürchtete, daß sich die Geschichte wiederholen könnte.«

In den Wochen nach »Camillagate« rief die Königinmutter ihren Enkel fast täglich an, und Anfang April lud sie ihn zum Mittagessen auf Clarence House ein. Sie wollte, daß Charles ihr alles über seinen Besuch beim greisen Duke of Windsor erzählte, den er kurz vor dessen traurigem und einsamem Tod in seinem Exil in Frankreich aufgesucht hatte.

Sie beendete das Gespräch mit den Worten: »Du hast eine Verpflichtung, Charles. Du hast eine Verpflichtung deinem Land gegenüber. Denk daran, was damals geschehen ist.«

Charles sagte später: »Das war ein kluger Schachzug. Sie wußte, wie sehr mich das Treffen mit meinem Großonkel betroffen gemacht hatte. Über jene Situation zu sprechen half mir, meine Lage wieder richtig einzuordnen. Ich wußte, daß ich mich am Riemen reißen und weitermachen mußte, komme, was da wolle. Die Geschichte durfte sich nicht wiederholen.«

»Sie ist eine Meisterin im Rückenstärken«, bemerkte später lächelnd eine Hofdame der Königinmutter. »Es dauerte zwar eine Weile, bis Charles das akzeptieren konnte, aber sie machte ihm klar, daß er der Krone verpflichtet war, egal wie grimmig und trübe alles aussah.

Er fühlte sich jetzt zwar sehr schlecht, konnte aber die Krise in Stärke ummünzen. Er hatte seine Lektion erteilt bekommen, und nun sollte er das Gelernte verwenden, um neu anzufangen – und er sollte nach vorn schauen.«

Prinz Philip war nicht so verständnisvoll. Als er die »Camillagate«-Auszüge in den Zeitungen las, explodierte er.

»Nun weiß das ganze Land, wen du vögelst!« schrie er seinen Sohn an. »Daß du die Frau seit Jahren vögelst, stört mich weniger – aber daß du so blöd warst, dich erwischen zu lassen. Was, zum Teufel, wirst du als nächstes anstellen?«

Charles saß schweigend und mit steinernem Gesicht da, als sein Vater ihn derart beschimpfte. Ohne ein Wort zu sagen, verließ er den Raum und ging nach oben.

Ein Höfling meinte dazu: »Er fühlte sich von seinem Vater im Stich gelassen. Das eine Mal, als Charles wirklich seines väterlichen Rats bedurfte, hat Prinz Philip nur getobt und ihn angeschrien. Von dem Tag an ging es mit ihrer Beziehung noch weiter bergab.«

Nach der Veröffentlichung der Bänder kam Camillas Welt total durcheinander. Sie wurde in Middlewick belagert, während Andrew in London war. Allerdings sei, so ein enger Freund, ihre Ehe durch die Veröffentlichung der Bänder nie ernsthaft bedroht gewesen.

Der Freund sagte: »Camilla und Andrew wußten immer, woran sie miteinander waren. Die Veröffentlichung der Bänder bedeutete für diese Ehe überhaupt nichts. Seit Monaten schon hatte Camilla gewußt, daß sich die Bänder im Besitz der Medien befanden. Sie hatte nicht nur Kraft gesammelt, um sich für eine eventuelle Veröffentlichung zu wappnen, sondern hatte auch ihren Mann vorgewarnt.

Uneingeweihte fingen an zu spekulieren, ob sich Andrew nun scheiden lassen würde. Aber selbst wenn er es gewollt hätte, hätte er es nicht getan. Für Andrew hatte die Loyalität der Krone gegenüber immer die oberste Priorität. Er empfand ein tiefverwurzeltes Pflichtgefühl. Und er würde auf keinen Fall etwas tun, was die Monarchie in Verlegenheit bringen könnte.

Als die Bänder ans Licht der Öffentlichkeit kamen, war seine erste Reaktion, nach Wiltshire zu eilen, seiner Frau beizustehen. Nachdem der Skandal aufgeflogen war, sprach er sogar mindestens zweimal mit dem Prinzen.

Camilla blieb die ganze Zeit über stark. Ihre Nerven waren zwar bis zum äußersten gespannt, aber im Gegensatz zum Prinzen ist sie nicht der Typ, der unter Druck zusammenbricht. Camilla haßte es, im Mittelpunkt der Aufmerksamkeit zu stehen, aber sie ertrug den Druck mit Fassung. Sie ist eine zähe Natur; man darf sie nie unterschätzen.

Die ganze Zeit über bewahrte sie standhaft ihr Schweigen. Sie ließ es zu, daß ihr Name beschmutzt wurde, ohne daß sie sich dazu äußerte, denn sie wußte, anderenfalls würde sie nur noch mehr Öl ins Feuer gießen. Sie umgab sich mit ihren Angehörigen und Freunden und hielt sich bedeckt.

Außer dem Prinzen von Wales hat sie noch ein paar Freunde, denen sie unbedingt vertraut. Ihre Schwester Annabel gab ihr den nötigen Rückhalt und wurde darin auch von ihrem Mann Simon voll unterstützt. Sie hielten zusammen. Camilla versuchte sogar, über die Journalistenmeute vor dem Tor Witze zu machen. Sie verabscheute den ganzen Wirbel, und wie immer war Lachen das Gegenmittel ihrer Wahl. Während dieser ganzen Zerreißprobe zeigte sie eine unglaubliche Charakterstärke.«

Carolyn Benson war an diesem ersten Wochenende Logiergast in Middlewick, und sie meinte: »Wie sich auch alles entwickeln würde, sie wußten jedenfalls, daß ihr Leben nie mehr so sein würde wie früher – Andrew und Camilla saßen in der Falle.«

Ein anderer Freund sagte: »Die Ehe von Andrew und Camilla war in einer Sackgasse gelandet. Sie waren einander immer noch sehr zugeneigt, allerdings auf einer Ebene, die niemand wirklich einschätzen kann. Als ›Camillagate‹ losbrach, stand Andrew zu seiner Frau. Es entsprach nicht seinem Stil, sie in einer Krise im Stich zu lassen. Beide kennen ihre Pflichten.«

Kurze Zeit später zeigte Camilla sogar noch mehr Charakterstärke, als Andrew Parker Bowles fotografiert wurde. Wie er morgens um Viertel vor sieben gerade aus der Londoner Wohnung von Carolyn Benson kam.

Andrew wies jeden Verdacht von sich und sagte einfach: »Natürlich war ich bei Carolyn. Ich war schon bei vielen Leuten in vielen Häusern und habe dort auch übernachtet.«

Zu einem Freund meinte er: »Was sie sagen, macht mich stinksauer. Ich mache das nicht mehr lange mit.«

Carolyn, die Patentante von Camillas Sohn Tom, sagte: »Ich bin mit Andrew *und* Camilla gut befreundet. Ich beabsichtige nicht, diese böswilligen Gerüchte zu nähren, indem ich weitere Kommentare zu diesem Vorfall abgebe.«

Ein Freund sagte: »Allein die Vorstellung davon war absolut lächerlich. Camilla erzählte mir, daß sie noch am selben Tage mit Carolyn telefoniert habe. Die beiden sind weiterhin gute Freundinnen geblieben.«

Und Carolyns Vater Colonel Gerard Leigh sagte einem Reporter: »Carolyn war mit Camilla seit ihrer Kindheit befreundet. Jede vermutete Verbindung zwischen Carolyn und Andrew ist lächerlich. Wenn überhaupt, dann ist Carolyn sogar besser mit Camilla als mit dem Brigadier befreundet.«

Ein anderer Freund der Familie meinte jedoch: »Andrew mag eine Affäre mit Carolyn gehabt haben oder auch nicht. Das spielt im Grunde genommen keine Rolle. Camilla und Andrew verbindet eine grundsolide Partnerschaft; nicht einmal Dynamit könnte sie auseinandersprengen. Sie sind enge Freunde und haben denselben Sinn für Humor. Wenn man das zusammen durchgemacht hat, was die beiden hinter sich haben, dann muß man schon zusammen lachen können. Camilla und Andrew verbindet nicht die Leidenschaft, die beide anderen Partnern gegenüber empfinden, aber sie sind echte Freunde. Und wenn das Unvermeidliche geschieht, wie es geschah, als die Bänder rauskamen, dann halten sie zusammen. Keiner von beiden würde aus dieser Ehe ausbrechen.«

Ein paar Tage nachdem die Fotos von Andrew vor Carolyns Haus erschienen waren, demonstrierten Andrew und Camilla Stärke, indem sie auf dem Gelände von Eton – wo ihr Sohn Tom im letzten Schuljahr war – ein Picknick abhielten. Camillas Vater Major Bruce Shand und ihre Schwester Annabel Elliot nahmen an dem Familienausflug teil.

Ein Freund sagte: »Sie konnten sich nicht direkt über den Skandal äußern, aber es war eine würdevolle Demonstration der Stärke. Das ist typisch für Andrew und Camilla: Wenn alles absolut schiefläuft, halten sie zusammen. Ihre Ehe ist stärker als die der meisten Leute, die ich kenne. Sie haben totales Verständnis füreinander.«

Andrews Bruder Simon sagte: »Andrew und Camilla haben immer gesagt, daß sie sich nie scheiden lassen werden. Sie mögen sich nicht im konventionellen Sinne lieben, aber sie kommen gut miteinander aus und halten zusammen. Sie führen eine sehr offene Ehe, und solche aufgeklärten Abmachungen können auch mal nach hinten losgehen, so wie's jetzt hier passiert ist.«

Bei dem Picknick auf dem grünen Rasen von Eton lachte und scherzte das Paar und benahm sich genau so wie jedes andere stolze Elternpaar auch. Ihr Sohn Tom sah allerdings nicht ganz so gutgelaunt aus. Seit Wochen war er den grausamen Sticheleien einiger Schulkameraden ausgesetzt, die seine Mutter als »Nutte« bezeichneten.

Einem ehemaligen Schulfreund zufolge ist Tom sogar einmal in eine Schlägerei geraten, als er seine Mutter verteidigte. Der Freund sagt: »Schon seit Jahren wurde hinter Toms Rücken gespöttelt. In Eton war er sehr beliebt. Er war ein guter und fairer Sportler und ein unheimlich netter Typ. Er wußte von den abwertenden Kommentaren, zog es aber vor, sie zu ignorieren. Eines Tages kam er jedoch nach dem Rugbytraining in die Umkleideräume, und ein Typ forderte ihn direkt heraus. Er sagte quasi, daß Toms Mutter eine Nutte sei und Schande über die königliche Familie gebracht habe. Tom fuhr ihn an: ›Halt die Klappe. Du weißt nicht, wovon du redest.‹ Aber der andere Typ wiederholte die Anschuldigungen. Tom warf sich auf ihn und gab ihm 'ne gute Abreibung. Danach hörten die Beschimpfungen auf.«

Trotz des Kummers, den die »Camillagate«-Bänder verursacht hatten, fuhren die beiden Hauptakteure mit ihren regelmäßgen Telefonaten fort – was manchen unfaßbar erschien.

Ein ehemaliger Bediensteter des Königshauses sagt: »Etwa eine Woche nachdem die Bänder in allen Zeitungen veröffentlicht worden waren, betrat ich das private Arbeitszimmer des Prinzen und fand ihn in ein

Gespräch mit Camilla vertieft; er saß mit dem Rücken zu mir, und ich hörte ihn sehr leise mit Camilla sprechen. Ich schlich mich wieder hinaus. Aber ich war schockiert ... zutiefst schockiert.«

Fahne im Wind

»Gerade als ich dachte, nun könne es nicht mehr schlimmer werden, kam es doch noch arger.«

Kurz nach dem schwierigsten Treffen seines Lebens sprach Prinz Charles mit seiner Großmutter. Es hatte neun Tage nach »Camillagate« in seinen privaten Räumen im Buckingham Palace stattgefunden. Major Bruce Shand, Camillas betagter Vater, hatte dem Prinzen geschrieben und ein Treffen verlangt. Kurz nach sechzehn Uhr traf der mit Orden ausgezeichnete Kriegsheld ein und wurde ins Arbeitszimmer des Prinzen geführt, wo Charles an seinem Schreibtisch arbeitete. Zuerst weigerte sich Major Shand, dem Mann die Hand zu schütteln, der jahrelang der heimliche – und nun sehr bekannte – Liebhaber seiner Tochter gewesen war, und dann lehnte er, trotz seiner fast achtzig Jahre, das Angebot des Prinzen ab, Platz zu nehmen. In den nächsten anderthalb Stunden wurde der alte Herr immer zorniger. Anfangs sprach er bestürzt und mit trauriger Stimme, aber binnen weniger Minuten wurde sein Gesicht rot vor Zorn.

»Das Leben meiner Tochter ist ruiniert, ihre Kinder sind Gegenstand von Spott und Verachtung. Sie haben Schande über meine ganze Familie gebracht«, tobte der Major.

Der Prinz senkte beschämt den Kopf, Shand sprach

im gleichen Stil weiter. Er teilte Charles mit, daß seine Frau schwer krank und durch den Skandal »völlig aus der Fassung gebracht« sei. Er sagte, der Prinz habe seine Familie »zum Gespött gemacht«.

Eine der Familie Shand nahestehende Person erklärte: »Der Prinz sagte nichts. Er stand da wie ein kleiner Junge, dem sein Vater eine Standpauke hält. Er versuchte immer wieder, einige Worte zu murmeln, aber der Major war außer sich vor Wut. Der Prinz kannte den Major seit Jahren. Er hatte sich oft auf dem Familiensitz der Shands aufgehalten, als er Camilla Mitte der siebziger Jahre kennengelernt hatte.

Der Major war für ihn wie ein zweiter Vater. In Wahrheit verstand sich Charles sogar besser mit Bruce Shand, als mit seinem eigenen Vater. Daß die Geschehnisse ihn so aufgeregt hatten, berührte Charles zutiefst. Shand verlangte von Charles, alle Verbindungen zu Camilla abzubrechen. Er verlangte ohne Umschweife, er solle aus ihrem Leben ›verschwinden‹.

Er kritisierte Charles sowohl als Vater als auch als Ehemann. Er meinte, daß Charles bei seiner Stellung und seinem Hintergrund hätte wissen müssen, daß er die Affäre mit seiner Tochter nicht so offen fortsetzen konnte.«

Später sagte der Prinz: »Das war der schrecklichste Moment meines Lebens.«

Ein Freund sagte: »Es war ein Augenblick größter Demütigung für Charles. Der Major kannte die königliche Familie außerordentlich gut. Er kannte Charles seit zwanzig Jahren. Er fühlte sich vollkommen im Recht, Charles genau zu sagen, was er dachte. Niemals zuvor hatte jemand auf diese Weise mit Charles gesprochen. Er war wirklich schockiert über den Zorn des alten Mannes.« Als der Major aufbrechen wollte, verflog sein Ärger für eine Weile. Er sah Charles fest in die Augen und sagte: »Um meiner Familie willen, um Ihrer Familie willen und um des Landes willen – Sie dürfen meine Tochter nicht mehr treffen. Ich flehe Sie an, bitte, bitte machen Sie dieser Torheit für immer ein Ende.«

Charles nickte schweigend. Dann versprach er dem Major, daß er »darüber nachdenken« werde.

Diese Bemerkung veranlaßte Shand zu einem neuerlichen Ausbruch: »Sie sollen nicht darüber nachdenken, Sie sollen die einzige Richtung einschlagen, die Ihnen jetzt noch offensteht. Sie müssen alle Verbindungen zu Camilla abbrechen – und zwar sofort!« Der Prinz brach in Tränen aus.

Bei seinem ersten offiziellen Besuch der City of London nach dem Skandal rief ein Mann aus der Menge: »Sie sollten sich was schämen!« Der Prinz errötete und wandte sich ab.

In seinem privaten Büro trafen die ersten haßerfüllten Briefe aus der Bevölkerung ein – derselben Bevölkerung, die er später regieren sollte. Sie verurteilten ihn, weil er seine schöne Frau betrogen hatte. In allen Zeitungen fand sich die tägliche Anti-Charles-Story.

Es wurde klar, daß drastische Maßnahmen erforderlich wurden, um der Kritik zu begegnen, die sich rasant in der ganzen Nation ausbreitete.

Ein ehemaliger Höfling sagt: »Der Prinz hatte fälschlicherweise angenommen, daß ›Camillagate‹ nur eine vorübergehende Irritation verursachen würde. Aber bald wurde jedem im Palast bewußt, daß es sich hier um eine handfeste Krise handelte. Prinz Charles' Zukunft stand auf dem Spiel. Tägliche Zeitungsumfragen bewiesen, daß sein Beliebtheitsgrad so tief gesunken war wie noch nie.

Noch beunruhigender war die Tatsache, daß die königliche Familie in einen Skandal verwickelt war, der mindestens so ernst war wie die Abdankungskrise vor mehr als einem halben Jahrhundert.«

Kurz nach seiner qualvollen Zusammenkunft mit Major Shand wurde Charles zu einem Treffen mit der Queen, Prinz Philip, dem Privatsekretär der Königin Sir Richard Fellowes und seinem eigenen Privatsekretär Commander Richard Aylard herbeizitiert. Commander Richard Aylard war ein aufgeschlossener ehemaliger Marineoffizier, der in der fast militärisch organisierten Kampagne zur Verbesserung von Prinz Charles' Image die Hauptrolle spielen sollte. In einer Konferenz, die über eine Stunde dauerte, strichen die beiden Privatsekretäre die Brisanz der Situation heraus – und die Tatsache, daß der Ruf und das Image des zukünftigen Königs so negativ waren wie noch nie. Drastische Maßnahmen seien erforderlich, und zwar so schnell wie möglich. Die Königin stimmte dem Vorschlag von Commander Aylard zu, der Prinz müsse unbedingt in eine »positive Public-Relations-Kampagne« einsteigen.

Am folgenden Sonntag wurden die Fotografen, als sie nach dem traditionellen Sonntagsgottesdienst der königlichen Familie vor der Kirche in Sandringham warteten, überrascht, als sie Prinz Charles – zum erstenmal seit Menschengedenken – mit seinen beiden Söhnen auf sich zukommen sahen.

Ein Fotograf erinnert sich: »Es war das erste Mal, daß sich der Prinz freiwillig hinstellte und mit seinen Söhnen vor der Kirche für uns posierte. Es war offensichtlich, daß im Palast jetzt ein anderer Wind wehte.«

Charles wußte, daß er nun einige wichtige Entscheidungen zu treffen hatte, um seine Zukunft abzusichern. Es war für ihn keine Frage, daß seine Verpflichtung, als König Charles III. die Thronfolge anzutreten, bestehen blieb.

Er war sich der Ausweitung der Krise wohl bewußt.

Während der schlimmsten Tage nach »Camillagate« gab er Freunden eines seiner historischen Lieblingszitate zum besten, eine Bemerkung, die der deutsche Kaiser Wilhelm einmal gemacht hatte. Sinngemäß: »Mit der Monarchie ist es wie mit der Jungfräulichkeit: Wenn man sie erst einmal verloren hat, kann man sie nie wieder zurückbekommen.«

Ein Mitglied aus dem engsten Kreise der königlichen Familie sagte: »Er mußte sich der Realität stellen, daß seine persönliche Zukunft, die Zukunft der Institution, in die er hineingeboren wurde und in der er vierzig Jahre gelebt hatte, in großer Gefahr war. Er wußte, daß die Lage sehr ernst war. Aufgrund seines Pflichtgefühls und seiner Bestimmung war er fest entschlossen, sich nicht kampflos geschlagen zu geben.«

Das Problem war, daß sich in der Öffentlichkeit die ablehnende Haltung immer stärker breitmachte. Eine Meinungsumfrage in der *Sun* kurz nach »Camillagate« machte deutlich, daß von den 20 000 Lesern, die geantwortet hatten, die große Mehrheit der Meinung war, daß der gute Ruf des Prinzen so angeschlagen sei, daß er niemals König werden könne. Siebzig Prozent hielten nach »Camillagate« weniger von ihm als früher. Über sechzig Prozent vertraten die Meinung, daß er die Affäre mit Camilla beenden müsse.

Sogar Charles selbst sagte: »Es ist eine grauenvolle Zeit. Äußerst grauenvoll.«

Die schädlichste Kritik kam aus den Reihen der Kirche von England. Da Charles später an der Spitze der Kirche stehen sollte, war die Kritik des Klerus von großer Bedeutung für die Zukunft der Monarchie. Der Ehrwürdige George Austin, Erzdiakon von York und unermüdlicher Verfechter der Institution Familie, gab im Radio auf BBC 4 in der Sendung *Today* einen Kommentar ab, der umgehend in allen Schlagzeilen erschien:

»Meiner Ansicht nach hat Charles bei seiner kirchlichen Trauung vor Gott ein feierliches Gelübde abgelegt, und wenn das mit Camilla Parker Bowles alles stimmt, dann hat er anscheinend fast unmittelbar nach der Hochzeit angefangen, dieses Gelübde zu brechen. Er hat sein Gelübde in einem Punkt gebrochen. Wie kann er jetzt noch in der Westminster Abbey sein Krönungsgelübde glaubwürdig ablegen?« Es war ein schwerer Schlag. Obwohl Austin kein Bischof ist, zählt er doch zu den am meisten geschätzten Kirchenmännern des Landes.

Auch Dr. John Habgood, der Erzbischof von York, feuerte einen Warnschuß auf den Prinzen ab. Er sagte: »Bevor er König wird, muß er seine persönlichen Probleme lösen.«

Der Bischof von Oxford, der Ehrenwerte Reverend Richard Harris, zeigte sich etwas verständnisvoller. Er beteiligte sich an der immer heftigeren Diskussion: »Zwar ist der König Beschützer des Glaubens, aber ich glaube nicht, daß die Menschen das heutzutage noch so wörtlich nehmen. Das waren natürlich gute Zeiten, als sich die Monarchen noch als Vorbilder präsentierten, aber ich glaube, daß das heute niemand mehr von ihnen erwartet.«

Die Kritik von kirchlicher Seite war derart heftig, daß die Königin die Kirchenoberhäupter zu einem Treffen ins Hauptquartier der Church of England nach Lambeth Palace zusammenrief. Sie teilte ihnen mit: »Obwohl die unglücklichen Vorfälle im Privatleben des Prinzen von Wales ein bedauerliches Kapitel in der Geschichte der Monarchie darstellen, wird er doch König werden. Das steht außer Frage.«

Zwar verkündete der Erzbischof von Canterbury öffentlich, daß er Charles' Thronfolge voll unterstütze, doch der Schaden war bereits entstanden.

»Charles als Herrscher untauglich«, schrien die Schlagzeilen.

Erst jetzt erfaßten Charles und seine Berater, daß ihre bisher nie in Frage gestellte Überzeugung, Charles werde eines Tages König sein, ernstlich bedroht war.

Der Krieg hatte begonnen.

Leider waren Charles' Berater Neulinge auf dem Gebiet der positiven Public Relations, und daher machte der Prinz Ende April 1993 einen massiven Fehler. Er beschloß, zur Beerdigung von Don Juan de Bourbon y Battenberg, dem Vater des spanischen Königs, nach Madrid zu fliegen. Zur gleichen Zeit war die Aufmerksamkeit der britischen Öffentlichkeit auf einen schrecklichen Bombenanschlag der IRA gerichtet, der im Einkaufszentrum der Stadt Warrington in Nordengland stattgefunden hatte. Zwei Jungen, Jonathan Ball und Tim Parry, waren bei diesem Blutbad umgekommen. Ganz England war empört über diese grausame Hinrichtung.

Diana hatte gebeten, dem Gedenkgottesdienst für die beiden Jungen beiwohnen zu dürfen, doch der Palast verweigerte ihr die Erlaubnis. Diana rächte sich, indem sie die Mutter des zwölfjährigen Tim Parry vierundzwanzig Stunden vor dem Gottesdienst anrief. Sie sprach lange mit der trauernden Frau und hatte »warme Trost- und Beileidsworte« für sie. Mrs. Wendy Perry sagte später, sie sei »zutiefst gerührt« über die Fürsorglichkeit und Anteilnahme der Prinzessin. Colin, ihr Ehemann, fügte hinzu: »Wendy ging ans Telefon, und ich sah, daß sie leicht errötete. Dann erstrahlte ein Lächeln auf ihrem Gesicht, und sie gab mir den Hörer mit den Worten: ›Es ist die Prinzessin von Wales.‹

Man konnte sie an der Stimme erkennen. Die Prinzessin sagte, wie unheimlich leid es ihr tue, was passiert sei. Sie sagte, sie wünschte, sie könne Wendy in den Arm nehmen. Es war ein Gespräch von Mutter zu Mutter. Was sie sagte, war einfach sehr, sehr freundlich und verständnisvoll. Sie ist großartig, und ihr Anruf hat uns wirklich eine Menge bedeutet. Ich glaube, sie kann nachfühlen, wie groß unser Verlust ist, und sie sagte genau die gleichen Dinge, die jede andere Mutter auch sagen würde.«

Mrs. Perry verriet auch, daß Diana ihr gesagt hatte, daß sie am Gottesdienst teilnehmen wollte, der Palast ihr aber die Erlaubnis verweigert habe.

Die Reaktion war am nächsten Morgen an den Titelseiten der britischen Presse abzulesen.

»Brüskierte Di ruft Bombenfamilie an«, lautete die Schlagzeile der *Sun*. Es war ein weiterer geschickter Publicity-Coup der »heiligen« Diana.

Einige Tage nach dem Bombenanschlag hatte auch der Prinz Warrington besucht. Er und Commander Aylard studierten später die Videos von diesem Besuch. Man sah Charles in den BBC-Nachrichten, wie er zu einer Frau, die bei der Explosion ein Bein verloren hatte, sagte: »Ihre Tapferkeit hat den Tag für mich gerettet.« Er wirkte befangen, teilnahmslos und ohne Mitgefühl und war höchst unzufrieden mit seinem Auftritt. Diana war immer noch der stärkere Publikumsmagnet. Im April 1993 lockte sie bei sechzehn öffentlichen Auftritten jeweils über 10 000 Zuschauer an, während Charles bei seinen fünfundzwanzig öffentlichen Auftritten im Durchschnitt nur 132 Menschen um sich scharte. Er arbeitete härter, aber man merkte es nicht. Nun trat der Palast in Aktion. Eine der größten Werbekampagnen begann; dem Palast war klar, daß er seine ganze Public-Relations-Maschinerie in Gang setzen mußte.

Sogar die Königin folgte dem Aufruf, »die Monarchie auf das 21. Jahrhundert vorzubereiten«. Sie kündigte an, daß sie von nun an Steuern zahlen wolle. So etwas hatte es noch nie gegeben. Diese Ankündigung wurde von Royalisten und Kritikern gleichermaßen als zwar »längst überfällig«, aber deshalb nicht weniger »bewundernswert« aufgenommen. Dann wurde bekanntgegeben, daß der Buckingham Palace von 1993 an für die nächsten fünf Jahre jeden Sommer zwei Monate lang (im August und September) der Öffentlichkeit zugänglich gemacht werden sollte.

Das war ein enormer Erfolg. Die Menschen warteten in langen Schlangen, der Souvenirladen im Palast machte ein Bombengeschäft – und das Echo aus aller Welt war phantastisch. Während dieses ersten Sommers zahlten 337 000 Besucher zwölf Pfund pro Person für eine Palastführung. Zwei Millionen Pfund betrug der Gewinn aus den Eintrittskarten, weitere 1,2 Millionen wurden im Souvenirverkauf eingenommen.

Die Königin erklärte sich auch bereit, den Löwenanteil der Wiederaufbaukosten für Windsor Castle zu übernehmen; das Schloß war im Dezember 1992 von einem Feuer verwüstet worden. Im Juni 1993 fand erneut eine Konferenz im St. James' Palace statt. Sir Richard Aylard hatte »Profis« angeheuert, die dabei helfen sollten, Charles' Image nach »Camillagate« neu aufzupolieren.

Zu diesen Experten gehörten unter anderem der Fernsehmoderator Melvin Bragg und der Herausgeber der *Times*, Peter Stothart. Unerklärlicherweise erschien Charles selbst nicht bei diesem Treffen.

Commander Aylard sandte seinem Chef ein handschriftliches Memo, in dem er betonte, wie wichtig es sei, daß er »bei der Arbeit, die vor uns liegt«, kooperiere. Darunter stand unterstrichen das Wort *bitte*. Ein Berater sagt: »Danach hat der Prinz nicht einen einzigen Termin mehr versäumt.«

Die ehelichen Gefechte der achtziger Jahre hatten sich in der Auffassung der britischen Öffentlichkeit zu einem regelrechten Krieg ausgeweitet, von dem die Zukunft der britischen Monarchie abhing. Charles wußte, daß er noch stärker an sich arbeiten mußte, wenn er die Hoffnung auf den Thron nicht aufgeben wollte.

Während des ganzen Jahres 1993 telefonierte er weiterhin regelmäßig mit Camilla. Ein Bekannter von ihr berichtet: »Trotz allem, was geschehen war, brauchte der Prinz Camilla immer noch. Der Gedanke, er müsse sie vielleicht aufgeben, kam ihm nie. Sie führten weiterhin lange Gespräche, aber über eine sichere Telefonleitung. Ihre Lektion über Mobiltelefone haben sie schmerzlich gelernt.

Die Beziehung blühte nun noch mehr im verborgenen als je zuvor. Nur wenige Menschen wußten, daß die Beziehung weiterbestand. Der Prinz verheimlichte es, auch vor seinem Vater. Er wußte, daß sich der Neuaufbau seines Images sehr lange hinziehen würde. Negative Publicity konnte er sich nicht leisten, und schon gar nicht im Zusammenhang mit Camilla. Sie trafen sich nur ein- oder zweimal, beide Male in den sicheren Häusern von Freunden. Es waren heimliche Treffen, aber Charles war auf sie angewiesen. Er konnte einfach nicht ohne Camilla leben. Sogar als der Tiefpunkt erreicht war, war es Camilla, an die er sich um Hilfe wandte. Er brauchte sie sowohl gefühlsmäßig als auch sexuell. Er brauchte die Gewißheit, daß sie ihn auch noch so sehr liebte wie er sie. Sie fuhren getrennt zu diesen Treffen und trennten sich im Schutz der Dunkelheit. Niemand wußte etwas von diesen Begegnungen, aber sie fanden statt.«

Die Krise brachte sie sogar noch näher zusammen. In diesen finsteren Tagen nach »Camillagate« halfen sie sich gegenseitig, stark zu bleiben. Charles widerstrebte es noch immer, irgend jemandem außer Camilla zu vertrauen. Er schätzte ihren Rat. Sie war es, die ihm klarmachte, daß es jetzt reichte; daß er sich jetzt zur Wehr setzen müsse.

Im Dezember 1993 mußte sich Commander Aylard eingestehen, daß er mit dem Image des Prinzen immer noch ein Riesenproblem hatte.

Die langjährige Affäre mit Camilla war nun allseits bekannt, aber der Ruch des Skandals hatte sich nicht verflüchtigt. Es tauchten allmählich auch wieder Zeitungsartikel auf, in denen behauptet wurde, daß der Prinz und Camilla ihre Beziehung »diskret« weiterführten.

Eine von Dianas Freundinnen wurde wie folgt zitiert: »Nach allem, was passiert ist, ruft der Prinz Mrs. Parker Bowles immer noch wöchentlich, wenn nicht sogar täglich, an. Der Prinzessin ist das inzwischen gleichgültig. Sie möchte sich jetzt nur noch um ihr eigenes Leben kümmern.«

Bei dem Stand der Dinge war es nur eine Frage der Zeit, bis der ganze Camilla-Skandal von neuem losginge. Solange ihr Schatten im Hintergrund des Prinzen lauerte, würde ihm die britische Öffentlichkeit nie verzeihen.

Für Januar 1994 wurde eine größere Solotournee des Prinzen durch Australien geplant. Eine Feuerprobe für Charles. Die ihm nahestanden, hofften, daß er sich von seiner besten Seite zeigen und daß er auch ohne Diana den Beifall der Massen finden würde. Mitte Dezember beraumte Commander Aylard im Büro des Prinzen im St. James' Palace eine Besprechung an. Um den hochglanzpolierten Mahagonitisch versammelt saßen Commander Aylard, der Privatsekretär der Königin, Sir Robert Fellowes – und natürlich Prinz Charles selbst.

Diese Sitzung sollte verheerende Auswirkungen auf die gesamte Zukunft des Mannes haben, der seit seiner Geburt darauf getrimmt war, König zu werden. Die drei Männer begannen, die Australienreise zu besprechen. Es ging um die Orte, die der Prinz besuchen sollte, um Ankunfts- und Abreisezeiten sowie Flugpläne.

Wie bei einer militärischen Operation sprachen die drei über kleinste Details wie etwa, welche Manschettenknöpfe eingepackt werden und wie viele Flaschen seines schottischen Lieblingsmineralwassers an Bord der königlichen Maschine sein sollten.

Es war eine ganz normale Besprechung, die einen störungsfreien und reibungslosen Verlauf der Reise gewährleisten sollte. Als alle Tagesordnungspunkte abgehakt waren, räusperte sich Aylard, der inzwischen eine engere Beziehung zum Prinzen hatte als jeder andere im Palast: »Sir, da ist noch ein Punkt, über den wir reden müssen.«

Dann sprachen die beiden loyalen Berater sehr direkt mit dem Prinzen über das, was in königsnahen Kreisen seit Jahren nur als »die Angelegenheit« bezeichnet worden war: über Charles' nunmehr vierundzwanzig Jahre währende Affäre mit Camilla Parker Bowles. In den nächsten sechzig Minuten hielten sie nichts zurück.

»Wollen Sie König werden?« fragten sie ihn.

Charles' Antwort kam wie aus der Pistole geschossen: »Natürlich.«

Die Erwiderung war genau so eindeutig: »Ja, dann, Sir, bezüglich Camilla ...«

Unter Männern erklärten sie ihm unmißverständlich, daß die Reise nach Australien der erste entscheidende Schritt bei der Wiederherstellung seines Rufs sei. Man machte ihm klar, daß er »das Tampax ausradieren« müsse, eine derbe Bezugnahme auf das bewußte Telefonat. Am Ende dieser Sitzung hatte Charles einen Entschluß gefaßt. Er sagte traurig: »Es ist außerordentlich schwierig, sich selbst so zu sehen, wie andere einen sehen. Aber ich weiß nun, was ich zu tun habe.«

Man hatte ihm klargemacht, daß er eine Entscheidung treffen müsse: die Krone - oder Camilla.

Pflichterfüllung vor Liebe

Das Ende kam schnell.

Es war die Woche vor Weihnachten 1993. Camilla Parker Bowles nahm den Telefonhörer und wählte die Nummer, die ihr so vertraut war. Sie hörte das Klingeln am anderen Ende. Normalerweise nahm er spätestens beim drittenmal ab.

Heute klingelte es und klingelte und klingelte. Verstört legte sie auf. Noch einmal wählte sie die Nummer. Diesmal wurde der Hörer abgenommen, aber statt der vertrauten Stimme war ein Fremder am Apparat. Verwirrt, jedoch wie stets absolut formvollendet, räusperte sich Camilla und sagte: »Guten Abend, darf ich bitte mit Seiner Königlichen Hoheit, dem Prinzen von Wales, sprechen?«

»Ich bedaure, Madame«, erwiderte der Fremde höflich, »aber Seine Königliche Hoheit ist nicht erreichbar.«

Als sie diese Worte hörte, wußte Camilla, daß es zu Ende war.

Die größte und letztendlich tragischste Liebesgeschichte der Neuzeit war vorbei.

Vierundzwanzig Jahre hatten Camilla Parker Bowles und Prinz Charles eine Beziehung geführt, die verbindlicher, leidenschaftlicher und dauerhafter war als die meisten Ehen. Aber der Prinz hatte seinen Entschluß gefaßt. Er mußte zwischen der Erfüllung seines Lebenswerkes und der Liebe seines Lebens wählen. Später sagte er zu einem Freund: »Wenn es meine Pflicht ist, König zu sein, dann war Camilla mein Schicksal. Aber die Pflicht kommt immer vor dem Schicksal.«

Camilla wußte, daß es vorbei war.

Die Nummer, die sie angerufen hatte, war ein Privatanschluß in Charles' Arbeitszimmer in Highgrove. Es war »Camillas Nummer«.

Diese spezielle Leitung war kurz nach der Veröffentlichung der »Camillagate«-Bänder installiert worden. Niemand sonst kannte die Nummer. Es war eine besonders »sichere« Leitung, die mindestens einmal im Monat stichprobenartig überprüft wurde, um sicherzugehen, daß sich nicht noch einmal jemand in Charles' intimste Gespräche einschalten konnte.

Camilla wußte, daß der Fremde nur auf die Anweisung des Prinzen den Hörer abgenommen haben konnte. Vor fünfundfünfzig Jahren hatte Edward VIII. dem Thron um der Liebe willen entsagt. Aber die Geschichte sollte sich nicht wiederholen. Ein Angehöriger des engsten Kreises sagt: »Es war die härteste Entscheidung seines Lebens. Tagelang grübelte er darüber nach. Natürlich hatte man ihm vorher auch schon mehrfach nahegelegt, Camilla aufzugeben. Aber in der Vergangenheit hatte er diesen Gedanken jedesmal weit von sich gewiesen. Camilla war wie eine Droge für ihn, eine Sucht, die er nicht aufgeben konnte. Er brauchte immer seinen ›Schuß‹. Nun, unmittelbar vor der Australienreise, wußte er, daß er Schluß machen und sich seiner Lebensaufgabe stellen mußte. Schließlich hatte er fast täglich mit Camilla gesprochen. Sie hatte ihn unterstützt, wie immer. Sie hatte ihm gesagt, daß sie ihn liebte, daß sie ihn immer lieben und immer für ihn da sein würde – daß sie ihr Glück aber bereitwillig seinem Pflichtbewußtsein opfern würde. Sie sagte sogar: ›Du magst zwar glücklich sein mit mir, aber eines ist sicher:

Richtig glücklich wirst du nur, wenn du deine Bestimmung erfüllst.‹ Obwohl Camilla wußte, wie sehr sie darunter leiden würde, war sie bereit, dieses Opfer zu bringen. Sie war gewillt, den höchsten Preis zu zahlen – den Verlust der Liebe ihres Prinzen, damit er nicht dieselbe Schmach erleiden mußte wie sein Großonkel.«

In dem ebenso tragischen wie komplexen Netz von Emotionen, in dem sein Leben so lange gefangen war, hatte Charles zu einer unerschütterlichen Gewißheit gefunden. Aber er wurde den Gedanken an Camilla nicht los. Etwas stand noch aus. Am Weihnachtstag rief er sie an. Das Gespräch dauerte keine zwei Minuten. Er sagte ihr, daß er sie liebe, daß seine Entscheidung aber »unumstößlich« sei. Und wie immer verstand Camilla ihn total.

Die Australientour des Prinzen im Januar 1994 wurde ein voller Erfolg. Das erste Mal seit mehr als zehn Jahren machte er eine Solotournee und begeisterte die Massen, indem er auf ein Bier in einer Kneipe auftauchte, Faxen mit dem Golfschläger machte und sogar die kraftvolle Demonstration einer Mund-zu-Mund-Beatmung an einer barbusigen blonden Plastikpuppe hinlegte.

Dann feuerte der Student David Kang bei einer Veranstaltung in Sydney einen Schuß auf den Prinzen ab. Die Welt war beeindruckt von der kühlen Gelassenheit und Gefaßtheit, mit der der Prinz diesen Angriff abschüttelte und ein paar Minuten später schon wieder entspannt lächelte, als die Sicherheitsbeamten Kang dingfest gemacht hatten. Nur ein paar Stunden nach dem Vorfall gab der Prinz australischen Journalisten ein Interview, in dem er den Schrecken mit Humor und Bescheidenheit abtat.

Jemand aus dem Palast sagte: »Es war ein massiver

PR-Sieg für Charles. In einer extremen, potentiell lebensbedrohlichen Situation hatte er einen kühlen Kopf bewahrt. Es war ein überzeugender Beweis, daß er in Krisensituationen unter Druck nicht zusammenbricht.«

Einige Tage später enthüllte Nigel Dempster die Geschichte, auf die ganz England gewartet hatte. »Pflicht vor Liebe« lautete die Schlagzeile auf der Titelseite der *Mail* am Sonntag. In seinem Artikel schrieb Dempster: »Prinz Charles hat beschlossen, seiner Bestimmung als zukünftiger König zu entsprechen, und hat daher seiner Beziehung zu Mrs. Camilla Parker Bowles entsagt. Er hat beschlossen, seine enge Freundschaft mit der sechsundvierzigjährigen Mutter zweier Kinder im Interesse seiner Pflicht gegenüber seinem Vaterland aufzugeben.«

Dempster zitierte einen Informanten aus dem Kabinett, der sagte: »Diese Entscheidung des Prinzen ist ein deutlicher Hinweis darauf, daß er seine zukünftigen Aufgaben sehr ernst nimmt. Es ist nur korrekt, daß er seine Pflicht an die erste Stelle setzt, und man sollte ihm aufgrund dieser Entscheidung Respekt erweisen.«

Und eine Freundin von Camilla wird mit den Worten zitiert: »Es wird gemunkelt, daß Andrew und Camilla sich scheiden lassen wollen, aber nur, wenn einer von ihnen wieder heiraten möchte. Diese Situation ist momentan mit Sicherheit nicht gegeben. Jeder, der Camilla kennt, weiß, daß sie sich nicht als die zukünftige Frau des Prinzen von Wales sieht. Aber er ist mit ihr eine langfristige Bindung eingegangen, und die ist nun vorbei.«

Der Artikel schloß mit den Worten: »Es wurde ein höchst privates Telefongespräch mitgeschnitten. Charles sagt darin zu Camilla: ›Deine größte Leistung ist, daß du mich liebst.‹ Aber eine Tatsache wird ihren Schmerz mit der Zeit vielleicht lindern: Der Mann, auf den sie so großen Einfluß hatte, wird eines Tages König sein. Das Opfer, ihn gehen zu lassen, mag vielleicht ihre allergrößte Leistung sein.«

Die Öffentlichkeit nahm den Artikel sehr positiv auf. Wenige Tage später wurde eine Meinungsumfrage durchgeführt, die ergab, daß vierundsiebzig Prozent der Bevölkerung der Meinung waren, Charles habe die richtige Entscheidung getroffen.

Ein hochrangiger Palastangestellter soll gesagt haben: »Der Prinz ist durch langes Nachdenken und unter großen Schwierigkeiten zu dieser Entscheidung gelangt. Aber jetzt ist sie gefallen. Im Palast herrscht ein Gefühl großer Erleichterung. Von nun an wird das Land den Prinzen nur nach seinen Verdiensten beurteilen. Und man wird entdecken, daß er ein wirklich guter Mensch ist, ein Mann, der für unsere Nation einen guten und edlen König abgeben wird. Er hat das entscheidende Opfer gebracht und den höchsten Preis gezahlt – für sein Land. Und sein Land wird ihn dafür lieben.«

Insgeheim rief er Camilla noch ein weiteres Mal an. Nach dem Schuß in Australien meldete er sich bei ihr, um ihr mitzuteilen, daß es ihm gutgehe und daß die Reise »besser gelaufen ist, als wir alle erwartet hätten«.

Ein enger Berater sagt: »Sie nicht wenigstens kurz anzurufen wäre zu diesem Zeitpunkt gefühllos gewesen. Er wußte doch, daß sie sich Sorgen machen würde.« Die Königin stand voll hinter der Entscheidung ihres Sohnes. Ein Palastangehöriger sagte: »Die Königin mochte Camilla immer sehr gern. Sie wußte seit Jahren von der Affäre und hat Camilla dennoch immer auf Balmoral oder Sandringham willkommen geheißen. Die Queen empfand Mitleid mit Camilla. Aber sie war stolz darauf, daß Charles die schwerste Entscheidung seines Lebens getroffen hatte. Er hatte bewiesen, daß er kein zweiter Duke of Windsor war. In der kritischen Situation hatte Charles die richtige Entscheidung getroffen. Die Königin wußte, daß er klug gewählt hatte, und sagte ihm das auch mehrfach. Sie wußte, daß er Camilla noch liebte, doch sie respektierte ihn deshalb mehr als je zuvor.«

Im Januar 1994 war der Weg für Charles frei, um sein positives Image weiter aufzubauen. Die ersten Schritte waren außerordentlich erfolgreich – nun konnte die wirkliche Arbeit beginnen.

Wiederaufbau

Im Juni 1994 waren die Feiern rund um den 50. Jahrestag des »D-Day«, der Landung der Alliierten an den Gestaden der Normandie, in vollem Gange. Aber für die königliche Familie waren die »D-Day«-Feierlichkeiten auch der Anlaß für eine private Feier; denn nach der turbulentesten Periode der Monarchie im 20. Jahrhundert stand sie nun endlich kurz vor dem Sieg.

Prince Charles feierte den erfolgreichen Ausgang seines eigenen Decision-Day. Er hatte sich sowohl von Prinzessin Diana als auch von seiner Beziehung zu Camilla Parker Bowles gelöst.

Am Vorabend des fünfundzwanzigsten Jahrestages seiner Amtseinsetzung als Prinz von Wales waren Charles und seine Berater weit zuversichtlicher als seit Jahren, daß ihn nun nichts mehr daran hindern würde, seinen rechtmäßigen Platz auf dem Thron einzunehmen.

Ein Höfling sagt: »Die ›D-Day‹-Feierlichkeiten markierten im Palast einen Wendepunkt. Der Widerhall in der Öffentlichkeit war phänomenal, und die Meinungsumfragen zeigten endlich den erhofften Stimmungsumschwung zu Charles' Gunsten.

Nach der ganzen Aufregung, dem Kummer und den Tränen war nun die Kampagne, Charles in den Augen der Öffentlichkeit wieder als rechtmäßigen, zukünftigen Monarchen aufzubauen, erfolgreich abgeschlossen.

Und Charles ist nun mehr denn je überzeugt, daß er nach dem Tode der Königin ihre Nachfolge antreten wird.«

Sein enger Freund Nicholas Soames sagt: »Es stand eigentlich nie zur Disposition. Es ist ja nicht sein Ehrgeiz, König zu werden, sondern eine Pflicht, die ihn in einem traurigen Moment seines Lebens ereilen wird. Dann tritt er sein Erbe an, und damit ist die ganze Angelegenheit abgeschlossen.«

Im Verlauf des Jahres 1994 intensivierten sich die Beziehungen zwischen Charles und seiner Mutter immer mehr. Beiden wurde klar, daß Diana zu lange die Fäden in der Hand gehabt hatte. Nun nahmen beide ihr Schicksal wieder in die Hand. Beide waren entschlossen, die Zukunft der Monarchie zu sichern und weitere Maßnahmen zu ergreifen, um das Haus Windsor auf die Herausforderungen des 21. Jahrhunderts vorzubereiten.

Am 23. Juni 1994 genehmigte die Königin den Plan, die königliche Yacht *Britannia* aus Kostengründen aufzugeben. Dieser Schritt diente dazu, das Ansehen der königlichen Familie in den Augen der Öffentlichkeit zu erhöhen. Die Stillegung der *Britannia* bringt dem britischen Steuerzahler zwölf Millionen Pfund Steuerersparnis pro Jahr.

Ein Berater des Königshauses sagt: »Die königliche Yacht stand bei der Familie hoch im Kurs. Es war bemerkenswert, daß sie die Yacht von sich aus aufgeben wollten, um dem Land Ausgaben zu ersparen. Besonders die Queen hing immer sehr an der *Britannia.* Seit 1953 gehörte dieses Schiff als würdiges Symbol des Königshauses und der Nation zu ihrem Leben. Es kann für sie keine leichte Entscheidung gewesen sein. Die Queen sprach lange mit Charles darüber. Beiden ist klar, daß die Leute heutzutage nichts tolerieren, was sie als unnötige Luxusausgaben des Königshauses ansehen. Über viele Jahre hatten der Prinz und seine Mutter keine besonders enge Beziehung. Aber während der letzten Monate ist ihre Bindung sehr intensiv geworden. Sie verfolgen beide dieselben Ziele und haben eine Menge aus dem ganzen Diana-Debakel gelernt.

Wenn irgend möglich, essen sie mindestens einmal pro Woche gemeinsam zu Mittag. Die Königin ist fest entschlossen, daß die gute Arbeit, die seit Ende 1993 geleistet wurde, um Charles' Image zu verbessern, fortgeführt wird. Er hat ihre volle und uneingeschränkte Unterstützung. Er ist der rechtmäßige Thronerbe, und die gesamte Palastmaschinerie ist nun auf ihn ausgerichtet.«

Ein enger Freund von Charles sagt: »Er sieht keinen Grund, warum er nicht König werden sollte. Dafür ist er von Kindheit an erzogen worden. Er betrachtet das als seine Bestimmung und eigentliche Lebensaufgabe.

Selbstverständlich bedauert er den ganzen Camilla-Skandal, glaubt aber, daß er irgendwann in Vergessenheit geraten und die britische Öffentlichkeit ihn als ihren Monarchen ansehen wird; als einen Mann, der sich ganz und gar seiner Pflicht verschrieben hat, England ins nächste Jahrhundert zu führen.«

Verantwortlich für die Veränderungen des öffentlichen Images und auch für das Selbstbild des Prinzen ist sein Privatsekretär Commander Aylard.

Der Einundvierzigjährige hält täglich Mitarbeiterbesprechungen ab. Hinter den Palasttüren trägt seine Kampagne den Namen »Offensive des Charmes«.

Ein königlicher Berichterstatter aus der Fleet Street sagt: »Es ist außerordentlich, was Richard alles erreicht hat. Er hat das Image des Prinzen umgeformt, und dieser Prozeß ist noch gar nicht abgeschlossen. Das tolle ist, daß es jetzt endlich jemanden gibt, der vom Prinzen autorisiert und bereit ist, kein Blatt vor den Mund zu nehmen. Der Commander drückt sich nicht vor schwierigen Telefonaten und steht immer zur Verfügung, um auf die Geschichten, die von Dianas Seite noch immer verbreitet werden, zu reagieren. Commander Aylard ist zu einem der einflußreichsten Männer im Palast geworden und bei den Medien sehr beliebt. Die größte Neuerung liegt darin, daß Richard weiß, wie man das Publicity-Spiel spielt. Er weiß, was zu tun ist, und hat viel Erfahrung. Und er genießt das volle Vertrauen der gesamten königlichen Familie.«

Im März 1994 war Commander Aylard in dem renommierten BBC-Programm *Newsnight* zu Gast. Es war das erste Mal, daß ein hochrangiges Mitglied des Palaststabs so öffentlich für den Prinzen in den Ring stieg.

Er sagte: »Wir halten es für das Beste, daß der Prinz sein öffentliches Leben würdig weiterführt. Es ist für jeden zutiefst unangenehm, wenn sein Privatleben öffentlich seziert wird. Ich möchte mich nicht über das momentane psychische Befinden des Prinzen auslassen, nur soviel: Verzweifelt ist er nicht. Er ist zwar sehr empfindsam, aber zugleich auch sehr willensstark.

Eine solche Kombination von Charaktereigenschaften ist nicht immer sehr bequem; denn wenn man Verletzungen einstecken mußte und dabei über einen starken Willen verfügt, will man unbedingt weitermachen. Und aus meiner Sicht kann ich Ihnen sagen, daß er tatsächlich immer weitermacht, auch wenn er gelegentlich Wunden davonträgt.«

Aylards Medienpräsenz tat der Popularität des Prinzen nur gut. Zum Dank wurde er anläßlich des Geburtstags der Königin im Juni 1994 mit dem Königlichen Victoria-Orden ausgezeichnet. Diese Ordensverleihung wird immer von der Queen selbst vorgenommen.

Ein Palastangehöriger sagt: »Es war eine deutliche Botschaft des Palastes an den Commander: Man war von seiner Arbeit sehr angetan. Sie wurde aber nicht nur von den maßgeblichen Stellen gewürdigt, sondern von allen, die wissen, welche gigantischen Aufgaben er übernommen hatte. Commander Aylard war der geistige Urheber einer totalen Transformation des Prinzen. Die beiden bringen sich gegenseitig großen Respekt entgegen. Commander Aylard hat bis jetzt schon unendlich viel erreicht. Und die Arbeit geht ständig weiter. Er ruht sich nicht auf seinen Lorbeeren aus.«

Aylard hatte einen kleinen Kreis erfahrener Männer und Frauen um sich geschart – einzig und allein mit dem Ziel, weiter am Wiederaufleben des prinzlichen Image zu arbeiten.

Belinda Harley, 36 Jahre alt, Oxford-Absolventin mit einer eigenen Werbeagentur, wurde als Assistenz-Privatsekretärin angeheuert. Sie entwickelte einen guten Draht zum Prinzen. Mit Witz, Charme und Intelligenz hatte sie schon seit Jahren als Beraterin für ihn gearbeitet, bevor sie in den engsten Kreis der Mitarbeiter einbezogen wurde. Es heißt über sie: »Zäh wie sonst was ist sie, aber sie bringt's mit einem Lächeln und massenhaft Charme. Sie ist wirklich eine treibende Kraft hinter der Kampagne. Weil sie eine Frau ist, hat sie auch eine andere Beziehung zum Prinzen als die verknöcherten Berater, die er sonst um sich hat. Als sie zum Palaststab stieß, war das wie eine frische Brise. Sie ist eine Frau mit Ideen, die was bewegen kann.

Belinda und Commander Aylard wurden bald als ›Traumpaar‹ bezeichnet. Er steht mit beiden Beinen auf der Erde, ist solide, verläßlich und hochintelligent. Sie ist kokett, amüsant und hochintelligent.«

Auch Belinda wurde im Juni 1994 am Geburtstag der

mit dem Königlichen Victoria-Orden ausgezeichnet. Offiziell verließ sie den Stab des Prinzen im Juli 1994, um in ihre Firma zurückzukehren. Inoffiziell aber steht sie Aylard und dem Prinzen immer noch sehr nahe – und bis heute mit klugen Ratschlägen zur Seite.

Der Prinz stellte auch zwei neue Pressesprecher ein, erfahrene Profis im Umgang mit heiklen Themen. Sandie Henney wurde von Scotland Yard geholt; Allan Percival war staatlicher Pressesprecher für Nordirland.

Ein Journalist sagt: »Zum erstenmal hatten wir echte Profis, die sich mit Charles befaßten. Das merkten wir bereits während der Australienreise im Januar. Wir bekamen ständig vertrauliche Kommentare und wurden auf dem laufenden gehalten. Nehmen wir nur mal den Zwischenfall mit dem Schuß. Vor ein paar Jahren hätten wir keinerlei Informationen bekommen. Aber diesmal wurden wir stündlich informiert. Es war großartig.

Aylard und Henney haben dem alten Image von Charles den Krieg erklärt – und schon ein paar ganz ansehnliche Siege errungen.«

Charles stellte auch Alexandra Legge-Bourke ein. Die muntere Achtundzwanzigjährige, die sich gern amüsiert und allgemein als »Tiggy« bekannt ist – nach der liebenswerten Beatrix-Potter-Figur Mrs. Tiggywinkle – avancierte schnell zur inoffiziellen Beraterin des Prinzen für gesellschaftliche Fragen; für seine beiden kleinen Söhne ist sie wie eine Mutter und hat sich auch eng mit dem Prinzen selbst angefreundet.

Offiziell wurde sie mit einem Jahresgehalt von 18 000 Pfund als Assistentin für Commander Aylard eingestellt. Aber schon im Dezember 1993 wurde klar, daß sie eine weit größere Rolle spielen würde.

Tiggy, die schon eine eigene private Kinderkrippe geleitet hatte, verfügte über makellose Referenzen.

Ihre Mutter, die Ehrwürdige Mrs. Elisabeth Legge-Bourke, ist Hofdame von Prinzessin Anne, ebenso ihre Tante Victoria. Victoria Legge-Bourke: »Tiggy ist die reizendste junge Dame, die man sich vorstellen kann. Sie stammt aus einer liebevollen, glücklichen Familie, und man muß sie einfach gern haben. Sie hat Hunderte von Freunden, und mir ist noch nie jemand begegnet, der sich nicht sofort in sie verliebt hat. Und natürlich ist sie äußerst verschwiegen und loyal.«

Auch zu Wills und Harry hat Tiggy ein sehr gutes Verhältnis. Nachdem sie mit sechzehn die Schule verlassen hatte, besuchte sie einen Kurs für Kindergärtner am St. Nicholas Montessori Centre in London. Ein Jahr arbeitete sie dann als Kindergärtnerin an der Little Wandsworth School in Balham in Südlondon. Danach nahm sie sich ein Jahr frei, um durch Australien zu reisen.

Sophie Irwin, ihre frühere Chefin in Little Wandsworth, sagt: »Wir waren begeistert von ihr. Sie ist ein fröhlicher Mensch und kann sehr gut mit Kindern umgehen. Wir fanden es sehr schade, daß sie wegging.«

Bald hatte Tiggy ihre eigenen Räumlichkeiten im St. James's Palace und in Highgrove. Ein Angestellter sagt: »William und Harry vergöttern sie. Sie ist warmherzig und liebevoll, total zuverlässig und beständig, ganz anders als ihre Mutter. Sie kümmert sich um alle Bereiche ihres Lebens. Sie packt ihnen die Mappen und näht die Namensschilder auf die Schuluniformen. Die Jungen hängen an ihr, und sie hängt an den Jungen.«

Ein königlicher Berater sagt: »Tiggy hat Prinz Charles' Gang beschwingt. Sie hat ein so fröhliches, positives Temperament, ist immer gutgelaunt, und das steckt an. Sie ist wie ein Sonnenstrahl.« Tiggy ermunterte Charles, der Welt zu zeigen, was für ein enges Verhältnis er zu seinen Söhnen hat. Seit Tiggys Ankunft hat man den Prinzen schon häufig mit den Jungen zusammen fotografiert, beim Angeln, beim Radfahren auf dem Landsitz in Highgrove und sogar beim Geschichtenvorlesen.

Lady Colin Campbell sagt dazu: »Die Jungen stehen ihrem Vater jetzt schon ebenso nahe wie Diana. Besonders William liebt seinen Vater. Im Laufe der Jahre wird er dann immer mehr Zeit mit Charles verbringen, während er auf sein künftiges Königsamt vorbereitet wird. William ist immer öfter in Highgrove und im St. James's Palace bei seinem Vater. Er hat schon jetzt eine sehr enge Beziehung zu seinem Vater, die sicher im Laufe der Jahre noch enger wird. Der Palast möchte William mit einem entwickelten Geschichts- und Pflichtbewußtsein aufwachsen lassen, genauso für die Monarchie geschult wie sein Vater und seine Vorfahren.«

Kürzlich äußerte der Prinz: »Ich kann mich nicht erinnern, daß mein Vater jemals für mich da war, als ich heranwuchs. Nie sagte er mir, daß er mich liebt, nie lobte er mich für irgend etwas. Es war alles sehr traurig. Und es hat mich gelehrt, daß mir das mit meinen Söhnen nie passieren darf. Ich lasse sie immer wissen, daß ich sie liebe, und zeige es ihnen auch.«

Im Februar nahm der Prinz seine Söhne und Tiggy nach Klosters mit auf eine Skireise. Und wieder wurde es ein Medienereignis. Charles zeigte sich als hingebungsvoller Vater, der seinen Söhnen das Skifahren beibrachte und eine Schneeballschlacht mit ihnen machte, bei der sich schließlich alle drei im Schnee wälzten.

Ein Freund sagte: »Nie zuvor hat ihn jemand so entspannt, zuversichtlich und selbstbewußt erlebt. Commander Aylard und seinem Team vertraut er total. Und er ist begeistert von Tiggy.

Während des ganzen Jahres 1993 hatte ständig eine dunkle Wolke über seinem Kopf geschwebt. Inzwischen hat er auf seine professionellen Berater gehört, und das hat sich ausgezahlt. Fragen Sie alle im Land, wie sie jetzt über Charles denken, und man wird Ihnen bestimmt sagen, daß sich sein Image sehr verbessert hat. Da findet ein Wandel statt. Die meisten Leute sind jetzt überzeugt, daß nichts Charles an der Thronbesteigung hindern kann.«

Aber trotz der großen Bemühungen des Prinzen, sich zu rehabilitieren, lauerte im Hintergrund noch immer Camillas Schatten. Am 15. Juni 1994 übertrug der große Fernsehsender ITV erstmalig Auszüge aus den »Camillagate«-Bändern.

Ein Höfling dazu: »Das war wirklich das letzte, das der Prinz brauchen konnte, aber auch damit wurde er fertig. Er weiß, daß die ›Camillagate‹-Krise nie ganz vergessen sein wird, aber er hat bewiesen, daß er sie erfolgreich verdrängen konnte und daß sie sein Lebenswerk und seine Bestimmung in keiner Weise beeinträchtigt hat.

Charles hat auch gezielt nach neuen Arbeitsfeldern für sich gesucht. »Er will, daß man sieht, daß er etwas *tut*«, sagte ein Berater. »Natürlich gehörte er immer zu den fleißigsten der königlichen Familie, aber das hat niemand mitgekriegt; nun zeigt er den Leuten, was er alles macht.«

Charles hat seine breitgefächerten Wohltätigkeitsaktivitäten unter dem Banner »Trust des Prinzen« zusammengefaßt. Es ist eine mächtige Organisation mit jährlichen Einnahmen von vierzig Millionen Pfund, 500 bezahlten Angestellten und über 8500 ehrenamtlichen Mitarbeitern.

Fast jede Woche schreibt er an die Direktoren der im »Trust des Prinzen« zusammengefaßten Wohltätigkeitseinrichtungen. Einer von ihnen, Tom Shebbeare, sagt: »Es herrscht nie Mangel an Aufgaben, um die man sich kümmern muß. Der Prinz zeigt ein großes und sehr lebhaftes persönliches Interesse an allem, was wir tun. Er ist ständig am Telefon oder schreibt Briefe. Er will alles wissen, auch wenn es noch so trivial erscheinen mag.«

Der Prinz nimmt auch aktiv daran teil, seine neue Rolle als Englands »Kultur- und Wirtschaftsbotschafter« zu definieren. Mit Hilfe des Büros des Premierministers werden jetzt mehrere Staatsbesuche im Ausland geplant, bei denen der Prinz für die britische Wirtschaft eintreten soll. Er hält regelmäßig Konferenzen mit Kabinettsmitgliedern ab, in denen es darum geht, wie man im Ausland am wirkungsvollsten die Werbetrommel für die britische Industrie rühren kann. Er hat persönlich 3 000 Industriekapitäne angeschrieben und ihnen die Rolle, die er dabei einnehmen möchte, dargelegt und sie um Unterstützung gebeten.

Ein enger Mitarbeiter des Prinzen sagt: »Ständig schreibt er Briefe an Industrielle. Dutzende von ihnen hat er auch schon zu einer Reihe von privaten Mittagessen im Palast eingeladen. Er ist wie auf dem Kreuzzug, die Menschen für sich zu gewinnen und die ihm zustehende Position im Leben zu erlangen. Das alles hat den Zweck zu zeigen, daß der Prinz sich nicht mehr treiben läßt. Er verfolgt jetzt klar umrissene Ziele. Die größte Veränderung ist, daß der Prinz das Königsamt nicht länger als sein gottgegebenes Recht ansieht. Er weiß, wie nahe er daran war, alles, wofür er sein Leben lang gearbeitet hatte, aufgeben zu müssen. Er ist verjüngt, wie neugeboren. Er arbeitet jetzt zwar härter denn je, aber er ist auch viel zuversichtlicher und willensstärker als früher. Er ist wie ein anderer Mensch.«

Im Sommer 1994 sah Charles' Zukunft weit rosiger aus als in den Jahren zuvor. Meinungsumfragen zeigten, daß sein Image so positiv war wie noch nie. Am 24. Juni setzten der Prinz und seine Berater alles auf eine Karte.

An diesem heißen Sommerabend schalteten 12,7 Millionen Briten das Fernsehgerät ein. Es gab eine zweieinhalbstündige ITV-Dokumentation über das Leben des Prinzen: »Charles: Der Privatmann, die öffentliche Person« von Jonathan Dimbleby, einem anerkannten Fernsehjournalisten.

Dimbleby und sein Kamerateam hatten den Prinzen über achtzehn Monate lang begleiten und seine intimsten Gedanken sowie seine Freizeitunternehmungen im Film festhalten dürfen.

Ein Mitglied des Filmteams sagt: »Wir waren alle überrascht, wieviel Einblick er uns in alle Aspekte seines Lebens gewährte. Man merkte, daß unsere Anwesenheit manchmal eine Qual für ihn war. Aber er war entschlossen, der Öffentlichkeit ein wahrheitsgemäßes Bild von sich zu präsentieren.

Noch vor ein paar Jahren wäre so eine Sendung undenkbar gewesen. Aber der Prinz und seine Berater haben den Einfluß der Medien erkannt. Sie wußten, daß die britische Öffentlichkeit Charles wieder ins Herz schließen würde, wenn ihm Gelegenheit gegeben wurde, er selbst zu sein. Es war ein Vabanquespiel, aber auch ein brillanter Schachzug. Zum erstenmal hatte die Öffentlichkeit die Gelegenheit, ihren zukünftigen König bei der Arbeit und privat zu beobachten. Und was man sah, war ganz anders, als man es sich vorgestellt hatte.«

Schon Tage vor der Ausstrahlung hielt das Land den Atem an. Am Sonntag vorher ließ eine hochgestellte Person aus der nächsten Umgebung des Prinzen eine der schockierenderen Enthüllungen durchsickern: daß Charles nämlich hoffe, die 450jährige Tradition des Monarchen als Oberhaupt der Church of England zu beenden. Er sagte Dimbleby, daß er es vorziehen würde, der Schutzpatron aller Glaubensrichtungen und Religionen zu werden, und nicht nur für die protestantische Kirche.

Seit 1531 Henry VIII. Oberhaupt der Church of England wurde, gelobten alle britischen Monarchen bei der Krönung, »... im Vereinigten Königreich die gesetzmäßige protestantisch-reformierte Religion zu erhalten ...«

Diese Neuigkeit erschien sofort auf der Titelseite der *Sunday Times:* »Charles plant, Bindung zwischen Kirche und Königshaus abzubrechen – König sollte Oberhaupt aller Religionen sein«, lautete die Schlagzeile. In dem Artikel hieß es: »Der Prinz hat gesagt, er wäre froh, wenn er als ›Beschützer des Glaubens‹ angesehen würde und nicht als ›Beschützer des *einen* Glaubens‹.«

Im Film sagte der Prinz: »Ich glaube nämlich, daß die katholischen Untertanen genauso wichtig sind wie die Protestanten, von den Moslems, Hindus und Parsen ganz zu schweigen.«

Diese Aussage verursachte heftige Kontroversen. Lord Coggan, früherer Erzbischof von Canterbury, sagte: »Das ist ein Berg von Problemen. Falls er damit meint, daß das Christentum mit anderen Religionen gleichzusetzen ist, dann weicht unsere Auffassung erheblich von seiner ab. Als Menschen sind wir vor Gott alle gleich, aber heißt das auch, daß eine Religion so gut ist wie jede andere? Ich hoffe, daß es nicht das ist, was er ausdrücken wollte.«

Der Ehrwürdige George Austin, Erzdiakon von York, der Charles hinsichtlich der »Camillagate«-Bänder so stark kritisiert hatte, stand der Position des

Prinzen da schon näher: »Der Monarch sollte eigentlich nicht das Oberhaupt der Church of England sein. Aber alles was mit der Entstaatlichung der Kirche zu tun hat, ist nicht Sache des Prinzen von Wales, sondern Sache der Church of England. Ich bin der Meinung, daß wir zwar eine Staatskirche brauchen, deren Oberhaupt sollte aber nicht der Monarch sein.«

Charles' Entscheidung, sich von der Church of England zu lösen, war an sich schon eine Sensation, sie sollte aber noch übertroffen werden. Denn der Prinz hatte mit Dimbleby auch über ein Thema gesprochen, das zu kommentieren er sich in der Vergangenheit immer standhaft geweigert hatte: seine Beziehung zu Camilla Parker Bowles.

Vor Millionen von Zuschauern bat ihn Dimbleby, sich zu der schwersten Anklage zu äußern: »Durch Ihre Beziehung zu Camilla Parker Bowles waren Sie Ihrer Frau von Anfang an ständig untreu und haben so das Scheitern der Ehe verursacht ...«

Die Antwort des Prinzen sollte eines der sensationellsten Geständnisse aller Zeiten werden ...

Ein königliches Geständnis

Es war der Knüller, auf den die Welt gewartet hatte. In der sonnigen Halle von Highgrove, Prinz Charles' Landsitz, stellte Jonathan Dimbleby dem künftigen König die Frage aller Fragen. Dimbleby sah dem Prinzen in die Augen und fragte: »Versuchten Sie, nachdem Sie das Ehegelübde abgelegt hatten, Ihrer Frau treu zu sein?«

Ohne zu zögern, antwortete Charles: »Ja, absolut.«

»Und waren Sie es?«

»Ja ...«, antwortete Charles. Dann fuhr er fort: »... bis die Ehe endgültig scheiterte.«

Dimbleby fragte weiter: »Haben Sie die Hoffnung, daß sich das Problem in Luft auflöst?«

Charles antwortete: »Das wäre schön. Andere Leute müssen so etwas nicht durchmachen, wenn ihre Ehe kaputtgeht. Das habe ich mir wirklich nicht gewünscht.«

Dann fügte er mit einem Lachen, das die Spannung etwas auflockerte, hinzu: »Ich bin ja kein völliger Idiot. Ich habe die Ehe nicht mit der Absicht geschlossen, daß so etwas passiert. Ich bin eigentlich kein Zyniker. Es klingt vielleicht selbstgerecht, aber ich habe wirklich versucht, alles richtig und es jedem recht zu machen. Aber es ist passiert, und das läßt sich bedauerlicherweise nicht mehr ändern.«

Zweieinhalb Stunden lang wich der Prinz keiner einzigen Frage aus, nicht einmal der intimsten nach seiner Ehe – und seiner Zukunft.

Dazu ein Insider aus dem Königspalast: »Es war ein Risiko. Wenn die Sendung negativ aufgenommen worden wäre, hätten diese hundertfünfzig Minuten im Fernsehen Charles alles kosten können – seine hart erkämpfte Popularität, sein Image und sogar die Krone. Man kann den Stellenwert dieser Dokumentation gar nicht hoch genug einschätzen. Es war wie ein Prozeß. Wenn Charles seine Position gut vertrat und den Prozeß gewann, war seine Zukunft gesichert. Wenn er verlor, hing seine Zukunft am seidenen Faden. Es war wirklich außerordentlich tapfer von ihm.«

Vor den Augen von Millionen Zuschauern beantwortete der zukünftige König die intimsten Fragen über sein Privatleben. Als Dimbleby fragte, ob er glaube, daß das Zerbrechen seiner Ehe seinem Image geschadet habe, erwiderte der Prinz: »Also, ich kann es niemandem empfehlen. Das Scheitern einer Ehe ist immer schmerzhaft und verursacht großes Unglück und Bestürzung und vieles mehr, das ist unvermeidlich ... ich muß das akzeptieren und gebe zu, daß ein gewisser Schaden entstanden ist. Es wäre mir lieber, es wäre nicht so gekommen. Und ich bin sicher, daß meine Frau genauso denkt. Aber es lag nicht daran, daß wir uns zuwenig Mühe gegeben hätten. Wir haben alles versucht, aber verhindern kann man so etwas nicht. Ich muß davon ausgehen, daß es mir geschadet hat. Aber das ließ sich wohl nicht vermeiden.«

Vielleicht den meisten Aufschluß über sein Innenleben bargen die Äußerungen über die Freundschaft mit Camilla, denn dabei kam heraus, daß er nicht die geringste Absicht hatte, ihr gänzlich zu entsagen.

Er sagte: »Mrs. Parker Bowles ist eine gute Freundin

von mir. Sie ist es schon lange und wird es auch noch lange bleiben. Es ist mein Glück, daß ich so viele wundervolle Freunde habe, die in meinem Leben eine große Rolle spielen. Ohne sie wäre es unerträglich. Wenn eine Ehe kaputtgeht, was ganz schrecklich und traurig ist, dann ist es ganz selbstverständlich, daß einem die guten Freunde hilfreich zur Seite stehen. Sonst würde man glatt durchdrehen – dafür sind Freunde doch da.«

Über das Scheitern seiner Ehe befragt, wurde der Prinz merklich verärgert und sagte: »Nun hören Sie mal auf. Es passiert der Hälfte aller Menschen, und es ist auch mir passiert. Ich habe das nicht gewollt.« Er bat eindringlich um Verständnis.

Als Dimbleby weiterbohrte und die Gerüchte über »permanente Seitensprünge« mit Camilla aussprach, erwiderte der Prinz: »Diese Dinge sind so persönlich, daß es schwierig ist, darüber zu sprechen. Viele dieser Spekulationen entsprechen nicht der Wahrheit. Mrs. Parker Bowles ist eine sehr gute Freundin von mir.«

Das sorgte tagelang für Schlagzeilen.

»Charles: Ich hatte eine Affäre«, stand auf der Titelseite der *Sun*; ITN brachte in seinen »News at Ten« das »erstaunliche Geständnis«; in der *Daily Mail* konnte man lesen: »Charles: Als ich untreu war«, und der linksgerichtete *Daily Mirror* regte sich auf: »Zum Herrschen ungeeignet.«

An keiner Stelle des Interviews bezeichnete Charles Camilla als seine Geliebte.

Über eine eventuelle Scheidung von Diana sagte er: »Das wird momentan nicht in Erwägung gezogen.« Doch er fügte hinzu: »Die Zukunft wird es zeigen. Diese Frage ist eine sehr persönliche Angelegenheit zwischen meiner Frau und mir.«

Auf die Frage, ob eine Scheidung ein Hindernis bei

der Thronbesteigung wäre, erwiderte er: »Ich sehe nicht, warum es ein Hindernis sein sollte. Mein ganzes Leben lang bin ich dazu erzogen worden, mein Bestes zu geben und die Verpflichtung meinem Land gegenüber zu übernehmen.«

Spekulationen, er könnte zugunsten seines ältesten Sohnes auf den Thron verzichten, wies er als »äußerst merkwürdig« zurück. Zur Verteidigung der Monarchie brachte er vor: »Ihre Abschaffung wäre sehr bedauerlich, denn dann würde alles nur noch auf Politik beruhen, und damit würde das Land um einiges ärmer. Das Gute an der Monarchie ist doch ihre Unabhängigkeit, aufgrund derer sie relativ frei wirken kann. Sie repräsentiert das Denken und Fühlen der einfachen Menschen, ohne einer bestimmten Partei das Wort zu reden.«

Die Sendung dauerte über zwei Stunden, doch in die Schlagzeilen kamen nur die fünf Minuten mit dem Geständnis. Und diese entfachten eine heftige Kontroverse. Reverend Tony Higton, ein führendes Mitglied der beschlußfassenden Körperschaft der Church of England – der Synode – bezeichnete den Prinzen als »untauglich für das Königsamt«.

Er sagte: »So wie ich das mitgekriegt habe, zeigt er nicht die geringste Reue. Und das wird ihm einige ernste Probleme bereiten. Deshalb glaube ich auch nicht, daß er geeignet ist, Beschützer des Glaubens und oberster Hirte der Church of England zu werden.«

Der Erzdiakon von York, George Austin, vertrat allerdings einen anderen Standpunkt: »Ich bewundere die Ehrlichkeit des Prinzen. Er hat ja nur bestätigt, was alle schon längst wußten. Er ist Christ und hat einen Fehler gemacht. Durch diese öffentlich abgegebene Erklärung zeigt er ein großes Maß an Reue. Ich glaube nicht, daß dadurch seine zukünftige Position als König gefährdet wird.

Niemand verlangt von ihm, daß er auf Knien die Straße vom Buckingham Palace zur Westminster Abbey entlangkriecht und um Verzeihung fleht. Gott gab uns Vergebung, und wir sollten das nicht in Frage stellen.«

Auch Premierminister John Major schloß sich seinen Fürsprechern an und bekräftigte, daß Charles' Geständnis seine Position als zukünftiger König »in keiner Weise« beeinträchtigt habe: »Es besteht kein Grund zur Annahme, daß der Prinz seine Pflichten vernachlässigen könnte.«

Charles sprach auch zum erstenmal die Schwierigkeiten an, die Diana zu Beginn ihrer Ehe hatte: »Ich glaube, daß der Druck auf die Menschen, die in unsere Familie einheiraten, immer größer wird. Sie kommen in diesem Moment in eine Position, auf die sie in keiner Weise vorbereitet sind. Manchmal wird der Streß dann fast unerträglich.«

Die Dokumentation zeigte den Prinzen auch mit seinen Söhnen auf Balmoral. Dimbleby fragte: »Mögen Sie Ihre Kinder?« Charles: »Selbstverständlich. Es bereitet mir große Freude, Befriedigung und Stolz, ihre Entwicklung zu beobachten, und je größer sie werden, desto mehr Spaß macht es. Ich bin gerne mit ihnen zusammen.«

Er wirkte wie ein liebevoller, zärtlicher Vater. In einer Szene saß er im Kilt auf einer Treppenstufe und sah seinem Sohn beim Fußballspielen zu. In einer anderen putzte er Harry die Nase.

Als entscheidende Wertvorstellungen, die er seinen Söhnen mitgeben wollte, nannte er: »Gute Manieren. Andere so zu behandeln, wie man selbst von ihnen behandelt werden will. Das kann nie schaden.«

Ein Freund des Prinzen sagte: »Nach der Sendung war er wie verjüngt. Es war, als ob ihm eine enorme Last von den Schultern genommen wäre. Er war sehr zufrieden mit der Dokumentation und überzeugt, daß die britische Öffentlichkeit nun die Hintergründe besser verstehen würde, wenn sie ihm seinen Seitensprung vielleicht auch nicht ganz verzieh.

Vergessen Sie nicht: In unserem Land wird jede dritte Ehe geschieden. Millionen von Familien machen dasselbe durch wie er. Er war sich sicher, daß die Öffentlichkeit Verständnis zeigen würde. Das Risiko, und es war kein geringes, hatte sich bezahlt gemacht.«

Der Verfassungsexperte Lord St. John of Fawsley, ein Freund des Prinzen, sagte: »Worauf es ankommt, ist die Wahrheit, und die Sendung war deshalb so phantastisch, weil wir einfach die Wahrheit zu hören bekamen, was ja im öffentlichen Leben selten der Fall ist. Der Prinz stellte sich dem gerechtesten Tribunal der Welt, nämlich der britischen Öffentlichkeit. Er legte alles bloß und vertraute auf ihr Gerechtigkeitsempfinden. Und sein Vertrauen war begründet. Er wurde als ein Mensch wahrgenommen, wie ihn seine Freunde seit Jahren kennen – stark, mutig, ehrlich und zuverlässig; ein würdiger Thronfolger.«

Die Fernsehsendung erwies sich tatsächlich als Geniestreich. Eine Meinungsumfrage der *Sun* am Tage nach der Ausstrahlung ergab massive Popularitätszuwächse für den Prinzen.

Kurz zuvor hatten sich in einer ähnlichen Umfrage, die ebenfalls von der *Sun* durchgeführt wurde, dreiundsechzig Prozent gegen Charles als künftigen König ausgesprochen. Nach der Sendung hielten ihn von sechstausend Lesern vierundfünfzig Prozent für throntauglich. Die Schlagzeile auf der Titelseite: »Charles schneidet gut ab.« Ein Palastangestellter sagte: »Der Prinz war begeistert. Er las alles, was in den Zeitungen stand, und bald war klar, daß sich der Film sehr positiv auswirkt.«

Umfragen unter 80 000 Zuschauern des Fernsehsenders GMTV veränderten sich ebenfalls zugunsten des Prinzen. Fünfundachtzig Prozent sprachen sich für Charles Herrschaft aus, während vor der Sendung nur sechsundvierzig Prozent damit einverstanden waren, daß er König wird. Dieser Stimmungsumschwung manifestierte sich, als der Prinz während seiner ersten öffentlichen Verpflichtung nach der Sendung im Herzen von London, an der Tower Bridge, unterwegs war. Eine begeisterte Zuschauermenge jubelte ihm zu. Ein königlicher Berater sagte: »Der Prinz war guter Dinge. Alle Zweifel, die er vor seinem Fernsehauftritt noch hatte, waren verflogen. Als man der britischen Öffentlichkeit zum erstenmal die Möglichkeit gab, ihn nach seinen eigenen Worten und Taten zu beurteilen, schnitt er gut ab. Sie hatten ihn bei seiner Arbeit und in der Freizeit gesehen, und was sie sahen, gefiel ihnen. Er erschien als vertrauenswürdiger und ehrenhafter Mensch, der bereit ist, sich seinen Fehlern zu stellen, und dessen Pflichtgefühl gegenüber Krone und Vaterland unerschütterlich ist.«

Commander Richard Aylard war hingerissen. Er sagte: »Der Prinz von Wales bedauert seinen Fernsehauftritt absolut nicht. Er hat sich mit offenen Augen auf dieses Projekt eingelassen. Wir finden, es war ein abgerundetes und ausgewogenes Porträt jenes Mannes, den wir kennen und für den wir arbeiten.«

Lady Colin Campbell meinte: »Die Fernsehsendung war ein Meisterstück in Public Relations. Ich finde nicht, daß Charles der Öffentlichkeit eine Erklärung schuldig war, aber er gab eine und gewann damit die Herzen des ganzen Landes für sich. Er wirkte traurig über das Scheitern seiner Ehe und erwies sich überhaupt als ganz normaler Ehemann und Vater. Jeder, der die Sendung sah, war erstaunt, mit welcher Offenheit er über seine Affäre gesprochen hatte. Er war gerecht, gelassen und aufrichtig. Und die Briten haben ihm ihr Herz geöffnet.

Es war brillant: Hier war der Thronerbe und zeigte, daß er genau so ein Mensch wie alle seine Untertanen ist. Er gab seine Fehler zu und setzte damit allen Spekulationen über seine Ehe und seine Zukunft als König ein für allemal ein Ende. Am Schluß der Sendung konnte niemand mehr einen Zweifel daran haben, daß er der künftige König ist – und ein verdammt guter noch dazu. Er zeigte dem Publikum die Seite von sich, die es sehen wollte – den Menschen hinter der Fassade.«

Aber es gab auch kritische Stimmen.

Auf der Titelseite der *Daily Mail* fand sich am folgenden Tag die Schlagzeile: »Eine weitere Fehleinschätzung?« In dem Artikel dazu hieß es: »Die Berater des Prinzen hatten gehofft, daß die Dokumentation ... seinem Ruf in der Öffentlichkeit guttun würde. Statt dessen wird er in den Augen von vielen als ein chronisch ruheloser Mensch erscheinen, der zwar die besten Absichten hegt, aber von Selbstzweifeln zerfressen ist. Zugegeben, es gab auch rührende Szenen mit seinen Söhnen William und Harry und sogar Anklänge von Humor ... aber es ließ sich wohl kaum vermeiden, daß die Fragen nach seiner Ehe, seinem Ehebruch und einer möglichen Scheidung alles andere überschatteten ..., und dabei sah er aus wie ein Häftling, der auf sein Urteil wartet.« Aber der königliche Biograph Brian Hoey sagt: »Ehrlich gesagt war die öffentliche Debatte, die nach der Sendung begann, völlig irrelevant. Es ist völlig egal, ob Charles ein guter oder ein schlechter König wird. Tatsache ist jetzt, *daß* er beim Tode seiner Mutter König wird.«

Am Tag der Sendung geriet Charles wieder einmal in Gefahr. Als Pilot einer Düsenmaschine des Typs

British Aerospace 146 der königlichen Flotte flog er von Aberdeen nach Islay, der südlichsten Insel der Inneren Hebriden in Schottland. Aufgrund von Windböen schoß er über die Rollbahn hinaus. Der Prinz mußte in einem 90-Grad-Winkel nach links abbiegen, um am Ende der etwa 1500 Meter langen Rollbahn einem tiefen Graben auszuweichen. Die Maschine kam schließlich mit gesenkter Bugspitze und drei geplatzten Reifen zum Stillstand. Weder er noch seine zehn Passagiere waren verletzt.

Später erklärte der Prinz den Schülern einer Schule: »Es war nicht direkt eine Bruchlandung. Wir kamen nur von der Rollbahn ab. So etwas sollte nicht öfter vorkommen – aber diesmal ist es leider passiert.«

Diana und ihre Freunde feierten das Geständnis.

»Di hat's dir ja gleich gesagt!" lautete die Schlagzeile eines Artikels in der *Sun*, in dem berichtet wurde, die Prinzessin sei »erleichtert und glücklich«, daß ihr Ehemann sein Verhältnis mit Camilla endlich zugegeben hatte. Ihre Freunde sprachen von »Ehrenrettung«. Einer sagte: »Es beweist, daß alles, was sie in Andrew Mortons Buch über Camilla Parker Bowles gesagt hat, der Wahrheit entsprach. Ihr Mann hatte tatsächlich ein Verhältnis – und jetzt ist er damit rausgerückt. Sie fühlte sich in allem bestätigt.«

Am Abend, an dem die Dokumentation gesendet wurde, gab sich Diana alle Mühe, die Aufmerksamkeit auf sich zu lenken. Sie verschaffte sich Schlagzeilen, indem sie bei einem Galadiner der Londoner Serpentine Gallery in Kensington ein atemberaubendes schwarzes Cocktailkleid trug. Zu dem von der Zeitschrift *Vanity Fair* gesponserten Wohltätigkeitsdiner kamen 310 Gäste, unter anderem die Schauspielerin Joan Collins – aber alle Augen ruhten auf Diana.

Der königliche Biograph Brian Hoey sagt: »Sie war neidisch auf die Aufmerksamkeit, die Charles aufgrund der Dokumentation in den Medien zuteil wurde. Sie wollte beweisen, daß sie die Presse immer noch manipulieren konnte.«

Andere Besucher der Gala bestätigten, daß Diana den ganzen Abend über lächelte und scherzte. Ein Augenzeuge: »Sie zeigte sich groß in Form. Entweder war sie wirklich erleichtert oder die beste Schauspielerin der Welt. Sie flirtete ausgiebig mit Jeremy Irons und lachte und scherzte den ganzen Abend. Wenn das nur aufgesetzt war, verdient sie einen Oskar.«

Sogar der nüchterne *Daily Telegraph* bemerkte: »Sie könnte keinen passenderen Moment gewählt haben, um das Kriegsbeil zu begraben – im Rücken ihres Mannes.«

Aber trotz Dianas Versuchen, die Schlagzeilen zurückzuerobern, war der Palast entzückt über die Aufnahme der Sendung. Die Queen gab Charles' Äußerungen vorbehaltlos ihren Segen. Ein Insider aus dem Königshaus sagt: »Bevor der Prinz der Fernsehdokumentation zustimmte, hatte er ausführlich mit seiner Mutter darüber gesprochen. Er war der Meinung, daß es darauf ankam, jede Frage umfassend und ehrlich zu beantworten.

Sie setzten sich während der Monate, in denen ihn das Fernsehteam begleitete, regelmäßig zusammen. Privat sah sich die Königin vorab die Sendung schon an. Und sie war mit den Ergebnissen sehr zufrieden. Im Palast wußte man, daß das Eingeständnis des Ehebruchs in der Öffentlichkeit einen Sturm entfesseln würde. Aber Charles und die Königin hielten unerschütterlich daran fest, daß er die Wahrheit sagen und das britische Volk über ihn richten sollte.

Wenn sich Charles geweigert hätte, Dimblebys Fragen über sein Privatleben zu beantworten, hätte er sich lächerlich gemacht, und die Leute wären noch mehr gegen ihn eingestellt gewesen. Es war wirklich mutig von ihm, aber es hat sich gelohnt.«

Am 1. Juli nahm Charles an den Feierlichkeiten anläßlich des fünfundzwanzigsten Jahrestages seiner Amtseinsetzung als Prinz von Wales auf Caernarvon Castle in Wales teil. Hunderte von Gratulanten jubelten dem Prinzen zu. Obwohl einige Mitglieder des örtlichen Grafschaftsrats die Zeremonie aus Protest gegen den Prinzen boykottierten, war der Palast am Ende einer von vielen als »sehr lang« beschriebenen Woche mehr als zufrieden.

Camilla lehnte es ab, das Geständnis des Prinzen zu kommentieren. Zwei Tage vor der Sendung behauptete sie, sie wisse nichts über deren Inhalt, und es sei »unwahrscheinlich«, daß sie sich die Dokumentation ansehen würde. In Wirklichkeit wußte sie genauestens über alles Bescheid.

Eine dem Paar sehr nahestehende Person sagt: »Sie hingen ständig am Telefon; oft kam der erste Anruf von Charles schon um sieben Uhr früh. Heißgelaufen sind die Leitungen in diesen achtundvierzig Stunden.

Charles beratschlagte mit Camilla, wieviel er sagen sollte. Camilla ermutigte ihn, reinen Tisch zu machen.«

Eine Freundin von Camilla sagt: »Natürlich wußte Camilla, was Charles sagen würde. Er hätte niemals ein solches Geständnis abgelegt, ohne es vorher mit ihr abzusprechen. Während der ganzen Dreharbeiten an der Dokumentation rief er sie immer wieder an und fragte sie, wieviel er preisgeben solle. Camilla half ihm auch, die Antworten auf einige der eindringlicheren persönlichen Fragen vorzubereiten. Hätte Camilla Einwände dagegen erhoben, daß er das Verhältnis bestätigt, wären seine Antworten niemals so freimütig ausgefallen. Aber Camilla wußte, daß es für Charles wichtig war, das Geständnis zu machen, um das ganze Problem ein für allemal aus der Welt zu schaffen. Sie wußte, daß es der einzige Weg war, den Klatsch zu beenden und die Sympathie der Bevölkerung zurückzugewinnen. Camilla ist sehr klug. Sie redete dem Prinzen zu, Dimbleby gegenüber völlig aufrichtig zu sein. Das war ausgesprochen selbstlos von ihr, denn sie konnte ja keinen Zweifel daran hegen, daß sie danach sofort wieder von der Presse belagert und als »die andere Frau« gebrandmarkt sein würde. Für einen Menschen, der sein Privatleben so behütet wie Camilla, war das ein wirklich bemerkenswerter Akt der Liebe. Wieder einmal hatte sie das Wohlergehen und die Bedürfnisse des Prinzen ihren eigenen vorangestellt.«

Sowie die Geschichte bekannt wurde, brach bei Camilla im Middlewick House wieder der Belagerungszustand aus. Ihr Mann blieb in der Kaserne, und sie ging in Deckung. Am Tag vor der Sendung setzte sie sich mit ihrer Tochter Laura heimlich in ein Flugzeug und flog nach Granada auf den großen Landsitz des Marquis von Douro, eines engen Freundes von Charles. Prinz Charles rief sie jeden Tag an, sogar während eines zweitägigen offiziellen Besuches in Nordirland. Sie waren sich jetzt näher denn je.

Ein Freund sagt: »Der Prinz hat wirklich versucht, die Verbindung mit Camilla abzubrechen, als ihm seine Berater dazu rieten. Aber sie ist seine beste Freundin, und schon im Februar 1994 waren sie wieder zusammen.«

Das Paar nahm seine täglichen langen Telefongespräche wieder auf und begann auch wieder, sich heimlich in »sicheren« Landhäusern von Freunden zu treffen. Aber davon wußten nur ganz wenige Menschen.

Einer sagt: »Der Prinz war entschlossen, sich nicht wieder erwischen zu lassen, sozusagen. Er ist seinen Freunden gegenüber ungeheuer loyal, aber weniger als ein Dutzend Leute wußten, daß er sie immer noch sah. Ihre Treffen liefen ab wie in einem Mantel-und-Degen-Film. Die Offensive des Charmes war ja in vollem Gang. Camilla und Charles wußten, daß sie keinen Rückschlag riskieren konnten.«

Dazu jemand aus dem Palast: »Niemand soll wissen, daß sich Camilla und Charles sich immer noch nahestehen. Der Prinz hat es ein paar Monate ohne den Kontakt zu ihr ausgehalten, aber dann machte er den ersten Schritt. Man sollte ihn deshalb nicht verurteilen. Camilla ist ihm mehr als nur eine Geliebte.

Der Rest der Familie weiß natürlich, daß die beiden noch zusammen sind. Camilla hat sich immer untadelig verhalten. Sie hat sie auch nie enttäuscht. Und deshalb ist sie bei der königlichen Familie sehr hoch angesehen.

Während Diana als Verräterin betrachtet wird, die die ›Firma‹ im Stich gelassen hat, wird Camilla als untadelig beurteilt.

Später wird sie vielleicht ohne großes Aufsehen wieder willkommen geheißen, aber dazu ist die Situation im Moment noch zu prekär. Charles kann sich keinen neuen Skandal leisten, wo doch gerade alles so gut für ihn läuft.

Camilla wird auch weiterhin in Würde schweigen. Das ist der Unterschied zwischen ihr und Diana. Camilla ist eine wirkliche Dame. Sie hat Klasse.«

Andrew Morton sagt: »Jedem Insider wäre es ziemlich unwahrscheinlich vorgekommen, wenn Charles sich nicht mehr mit Camilla getroffen hätte. Ich glaube, daß sie immer noch regelmäßigen Kontakt haben. Er ist ein Gewohnheitsmensch, und alte Gewohnheiten legt man eben nicht so leicht ab.«

Als Camilla eine Woche später aus Spanien zurückkam und gleich am Flughafen von Reporterscharen mit Fragen bombardiert wurde, blieb sie zugeknöpft und lächelte die Reporter einfach nur an.

Eine Freundin sagt: »Die Meute drängelte und schubste sie und ihre Tochter. Aber selbst in dieser Situation hat sie sich nicht geäußert. Sie werden auch nie ein Foto von ihr sehen, auf dem sie rumschreit, wie Diana es tut. Sie behält einfach einen kühlen Kopf – und ihre Würde. Camilla hat wirklich Stil.

Natürlich wird sie im Innersten aufgewühlt sein. Aber sie war noch nie der Typ, der unter Streß zusammenbricht. Die Leute, die Camilla kennen, sind wirklich empört, daß so viele Gemeinheiten über sie geschrieben werden. Camilla wird sich niemals öffentlich verteidigen und damit dem Klatsch Nahrung geben. Sie hat sich in der Vergangenheit nicht über ihre Affäre geäußert und wird jetzt nicht damit anfangen.«

Nach nur achtundvierzig Stunden zu Hause mit Mann und Tochter in Wiltshire flog Camilla wieder ab, diesmal zu einem Familienurlaub in Südfrankreich.

Eine Freundin von Camilla sagt: »Es war eine harte Zeit für sie. Sie mußte einfach ein bißchen Abstand gewinnen. Camilla legt großen Wert auf ein Privatleben. Daß das alles wieder hochgekocht ist, muß eine Tortur für sie gewesen sein – aber sie trug's mit Ruhe und Gelassenheit.«

Während Camilla weiter diskret schwieg, hielten ihre Verwandten nicht mit ihrer Meinung hinter dem Berg. Major Bruce Shand lobte den Prinzen für seine »Aufrichtigkeit und seinen Mut. Es hat mich vieles von dem fasziniert, was der Prinz zu sagen hatte, auch über das Scheitern seiner Ehe. Auf mich wirkte er sehr aufrichtig. Ich hege nicht den geringsten Zweifel daran, daß er als König hervorragend sein wird.«

Patti Palmer-Tomkinson, eine gute Freundin von Camilla und Charles, fügte hinzu: »Ich finde, der Prinz war unglaublich tapfer. Es kam ihm nur auf Ehrlichkeit und Wahrheit an. Er ist ein wunderbarer Mensch. Das war genau der Mann, den ich kenne.«

Auch Andrew Parker Bowles brach sein Schweigen: »Nichts hat sich geändert. Ich pfeife auf die Gerüchte. Ich weiß überhaupt nicht, was das ganze Affentheater eigentlich soll.«

Andrews guter Freund, der Polospieler Brod Munro-Wilson, meint: »Es gibt viele offene Ehen in diesem Land, und niemand nimmt Anstoß daran.

Andrew und Camilla werden sich nicht scheiden lassen, weil sie sich immer noch gut verstehen. Es geht dabei nicht so sehr um gemeinsame Schlafzimmer, sondern eher um gemeinsame Erfahrungen. Und Andrew und Camilla haben eine Menge zusammen durchgemacht. Daran kann auch die Fernsehsendung mit dem Prinzen nichts ändern.«

Am 14. Juli 1994 suchte Camilla Trost bei ihrem Prinzen, als ihre geliebte Mutter Rosalind nach langer Krankheit vierundsiebzigjährig starb.

Dazu ein Freund: »Sowohl Charles als auch Andrew waren ihr in diesen schweren Tagen eine große Hilfe. Camilla hat ihre Mutter sehr geliebt; bis zum Schluß waren sie sich außergewöhnlich nahe.«

Camilla selbst sagte voller Respekt: »Meine Eltern waren beide so verständnisvoll; eigentlich verständnisvoller, als man es von Eltern erwarten kann.« Eine Freundin von Camilla fügte hinzu: »Sie empfand ihren Eltern gegenüber immer unheimliche Dankbarkeit dafür, daß sie immer zu ihr gehalten haben. Camilla weiß genau, daß ihre Eltern sie vorbehaltlos geliebt haben. Als Rosalind starb, nahm der Prinz sehr viel Anteil; er rief regelmäßig an, um sich zu vergewissern, daß es

Camilla gutging. Auch ihr Ehemann war ihr in diesen schwierigen Tagen eine Stütze. All das bewies ihr, daß sie sich auf die Liebe ihrer Freunde und Verwandten verlassen konnte.«

Ende Juli 1994 sah für Charles alles besser aus als seit Jahren. Die öffentliche Meinung hatte sich zu seinen Gunsten gewendet. Er zweifelte nicht daran, daß er eines Tages König werden würde.

Bei Diana lief nicht alles so glatt.

Haltlos und treibend

Die Frau, deren Gesicht Tausende von Titelblättern gezeigt hatte, sah sich verstohlen um. Dann schlüpfte sie, ohne sich noch einmal umzudrehen, auf den Fahrersitz ihres grünen Audi.

Kurz darauf kam der Mann auf den Wagen zu, öffnete, ohne zu zögern die Beifahrertür und stieg ein. Der Fotograf, der das beobachtete, drückte wie besessen auf den Auslöser. Er konnte kaum glauben, was sich da vor seinen Augen abspielte.

Diana, Prinzessin von Wales, war ertappt worden: bei einem heimlichen Treffen mit einem für die Berichterstattung über das Königshaus zuständigen Topreporter. Darauf hatte der Palast schon lange gewartet.

Ihr heimliches Rendezvous mit Richard Kay, dem gutaussehenden und charmanten Hofberichterstatter der *Daily Mail*, im Frühjahr 1994 machte allen Zweifeln ein Ende. Jetzt war klar, wo Dianas Loyalitäten lagen.

Ein leitender Palastangestellter dazu: »Zu sagen, daß in den Korridoren des Buckingham Palace getanzt wurde, als diese Geschichte aufflog, wäre noch eine Untertreibung. Endlich hatte sich Diana enttarnt. Skrupellos manipulierte sie die Berichterstattung für ihre Zwecke.

Jahrelang hatte die Prinzessin standhaft geleugnet, belastendes Material über ihren Ehemann an die Presse weitergegeben zu haben. Doch die Anti-Charles-Propaganda hatte nicht aufgehört.«

Auf dem Höhepunkt des Aufsehens, das Andrew Mortons Buch erregt hatte, in dem Prinz Charles als herzloser Schürzenjäger porträtiert worden war, der seine Frau fast in den Selbstmord trieb, hatte Diana kühl jede Beteiligung abgestritten. Sie hatte sich zwar geweigert, eine Erklärung zu unterzeichnen, in der sie sich von dem Buch distanzierte, aber immer abgestritten, selbst mit dem Autor gesprochen zu haben. Sie sagte: »Ich kann nichts dafür, was meine Freunde über die Schwierigkeiten in meiner Ehe sagen. Aber ich muß kategorisch darauf hinweisen, daß ich, Hand aufs Herz, niemals selbst mit einem Journalisten gesprochen habe.«

Nun, am 3. Mai flog ihre Deckung auf – über die Titelseiten von vier Millionen Exemplaren der *Sun*.

Unter der Schlagzeile »Diana, die Heuchlerin« beschrieb Wayne Francis, der Hofreporter der *Sun*, in allen Einzelheiten Dianas heimliches Rendezvous mit Kay, einem achtunddreißigjährigen Junggesellen, von dem seine Freunde sagen, er sei »wirklich sehr eng befreundet« mit der Prinzessin. Die Prinzessin sprach über eine Stunde mit Kay, der ein weiteres Buch über die Prinzessin schreiben wollte. Das Treffen fand drei Tage vor Erscheinen der Sensationsmeldung in der *Sun* statt.

Wie es in dem Bericht hieß, parkte Diana ihr Audi Cabrio in der Nähe von Harrods, dem berühmten Kaufhaus in Knightsbridge.

Der Fotograf Glenn Harvey sagt: »Ich sah, daß sie allein unterwegs war, ohne Detektive oder Berater, und wunderte mich. Offensichtlich wartete sie auf jemanden. Als ich dann sah, was passierte, war ich total perplex.«

Kurz nachdem Harvey seine Position eingenommen hatte, kam Kay um die Ecke. Er ging direkt auf Dianas Auto zu und rutschte schnell auf den Beifahrersitz.

Die beiden unterhielten sich. Zehn Minuten später fuhren sie los. Dann bog das Auto in eine abgelegenere Straße ein und parkte dort. Das Gespräch dauerte noch weitere fünfundvierzig Minuten. Dann setzte Diana Kay noch in der Redaktion ab, bevor sie in den Kensington Palace zurückkehrte.

Die Zeitung zitierte einen ranghohen königlichen Berater: »Das führt doch ihre ganzen Beteuerungen von wegen Intimsphäre ad absurdum, wenn sie sich heimlich mit solchen Leuten trifft. Das riecht nach Heuchelei, daß sie sich einerseits über die Aufdringlichkeit der Presse beklagt, andererseits aber heimliche Lagebesprechungen abhält.«

Kay sagte: »Ich hatte den Tip bekommen, daß sich Diana in Knightsbridge aufhalten würde, und wollte ihr ein paar Fragen bezüglich ihrer Spanienreise stellen. Sie weigerte sich höflich, irgendwelche Fragen zu beantworten, bot mir aber großzügigerweise an, mich mitzunehmen. Das habe ich angenommen.« In Wirklichkeit hatte die Prinzessin Kay ausführlich von ihren letzten Ferien erzählt, die sie in Spanien verbracht hatte. Die Geschichte über ihren »Horrortrip« erschien exklusiv in der *Daily Mail.*

Jemand aus Charles engstem Kreis sagt: »Er hat sich wie ein Schneekönig gefreut, als der Artikel in der *Sun* erschien. Zum erstenmal konnte die britische Öffentlichkeit Diana sehen, wie sie wirklich ist. Sie schreckte keineswegs vor direkten Kontakten mit der Presse zurück. Im Palast gab es an diesem Tag Grund zum Feiern. Diana war entlarvt.

Natürlich hatten alle im Palast schon seit Jahren gewußt, daß die Prinzessin der Presse gegenüber nicht stumm blieb. Aber sie hatte es immer vehement abgestritten.

Sogar als sie jetzt in flagranti erwischt wurde, behauptete sie noch, daß sie nur ›einen freundschaftlichen Plausch‹ mit dem Journalisten gehalten hätte.«

Am nächsten Tag erschien unter Richard Kays Namen ein Artikel darüber, daß sich Diana durch die Oben-ohne-Fotos in Spanien »vergewaltigt« gefühlt hatte. Und noch in der gleichen Woche brachte die *Daily Mail* einen anderen Artikel, demzufolge Diana »heroisch« mitgeholfen hatte, einen Landstreicher vor dem Ertrinken zu retten. Das alles kam direkt von Diana.

»Für den Palast war das ein bedeutender Sieg. Diana hatte es jahrelang geschafft, die Öffentlichkeit zum Narren zu halten – aber diesmal konnte niemand mehr ihren Unschuldsbeteuerungen Glauben schenken.

Sie beklagt sich bitterlich über das Eindringen der Medien in ihr Privatleben, und gleichzeitig hofiert sie einige Journalisten. Das ist Heuchelei in ihrer schlimmsten Form. Und die Frau hat Mitarbeiter des Hofes jahrelang beschuldigt, schmutzige Ränke gegen sie zu schmieden.

Aus dem Artikel der *Sun* ging eindeutig hervor, daß sie sich aktiv an der Aufmerksamkeit beteiligte, die die Presse ihrer Ehe, Camilla und allem, was mit Diana zu tun hatte, schenkte. Und sie übertrieb es. Schließlich wurde sie erwischt. Im Palast lehnte man sich bequem zurück und schaute zu, wie sie sich ihr eigenes Grab schaufelte.«

Diana wurde immer unberechenbarer. Verzweifelt versuchte sie sich die Zeit zu vertreiben, nachdem sie ihre königlichen Verpflichtungen aufgegeben hatte. Am 3. Dezember 1993 gab Diana bekannt, daß sie sich aus dem öffentlichen Leben zurückzuziehen beabsichtigte.

Sie verkündete diesen Entschluß während eines Essens im Londoner Hilton, veranstaltet für eine ihrer bevorzugten Wohltätigkeitsorganisationen, der Headway National Head Injuries Association.

Den Tränen nahe, bat sie nach mehr als dreizehn Jahren im Rampenlicht der Öffentlichkeit um »Zeit und Raum«. Diese fünfminütige Rede war recht aufschlußreich. Nicht einmal sprach sie von ihrem Mann, obwohl sie die Königin und Prinz Philip ausdrücklich erwähnte und ihnen für ihre Unterstützung dankte.

Sie teilte mit, daß sie weiterhin als Schirmherrin für einige ihr besonders am Herzen liegende Wohltätigkeitsorganisationen agieren wolle, sagte aber auch, daß sie mindestens bis Sommer 1994 keine offiziellen Termine wahrnehmen würde.

Hier ein Auszug aus ihrer Erklärung: »Vor einem Jahr sprach ich den Wunsch aus, meine Arbeit unverändert fortzusetzen. Doch Lebensumstände können sich verändern, und ich hoffe, Sie werden mir verzeihen, wenn ich die Gelegenheit wahrnehme und Ihnen meine Zukunftspläne mitteile, die heute tatsächlich andere sind.

Als mein öffentliches Leben vor zwölf Jahren begann, war mir klar, daß sich die Medien für alles, was ich tat, interessieren würden. Auch war mir bewußt, daß sich das Interesse nicht auf unser öffentliches Leben beschränken würde.

Aber ich konnte nicht wissen, wie überwältigend diese Aufmerksamkeit sein würde, und auch nicht, daß meine öffentlichen Verpflichtungen ebenso wie mein Privatleben auf fast unerträgliche Weise betroffen sein würden.

Ende dieses Jahres, wenn ich alle offiziellen Verpflichtungen erfüllt habe, möchte ich mein öffentliches Wirken stark reduzieren. Ich lege großen Wert auf meine Wohltätigkeitsarbeit, beabsichtige aber, mich in Zukunft auf einen kleineren Bereich zu konzentrieren. In den nächsten Monaten will ich versuchen, einen geeigneteren Weg zu finden, eine sinnvolle öffentliche Arbeit mit einem, wie ich hoffe, privateren Leben zu verbinden. An erster Stelle kommen für mich weiterhin unsere Kinder, William und Harry, die soviel Liebe, Sorge und Aufmerksamkeit verdienen, wie ich in der Lage bin, ihnen zu geben, und die auch Verständnis brauchen für die Tradition, in die sie hineingeboren wurden.

... Ich hoffe, Sie können mich begreifen und sind bereit, mir die Zeit und den Raum zuzugestehen, die mir in den letzten Jahren gefehlt haben. Ich könnte heute hier nicht stehen und diese Erklärung abgeben, ohne zugleich die Anteilnahme und Unterstützung, die mir von der Öffentlichkeit zuteil wurde, anzuerkennen.

Ihre Güte und Zuneigung haben mir in den schwierigsten Zeiten sehr geholfen. Und Ihre Liebe und Fürsorge haben mir immer die Reise erleichtert. Dafür danke ich Ihnen von ganzem Herzen.«

Diese Erklärung wurde nur wenige Tage nach der Veröffentlichung einiger Fotos im *Sunday Mirror* abgegeben, die die Prinzessin beim Sport zeigten. Die Zeitung hatte dem Vernehmen nach 150 000 Pfund für die Aufnahmen gezahlt, auf denen sie im Gymnastikanzug im L.A.-Fitness Club an einer Kraftmaschine trainierte. Der Besitzer des Clubs soll sie heimlich gemacht haben. Diana behauptete, man habe sie »reingelegt« und ging juristisch gegen die Zeitung vor.

Aber mehrere königliche Berater zeigten wenig Mitgefühl für Diana. Einer sagte: »Sie ist ganz verrückt nach Publicity. Bis heute liest sie jeden einzelnen Artikel über sich. Und je mehr sie als Märtyrerin dasteht, desto zufriedener ist sie.

Seit sie den engsten Kreis der königlichen Familie verlassen hat, besteht ihre Methode darin, möglichst viel negative Publicity zu machen. Sie will den maßgeblichen Stellen im Palast damit beweisen, daß sie immer noch eine Größe ist, mit der man rechnen muß. Aber sie weiß, daß ihr das nur so lange gelingt, wie ihr Name ständig in den Nachrichten auftaucht. Deswegen tut sie, was sie kann, um in die Schlagzeilen zu kommen. Ihre Rede über das Eindringen der Presse in ihre Privatsphäre war kompletter Unsinn. Diana liebt Publicity.

Sie ist wie eine alternde Filmdiva, die sich nicht damit abfinden kann, daß ihr Gesicht nicht mehr ständig auf der Leinwand zu sehen ist. Wenn nicht immerzu etwas über sie in den Zeitungen steht, ist Diana nicht glücklich.«

Lady Colin Campbell zufolge ist Dianas Plan, dem Palast zu beweisen, daß sie für die königliche Familie »unentbehrlich« ist, allerdings gescheitert.

Sie sagt: »Seit sie die Familie verlassen hat, ist ihre Handlungsweise – gelinde gesagt – merkwürdig. Sie ist jetzt genausoviel in den Zeitungen wie vorher. Es scheint mir ein außerordentlicher Zufall, daß die Prinzessin jedesmal, wenn sie den Kensington Palace verläßt, alleine auf der Straße fotografiert wird. Vielleicht ist das der neueste Schachzug in ihrem zynischen Spiel, die öffentliche Aufmerksamkeit auf sich zu ziehen.

Doch der Palast läßt ihr keinen Handlungsspielraum mehr.

Natürlich wird ihr, als Mutter des zukünftigen Königs, in der Öffentlichkeit der nötige Respekt entgegengebracht. Aber privat wird sie von der Familie als Judas betrachtet. Sie wollen nichts mehr mit ihr zu tun haben. Sie ist überflüssig geworden. Man hatte sie schon seit langem durchschaut – und wird ihr nie verzeihen, was sie getan hat. Sie hielt sich für beliebt und einflußreich genug, um der Monarchie zu trotzen. Und sie war der Erfüllung ihres Traums verdammt nahe.

Aber der Palast hat sich gewehrt – und schlägt sie nun mit ihren eigenen Waffen.

Wenn Diana nicht bald ihre wahre Berufung findet, wird sie als verbitterte alte Dame enden. Wenn sie erst einmal nicht mehr so gut aussieht, wird sie feststellen müssen, daß sie keine Rolle mehr zu spielen hat. Die Zukunft sieht nicht gut aus für Diana.«

Als erstes entließ sie ihre privaten Leibwächter. Sie kündigte an, daß sie nur noch von Offizieren der königlichen Schutztruppe begleitet werden wolle, wenn sie mit ihren beiden Söhnen unterwegs war. »Bei allen anderen Gelegenheiten«, sagte sie, »wünsche ich alleingelassen zu werden.«

Ein Palastangestellter sagt: »Sie bestand darauf, rund um die Kensington High Street und in ihren anderen Lieblingsgegenden allein herumzulaufen, brach dann aber in Schimpftiraden aus, wenn Fotografen sie entdeckten.

Es gibt Dutzende von Fotos von ihr, auf denen sie eine Straße entlangrennt und sich dabei schützend die Handtasche vors Gesicht hält. Wie die Mutter des zukünftigen Königs von England sieht sie darauf nicht gerade aus.«

Am 14. Januar hatte sie einen Aufruhr verursacht. Von einer erregten Menschenmenge wurde sie bedrängt, als sie aus der Oper kam.

Der Fotograf Jon Bond sagte: »Man konnte einfach die Hand ausstrecken und sie berühren. Jeder Verrückte in der Menge hätte eine Pistole ziehen können. Sie war völlig ungeschützt.«

Ex-Commander von Scotland Yard Terry O'Connell sagt: »Sie war die reinste Zielscheibe. Sie benahm sich wie jemand, der es darauf anlegt, von Terroristen, Kidnappern oder Wahnsinnigen attackiert zu werden.«

Während eines Skiurlaubs in Lech in Österreich »schrie sie wie am Spieß« und beschimpfte französische Journalisten, die Schlange standen, um sie auf der Piste zu fotografieren.

Einer sagte verwirrt: »Warum gibt sie denn bekannt, wohin sie fährt, wenn sie uns dann anschreit, nur weil wir sie fotografieren wollen?« Und tatsächlich hatte Diana kein Geheimnis aus ihren Reiseplänen gemacht. Sie begrüßte Fotografen sogar, die sie am Flugplatz erwartet hatten.

»Sie wollte doch, daß wir da waren«, sagte ein anderer. »Und als wir dann wirklich auftauchten, ist sie ausgerastet. Keiner von uns konnte das verstehen. Aber es sind ein paar gute Fotos dabei herausgekommen, und die erschienen am nächsten Tag in den Zeitungen – vielleicht war das ihre wirkliche Absicht gewesen.«

Scotland Yard war so beunruhigt über die Risiken, denen sich die Prinzessin aussetzte, daß sie ihr heimlich ein Einsatzkommando mit vier Mann zuteilten, die sie ohne ihr Wissen beschatteten. Bei der Operation mit dem Codenamen »Pink Panther« waren die Beamten angewiesen worden, sie »diskret, aber aufmerksam« zu beobachten, wenn sie allein einkaufen ging, oder bei ihren regelmäßigen Mittagessen mit Freunden. Einmal konnten sie beobachten, daß Diana einen Wutanfall bekam, nachdem ein Fotograf sie beim Lunch mit ihrem Freund William von Staubenzee – der fälschlicherweise als ihr neuer Liebhaber bezeichnet worden war – im exklusiven Restaurant Daphne in Knightsbridge geknipst hatte.

»Zu sagen, sie sei lebhaft geworden, ist eine Möglichkeit, ihr Verhalten zu beschreiben«, meinte eine Person im Palast.

Dann wurde Diana am 1. Mai 1994 fotografiert, wie sie barbusig an der Costa del Sol in Spanien lag. Sie war in Begleitung zweier Freundinnen, Kate Menzies und Catherine Soames, zum Hotel Byblos Andaluz in Malaga geflogen.

Als die Prinzessin an ihrem ursprünglich gebuchten Hotel ankam, sollte sie in einer, wie sie es nannte, »Flohkiste« wohnen und ließ sich deshalb von einem ortsansässigen Friseur zum Byblos mitnehmen. Überall waren dort Reporter und Fotografen. Ein anderer Hotelgast sagte: »Man konnte sie wirklich nicht übersehen. Sie lungerten am Eingang herum, und die meisten hatten sich sogar im gleichen Hotel eingemietet. Am Pool lagen Typen mit der Kamera direkt neben sich. Man hätte schon blind und taub sein müssen, um nicht zu bemerken, daß es von Journalisten nur so wimmelte.«

Dennoch beschloß Diana, an den Pool hinunterzugehen. Im Blickfeld von Dutzenden von Leuten, unter ihnen der spanische Fotograf Juan Carlos Teuma, zog sie langsam ihr Bikinioberteil aus. Teuma knipste munter drauflos. Später sagte er: »Sie wußte genau, was los war. Sie legte das Bikinioberteil neben ihre Sonnenliege und stand auf. Sie wartete gerade, bis ich meine Bilder geschossen hatte, bevor sie sich in ein Badehandtuch hüllte. Ich erkenne eine Einladung, wenn ich eine erhalte.«

Als Diana von den Bildern »erfuhr«, war sie angemessen entrüstet. Jemand, der die Königsfamilie schon sehr lange beobachtet, sagt: »Ihr Protest klang ziemlich hohl. Es ist völlig unmöglich, daß einer Frau wie Diana, die es gewöhnt ist, mit der Presse umzugehen, aus Versehen ein solcher Fehler unterläuft. Nein, sie wußte ganz genau, worauf sie sich einließ, als sie ihr Oberteil ablegte. Dort wimmelte es nur so von Fotografen. Jeder fand es merkwürdig, daß sich eine Frau, die erst vor ein paar Monaten um ›Zeit und Raum‹ gebeten hatte, so verhielt.

Man glaubte allgemein, daß Diana darunter litt, daß ihr nicht mehr soviel Aufmerksamkeit zuteil wurde. Sie wollte einen Skandal verursachen, und das ist ihr ja auch gelungen.«

Die anstößigen Fotos wurden später vom stramm royalistischen Magazin *Hello!* für eine ungenannte Summe – man spekuliert an die 500 000 Pfund – aufgekauft. Es wurde sogar vermutet, daß Diana einverstanden war, dem Hochglanzmagazin ihr nächstes »Königliches Exklusivinterview« zu geben.

Zwei Wochen später gelang dem Palast ein weiteres Meisterstück, als Unterlagen über exzessive Geldausgaben der Prinzessin enthüllt wurden. Einer Öffentlichkeit, die noch unter den Auswirkungen der Rezession zu leiden hatte, erschienen ihre verschwenderischen Ausgaben für Maniküre, alternative medizinische Behandlungen, eine persönliche Astrologin und einen persönlichen Friseur als ungeheuer übertrieben.

Es wurde aufgedeckt, daß sich die Rechnung für Dianas jährlichen »Unterhalt« auf 160 000 Pfund jährlich beläuft. Wie die *Sun* ausführte, gibt die Prinzessin in einer Woche für Ferien, Kuren, Astrologie und Kleidung soviel aus, wie ein Rentner in England in einem Jahr bekommt. Verschwenderische Einkäufe, wie zum Beispiel 728 Pfund nur für Sonnencreme, wurden von der Öffentlichkeit, die sie früher vergöttert hatte, mit zunehmendem Entsetzen aufgenommen. Die *Sun* berichtete, Charles habe »wütend und irritiert« reagiert, als er entdeckte, daß seine Frau innerhalb von vierzehn Tagen 55 Pfund für merkwürdige Gesundheitsbehandlungen wie eine Darmspülung »verplemperte«.

Für Strumpfhosen und Strümpfe wurden 5000 Pfund pro Jahr ausgegeben, wöchentliche Maniküre und Pediküre kosteten jedesmal 322 Pfund und Aufhellen der Haare alle zwei Monate schlug jedesmal mit 175 Pfund zu Buche.

2500 Pfund pro Jahr solle sie für ihre wöchentlichen Sitzungen mit ihrer Astrologin Debbie Frank ausgegeben haben.

Die Entscheidung des Prinzen, die enormen persönlichen Rechnungen seiner Frau für »Körperpflege« zu veröffentlichen, wurde von Beobachtern des Königshauses als bedeutend beurteilt. Nur wenige Wochen zuvor hatte er eine massive Kostensenkungsaktion angekündigt, die alle Bereiche seines großen Landsitzes Duchy of Cornwall einschließen sollte. Er hatte sich bereit erklärt, in Zukunft Steuern für diesen Besitz zu zahlen. Und die Unterlagen über die Ausgaben der Prinzessin wurden im Rahmen einer umfassenden Buchprüfung der Haushaltsrechnungen der Wales veröffentlicht – sie sollten dem Finanzamt zugestellt werden, um festzustellen, welche Ausgaben von der Steuer abgesetzt werden konnten.

Ein Beobachter des Königshauses sagte: »Daß er sich öffentlich über ihre übermäßigen Ausgaben beklagte, war ein weiterer Schock für die Prinzessin. Privat hatte er sich seit Jahren bei ihr darüber beschwert. Er ist ein sehr genügsamer Mann, der Typ, der seinen Gästen beim Essen fröhlich mitteilt, daß das Gemüse aus seinem eigenen Garten stammt und ›nicht einen Pfennig gekostet hat‹.

Er läßt auch überall in Highgrove Zettel anbringen, auf denen die Leute gebeten werden, das Licht auszuschalten, wenn sie aus dem Zimmer gehen, um Energie zu sparen. Er hat immer auf den Pfennig gesehen.

Jahrelang hat er stumm gelitten, wenn Diana im

Kaufrausch war. Sie hatten öfter Streit über Geldfragen. Bei einer Gelegenheit schrie Diana ihn an: ›Du hast nun mal einen Kleiderständer geheiratet, jetzt mußt du auch dafür zahlen!‹

Aber Diana hätte nie gedacht, daß er damit an die Öffentlichkeit geht. Sie war doch immer diejenige, die sich an die Zeitungen wandte. Sie war entsetzt über das Aufsehen, das ihre Rechnungen verursachten.

Natürlich hatte der Prinz einen legitimen Grund, sie zu veröffentlichen. Und er wurde in einem positiven Licht gesehen. Das Märchenprinzessin-Image bekam einen weiteren Kratzer. Und darüber war Diana überhaupt nicht glücklich.«

Ein Palastangestellter sagte: »In den letzten Monaten ist es für die Prinzessin nicht gut gelaufen. Sie hat sich immer über die alten Spießer im Palast beklagt, die sie daran hinderten, zu tun, was sie wollte. Dabei wußten die alten Spießer ganz genau, was sie taten. Ohne ihre Erfahrung und ihren Schutz ist aus der Prinzessin eine ziemlich traurige und bemitleidenswerte Figur geworden. Wenn die Jungen im Internat sind, muß sie zusehen, was sie mit ihrer Freizeit anfängt. Sie geht in den Fitneßclub, geht einkaufen, trifft Freunde zum Mittagessen, spielt Tennis und geht schwimmen. Sie ist gelangweilt, lebensmüde und wie aufgezogen, voller Streß und merkt langsam, daß sie keine Rolle mehr spielt. Sie hat keinen Job und nicht sehr viele Freunde. Ihr Hauptproblem aber scheint zu sein, daß ihr die Freunde, die sie hat, nicht immer die klügsten Ratschläge geben. Sie verbringt ihre Zeit mit wohlhabenden Ehefrauen, die keine Ahnung haben, wie sie mit der jetzigen Situation umgehen soll. Diese Leute raten ihr, einen Schlußstrich zu ziehen, alleine loszugehen, aber sie haben keine Erfahrungen damit, für sich selbst sorgen zu müssen. So traurig es ist, Diana kommt einem zur Zeit haltlos vor wie ein dahintreibendes Schiff.«

Als Charles Ende Juni 1994 öffentlich seine Affäre mit Camilla zugab, startete Diana eine neue Public-Relations-Offensive. Sie erschien braungebrannt und strahlend beim Tennisturnier in Wimbledon und flirtete bei jeder Gelegenheit mit der Kamera.

Sie brach beim Britischen Grand Prix an der Silverstone-Rennstrecke das Protokoll, als sie dem drittplazierten Fahrer Jean Alesi die Hand schüttelte, während die Nationalhymne gespielt wurde. So stand Diana vor den Fahrern auf der Siegertribüne, als die 100 000-köpfige Menge der Fans »God Save the Queen« sang.

Ein Berater aus der engeren Umgebung von Prinz Charles sagt: »Es ging Diana gegen den Strich, daß Charles mehr Aufmerksamkeit zuteil wurde als ihr. Es war schon fast amüsant zu beobachten, was sie alles anstellte, um in die Schlagzeilen zu kommen. Sie hatte gehofft, daß sich das Eingeständnis des Ehebruchs zu Charles Ungunsten auswirken würde, aber das Gegenteil war der Fall. Seine Popularität stieg enorm. All das beunruhigte sie zutiefst.

Das Problem ist, daß Diana keine richtige Funktion mehr hat. Sie kann nur noch gut aussehen und in die Kameras lächeln. Bei der breiten Masse der Bevölkerung ist sie immer noch ungeheuer beliebt. Aber trotzdem sollte sie bald einen ›richtigen Job‹ suchen, sonst wird sie als traurige und frustrierte Frau enden.«

Das dramatischste Anzeichen von Dianas Traurigkeit, Frustration und tief verwurzeltem psychologischen Trauma kam auf sensationelle Weise ans Licht, als *News of the World* am 21. August 1994 aufdeckte, daß sich die Prinzessin hinter einer Reihe nächtlicher Anrufe bei einem verheirateten Kunsthändler verbarg. Der gutaussehende Oliver Hoare, ein enger Freund von Prinz Charles, hatte als Vermittler zwischen Diana und Charles fungiert, als sich beide noch um die Rettung ihrer Ehe bemühten. Die Zeitung deckte auf, daß Hoare und seine Familie durch Anrufe einer offensichtlich verstörten Diana belästigt worden waren.

Unter der Schlagzeile »Dis verrückte Anrufe bei verheiratetem Industriellen« berichtete die Zeitung, daß die merkwürdigen Anrufe im September 1992 begannen, drei Monate bevor Dianas Trennung von Charles bekanntgegeben wurde. Am Ende waren es mehr als zwanzig Anrufe pro Woche. Einmal kamen drei innerhalb von neun Minuten. Jedesmal schwieg der Anrufer und legte auf, wenn Hoares Frau Diane oder eines seiner Kinder den Hörer abnahm.

Hoares Frau war nach einem Jahr Telefonterror im Oktober 1993 so zermürbt, daß sie Scotland Yard alarmierte. Der wohlhabende Kunsthändler, spezialisiert auf islamische Kunst, fürchtete, er könne zur Zielscheibe von Terroristen werden. Als Scotland Yard aber eine Fangschaltung installierte, wurde festgestellt, daß die Anrufe von Dianas privater Leitung im Kensington Palace aus getätigt wurden. Andere konnten zu Telefonzellen in der Nähe von Kensington Palace zurückverfolgt werden, und einer kam aus dem Haus von Dianas Schwester Sarah McCorquodale, ein weiterer sogar von Dianas Funktelefon.

Als Hoare dies erfuhr, ordnete er sofort an, die Untersuchung fallenzulassen. Ein Polizist erzählte: »Sein Gesicht wurde kreideweiß. Nicht im Traum wäre er darauf gekommen, daß Prinzessin Diana die Anruferin sein könnte.«

Als Diana das nächste Mal anrief, sprach er sie mit Namen an. Da brach die Prinzessin zusammen und gab zu: »Ja, es tut mir leid, sehr leid. Ich weiß auch nicht, was über mich gekommen ist.«

Aber einige Tage später gingen die Anrufe wieder los. Ein enger Freund sagte gegenüber *News of the World*: »Diana war fasziniert von Oliver. Er ist seit über zehn Jahren ein enger Freund von Charles, und als die Ehe zu scheitern drohte, bot er seine Hilfe an. Sie sprachen bis spät in die Nacht über Dianas Zukunft. Zwischen Diana und ihm hat sich eine enge Bindung aufgebaut.

Er ist ein sehr charmanter, gutaussehender Mann, der eine gewisse Intensität ausstrahlt, die Frauen anziehend finden. Sie hatten ihre Meinungsverschiedenheiten, aber Diana vergötterte ihn. Er hätte aus Stein sein müssen, um nicht von ihrem Schmerz und ihrer Verwundbarkeit berührt zu sein.«

Aber ein anderer Freund meint: »Diana hat sich in Oliver verknallt. Sie hat Freundschaft mit Liebe verwechselt und war besessen von ihm.«

Ein ranghoher Minister der britischen Regierung wurde über den Vorfall informiert. Er brachte das Thema Diana gegenüber zur Sprache, und sofort hörten die Anrufe auf.

Diana und Hoare frischten ihre Freundschaft wieder auf. Sie wurden sogar dabei fotografiert, wie sie nach einem gemütlichen Essen mit Freunden in den Kensington Palace einfuhren. Als Dianas Audi-Sportwagen durch die Palasttore fuhr, klappte sie diskret die Sonnenblenden hinunter, in der Hoffnung, daß sie nicht erkannt würden.

»Diana zeigte die klassischen Symptome einer schüchternen, unsicheren Frau, die sich verzweifelt nach einer freundlichen Stimme am anderen Ende der Telefonleitung sehnt. Sie ist eindeutig schwer gestört«, sagt der Psychologe Tony Black.

Ein anderer meint: »Sie zeigt ganz deutlich alle Symptome einer Frau am Rande eines Nervenzusammenbruchs. Es ist traurig. Sie braucht Hilfe, und zwar schnell.«

Eine Woche nach der Hoare-Story berichtete *News of the World*, daß auch Dianas alter Freund James Hewitt Opfer mysteriöser Anrufe war. Er teilte der Zeitung mit, daß er im Sommer 1993 innerhalb von drei Wochen zehn nächtliche Anrufe erhalten hatte. Das war kurz nachdem seine Freundschaft mit Diana zu Ende war. Er sagte: »Das Telefon klingelte. Ich nahm ab und sagte ›Hallo, hallo‹, aber am anderen Ende war nichts. Ich habe dann immer aufgelegt. Aber es hat nicht aufgehört. Gelegentlich bekomme ich immer noch solche Anrufe. Ich vermute, daß ich nicht der einzige war, dem es so ergangen ist.«

Tatsächlich erhielt auch Camilla solche Anrufe, Hunderte sogar, aber sie hat sie nach Aussage von Freunden nie gemeldet; ihr war gleich klar, daß sie nur von Diana kommen konnten.

Ein enger Freund sagt: »Die arme Camilla hat jahrelang unter diesen quälenden Anrufen gelitten. Sie begannen kurz nach der Heirat des Prinzen von Wales. Als Diana herausfand, daß er auch nach der Hochzeit immer noch bei Camilla anrief, betätigte sie gelegentlich die Wahlwiederholungstaste seines Apparates in Highgrove. Natürlich erschien Camillas Nummer. Diana war außer sich. Sie rief die Nummer an und legte auf, wenn Camilla den Hörer abnahm. Sowie Charles nicht zu Hause war, bombardierte sie Camillas Haus mit Anrufen. Wenn Camillas Mann oder eines der Kinder abnahm, knallte Diana den Hörer auf die Gabel.

Natürlich ahnte Camilla, wer es war. Als die Anrufe nicht aufhörten, schnitt sie das Thema sogar Charles gegenüber an. Er war entsetzt und versuchte Diana darauf anzusprechen, aber sie bekam nur einen ihrer Wutanfälle und tat seine Anschuldigen als ›lächerlich‹ ab.«

Diana bestritt, Hoare angerufen zu haben. Am Tag bevor *News of the World* die Geschichte brachte, traf sie sich wieder einmal mit ihrem Freund und »Vertrauten«, dem Journalisten Richard Kay von der *Daily Mail.*

Das Paar wurde von der *Sun* bei einem Treffen auf einem ruhigen Platz in London beobachtet und fotografiert. Unter der Schlagzeile »Das heimliche Ren-Di-vous« berichtete die Zeitung, daß Diana drei Stunden mit dem hübschen Kay verbrachte. Ein Anwohner gab an: »Sie schienen sehr vertraut miteinander. Es sah auf alle Fälle wie ein verabredetes Treffen aus. Wie in einem Spionagethriller. Die Prinzessin war dunkel gekleidet und hatte eine Baseballmütze tief ins Gesicht gezogen.«

Am nächsten Tag erschien Kays Pro-Diana-Artikel groß auf der Titelseite der *Daily Mail.* »Womit habe ich das verdient?« lautete die Schlagzeile.

In einem Interview enthüllte Kay, daß die Prinzessin den Tränen nahe war, als sie ihm sagte: »Womit habe ich das verdient? Man will mich zerstören. Es ist kein Fünkchen Wahrheit daran.« Sie beschuldigte sogar »finstere Mächte«, die versuchen würden, sie zu zerstören. Diana sagte: »Sie versuchen mir eine Affäre mit diesem Mann zu unterstellen. Das stimmt aber einfach nicht und ist total ungerecht.«

Sie behauptete, daß sie Hoare einmal angerufen und aufgelegt habe, als seine Frau abnahm. Aber von Telefonzellen aus hätte sie nie angerufen: »Das darf doch nicht Ihr Ernst sein. Ich kann doch nicht einmal eine Parkuhr bedienen, geschweige denn eine Telefonzelle.« Um ihre Aussage, daß sie mit den Anrufen nichts zu tun hat, zu stützen, gestattete sie Kay, einige Details aus ihrem privaten Terminkalender durchsickern zu lassen. Sie behauptete, zur Zeit eines Anrufes beim

Friseur gewesen zu sein, ein anderes Mal im Kino und noch ein weiteres Mal bei einem privaten Abendessen.

Aber keiner ihrer Freunde war bereit, sich für ihre »Alibis« zu verbürgen.

Ein ehemaliger Berater sagte: »Die Prinzessin ist seit Jahren schwer gestört. Die mysteriösen Anrufe sind nur ein weiteres Symptom ihrer Probleme. Sie sucht verzweifelt nach einer Position im Leben. Sie hat schon immer die klassischen Anzeichen zwanghaften Verhaltens an den Tag gelegt. Die Anrufe sind nur ein weiteres Beispiel dafür.«

Was Dianas Zukunft angeht, so ist alles noch offen. Im Dezember 1994 wird die offizielle Trennung vom Prinzen zwei Jahre zurückliegen, und einige ihrer engen Freunde sind sich sicher, daß sie immer noch eine schnelle Scheidung anstrebt – um den Weg für eine neue Ehe und möglicherweise weitere Kinder frei zu machen. Eine Freundin sagt: »Sie will ihr Leben weiterführen. Das einzige, was sie beschäftigt, ist die Zukunft von Prinz William und von Harry. Wenn sie sich jetzt auch bald scheiden lassen könnte, halte ich das doch für unwahrscheinlich. Der Palast hat unmißverständlich klargemacht, daß der Prinz das Sorgerecht für die Kinder bekommt. Und diesen Gedanken kann Diana nicht ertragen.

Es ist wahrscheinlicher, daß Diana die Scheidung erst einreicht, wenn William größer ist. Sie würde sehr gern wieder heiraten, aber momentan ist kein geeigneter Mann in Sicht. Sie hat einige Freunde, aber mir hat sie gesagt, daß es im Moment keinen besonderen Mann in ihrem Leben gibt.«

Wenn sich Diana scheiden ließe, würde sie wahrscheinlich den »Ehrentitel« der Duchess of Clarence bekommen. Darin spiegelt sich eine gewisse Bitterkeit.

Den letzten Duke of Clarence hatte man in Verdacht, Jack the Ripper zu sein.

Diesen Titel wird sie nicht vererben können. Dianas Träume, die Familie Spencer von der simplen Grafenwürde zur ranghöheren und angeseheneren Herzogwürde zu befördern, würden sich also zerschlagen. Der Titel würde mit ihr sterben, so daß eventuelle Kinder aus einer künftigen Ehe nichts davon hätten.

Wie ein Höfling meint: »Ehrlich gesagt, schrumpft Dianas Position von Tag zu Tag mehr. Wenn sie sich scheiden läßt, hat sie überhaupt keinen Status mehr, außer dem der Mutter von Prinz William.« Es war immer Dianas Herzenswunsch, Clarence House, die offizielle Londoner Residenz der Königinmutter, zu übernehmen, wenn die alte Dame stirbt. »Darauf hat sie aber auch nicht die geringste Aussicht«, sagt ein Berater. »Es ist wahrscheinlich, daß Diana gnädigerweise ein Haus auf dem Gelände eines der königlichen Paläste zugeteilt werden wird. Clarence House steht nicht zur Debatte. Dianas Pläne werden wieder durchkreuzt werden.« Der Palast, der aus der Erfahrung gelernt hat, wird es auf keinen Fall zulassen, daß Diana sich ihren zweiten Traum erfüllt – einen »Gegenhof« einzurichten.

Ein ehemaliger Berater sagt: »Das ist undenkbar. Diana wird gerade so viel Handlungsfreiheit zugestanden, daß sie sich selbst zugrunde richten kann. Der Palast hat mühselig lernen müssen, mit Diana umzugehen. Sie wird von jetzt an immer in gebührendem Abstand gehalten. Man wird sie gerade so viele Pflichten übernehmen lassen, daß man dem Palast nichts vorwerfen kann; aber sie wird nie wieder zu der Machtposition aufsteigen, die sie in den achtziger Jahren innehatte.

Das Traurige ist, daß Diana nun selbst allmählich mitbekommt, daß sie sich ins eigene Fleisch geschnitten hat. Sie hat sich mit dem Königshaus angelegt, weil sie dachte, sie wäre so mächtig, so unheimlich beliebt, daß sie sich alles herausnehmen könnte.

Aber als die Würfel fielen, setzte sich die Palastmaschinerie in Bewegung. Diana verhält sich nun wie das Kaninchen, das von grellen Autoscheinwerfern hypotisiert wird. Für sie ist die Zeit stehengeblieben. Sie weiß nicht, wohin sie sich wenden soll. Die Öffentlichkeit hat die zynische Seite Dianas schon einmal gesehen, als aufgedeckt wurde, in welcher Weise sie die Presse und die Medien allgemein zu ihrem eigenen Vorteil manipuliert hat. Wenn ihr gutes Aussehen allmählich nachläßt, wird auch sie allmählich aus dem Blickfeld der Öffentlichkeit verschwinden. Das klingt sehr grausam, aber Diana kann leicht als traurige und verbitterte alte Frau enden. Die Zukunft ihrer Kinder liegt fest in der Hand der königlichen Familie. Den beiden Prinzen wird im Laufe der Zeit immer klarer, wieviel ihrem Vater an ihnen liegt. Sie stehen Charles außerordentlich nahe und kommen auch den anderen Mitgliedern der Königsfamilie immer näher. Besonders Prinz William wird mehr und mehr in das Haus Windsor integriert – als zukünftiger König, denn das ist seine Bestimmung. Wenn er reifer ist, wird man ihm die Handlungsweise seiner Mutter erklären. William ist schon jetzt lieber mit seinem Vater als mit seiner Mutter zusammen. Mit der Zeit wird die Kluft zwischen ihm und Diana vermutlich immer größer werden.

Diana glaubt immer noch, daß sie die Schlacht gewonnen hat – sie hat ja auch bekommen, was sie wollte. Sie hat sich der königlichen Familie entzogen.

Aber irgendwann wird auch ihr die schmerzliche Wahrheit dämmern: Den Krieg hat sie verloren.«

Die Zukunft

Was Camilla angeht, so läuft ihr Leben völlig normal weiter. Nach dem Trauma des »Camillagate«-Skandals und Charles' Eingeständnis ihrer Affäre im Fernsehen hat man sie nur noch selten in der Öffentlichkeit gesehen; sie lebt sehr zurückgezogen in Wiltshire. Jemand aus ihrem engsten Freundeskreis sagt: »Camilla hat sich nicht im geringsten verändert. Aber sie hat ja auch noch nie gern im Scheinwerferlicht gestanden.«

Seit Februar 1994 telefonieren Camilla und ihr Prinz wieder täglich miteinander und treffen sich auch von Zeit zu Zeit in den »sicheren« Häusern von Freunden.

Aus Camillas engstem Kreis verlautet: »Nur eine Handvoll Leute wissen, daß das Verhältnis weiterbesteht, und Camilla ist sehr verschwiegen. Sie weiß, daß der Prinz alles dafür tut, sein Image wieder aufzubauen, und daß die Leute nicht sehr erfreut darauf reagieren würden, wenn sie wüßten, daß die beiden immer noch so engen Kontakt haben. Aber den haben sie. Sie können nicht ohne einander leben, das ist die nackte Wahrheit.« Trotz all des Kummers bleiben Camilla und Charles beste Freunde und heimliche Liebende.

Ein Freund sagt: »Anzunehmen, daß die beiden kein Liebespaar mehr sind, wäre mehr als unwahrscheinlich, gelinde gesagt. Sie waren ein Vierteljahrhundert lang geistig, gefühlsmäßig und sexuell füreinander da, und daran hat sich bis heute nichts geändert. Diese Geschichte wird nie zu Ende gehen. Dafür sind die beiden zu eng miteinander verbunden. Jahre der Freundschaft und Liebe verbinden sie. Sie verlassen sich so sehr aufeinander, daß sie sich ein Leben ohne den anderen nicht mehr vorstellen könnten. Nein, die Affäre geht weiter – geistig und körperlich.«

Aber Camilla tut alles, um zu vermeiden, daß sie in der Öffentlichkeit mit irgendeinem Mitglied der königlichen Familie gesehen wird.

Im März 1994 nahm sie das erste Mal seit Jahren nicht am Nationalen Jagdtreffen in Cheltenham teil. Sie sagte einer Freundin: »Ich warte erst mal ab. Es wäre unklug, in diesem Stadium irgendwelchen Wirbel zu verursachen.«

Sie und der Prinz haben sogar eine Verabredung getroffen, die die Jagd betrifft, das Lieblingshobby der beiden. Sie sind aktive Mitglieder der Beaufort-Jagdgesellschaft, planen ihre Termine aber so, daß sich ihre Wege nicht einmal im Jagdgebiet kreuzen.

Camillas Beziehung zu ihrem Mann Andrew ist für die Außenwelt nach wie vor ein Rätsel. Das Paar geht weiterhin getrennte Wege – Camilla lebt in Middlewick House und Andrew im Stadthaus in South Kensington oder in der Kaserne in Aldershot, Hampshire. Ihrer Kinder wegen sehen sie sich an den Wochenenden und in den Schulferien. Ihre Tochter Laura ist jetzt sechzehn, und ihr Sohn Tom ist neunzehn und geht zur Universität. Eine Freundin sagt: »Wenn sie zusammen sind, benehmen sie sich wie jedes andere Paar. Aber sie sind mit ihrem Arrangement sehr zufrieden. Momentan ist nicht die Rede davon, daß einer von beiden wieder heiraten will. Deshalb werden sie sich auch nicht scheiden lassen.

Nein, sie kommen seit zwanzig Jahren sehr gut zurecht, und mit ihrer offenen Ehe werden sie genauso weitermachen.«

Den Sinn für Humor hat sie nicht verloren. Im Mai 1994 kam in der Fleet Street das Gerücht auf, sie hätte einen »Herzanfall« erlitten. Ein enger Freund sagt: »Natürlich liefen die Telefone wieder heiß. Camilla empfand es als den totalen Hohn. Sie lachte und machte Witze darüber. Als wir an diesem Abend beim Essen saßen, verkündete sie: ›Die Gerüchte von meinem Tod waren schwer übertrieben!‹, warf den Kopf in den Nacken und schüttete sich aus vor Lachen.

Es war das erstemal seit dem Skandal, daß ich sie so ausgelassen und entspannt erlebt habe. Sie ist jetzt groß in Form und sieht besser aus als je zuvor. Sie ist so fit und gesund wie nie. Natürlich hat sie mehr Falten bekommen, und ihr Haar hat den goldenen Schimmer der Jugend verloren, aber ihre Lebensgeister sind ungebrochen.

Camilla hat in den letzten Jahren mehr durchgemacht als sonst jemand, den ich kenne. All diese Skandale und der damit verbundene Kummer hätten einen schwächeren Charakter zerbrochen. Aber sie ist ohne Blessuren daraus hervorgegangen. Das ist Camilla – immer eine Überlebenskünstlerin.«

Eine andere Freundin, die in letzter Zeit öfters mit Camilla zusammen war, fügt hinzu: »Natürlich ist sie immer noch in Prinz Charles verliebt. Man hört wegen irgendwelcher äußerlicher Einflüsse, die man nicht kontrollieren kann, doch nicht einfach auf, jemanden zu lieben. Es ist eine unsterbliche Liebe, auch wenn sich das schrecklich kitschig anhört. Sie lieben sich, seit sie Anfang Zwanzig waren. Durch alle Schicksalsschläge und Tiefen hindurch, trotz der Skandale sind sie sich heute noch genauso nah wie früher. Camilla wird Prinz Charles ewig lieben – und er wird sie ewig lieben. Es ist eine außergewöhnliche Geschichte, eine der größten Liebesgeschichten aller Zeiten.«

Kürzlich sagte Camilla: »Ich bereue nichts. Ich würde alles wieder genauso machen, wenn ich die Wahl hätte.«

Keiner weiß, was die Zukunft bringen wird. Eine enge Freundin von Camilla meint: »Sie ist niemand, der allzusehr an der Vergangenheit hängt oder sich große Sorgen um die Zukunft macht. Sie weiß, wer sie ist, und ist zufrieden mit ihrem Schicksal. Sie empfindet keine Reue, sie würde sich nie wünschen, etwas ungeschehen zu machen. Camilla ist heute dieselbe, die sie immer gewesen ist: stark, lustig, warmherzig, unverwüstlich, verständnisvoll – und immer noch total in ihren Prinzen verliebt.«

In den zahllosen Berichten, die über diese bemerkenswerte Frau geschrieben wurden, taucht eine Frage immer wieder auf: »Worin besteht Camillas Anziehungskraft für einen Mann, der jede Frau auf der Welt hätte haben können?«

Die Antwort wird von einem ihrer engsten Freunde so zusammengefaßt: »Mehr als ein Vierteljahrhundert lang konnte Prinz Charles Camilla immer um Rat fragen, konnte sich auf ihre Freundschaft und ihre Liebe verlassen. Sie gibt ihm etwas, was ihm keine andere Frau je hatte geben können – weder seine Mutter noch seine anderen Freundinnen oder seine Frau –, und das ist bedingungslose Loyalität und Liebe.

Das ist Camillas Geheimnis.«

Jemand anderes aus ihrem engsten Kreis meint: »Tatsache ist, daß, egal was die Zukunft bringt, Charles und Camilla wissen, daß sie nie zusammen sein werden – aber sie werden auch nie getrennt sein.«

Camillas Schwester Annabel Elliot sagte erst kürzlich: »Die Wahrheit ist, daß Charles nicht ohne sie leben kann.«

Die Zeit wird zeigen, was die Zukunft für Mrs. Parker Bowles bereithält. Es liegt durchaus im Bereich des Möglichen, daß sie schließlich doch noch mit dem Mann, den sie liebt, durchs Leben geht, auch wenn es zur Zeit sehr unwahrscheinlich erscheint.

Aber eines ist sicher: Camilla Parker Bowles, die Frau, die ihren Prinzen so viele Jahre liebte und ihm immer den Rücken stärkte, wird bis zum Sterbebett nicht aufhören, ihn zu lieben.

Und spätere Generationen werden von einer Liebesgeschichte erfahren, die die Monarchie erschütterte; eine Liebe, die alle Hindernisse und Barrieren, die ihr im Wege standen, überwand. Eine Liebe, die nie zu Ende ging.

Danksagung

Aus naheliegenden Gründen können einige der wichtigsten Quellen für dieses Buch nicht genannt werden. Wie bei jedem Projekt über die königliche Familie waren viele nur bereit zu sprechen, nachdem ich ihnen Anonymität zusicherte. In der britischen Aristokratie gilt es zumindest als ungehörig, im schlimmsten Fall als Verrat, über das Königshaus zu sprechen. Trotzdem waren viele aus Camillas engstem Umfeld überraschend hilfreich, als ich sie um Unterstützung für dieses Buch bat. Einige wünschten lediglich, daß endlich der Gerechtigkeit Genüge getan würde. Andere waren dankbar, daran mitwirken zu können, ein ehrlicheres Bild der bemerkenswerten Frau zu zeichnen, die sie kennen und die in der Vergangenheit so hart und ungerecht kritisiert wurde. Denen, die tapfer genug waren, die Wahrheit zu sagen, bin ich sehr zu Dank verpflichtet.

Ein herzliches Dankeschön geht an meinen Lektor Stuart Higgins, der mir großzügig seine Kontakte zur Verfügung stellte und mir mit sehr viel Unterstützung, Hilfe, Anleitung und Freundschaft zur Seite stand. Ohne ihn wäre dieses Buch nie entstanden.

Auch allen Autoren, die vor mir über die königliche Familie geschrieben haben, bin ich zu Dank verpflichtet. Ihre Arbeit war für mich von unschätzbarem Wert. Wo es möglich war, habe ich sie in diesem Buch genannt. Falls ich den einen oder anderen dabei übersehen habe, möchte ich mich an dieser Stelle entschuldigen.

Mein Dank gilt auch meinem Verleger John Blake und seinen großartigen Assistentinnen Sadie Mayne und Rosie Ries, die so hart gearbeitet und mich stets unterstützt haben.

Danke, Jon, für deine Unterstützung bei der Erledigung der vielen alltäglichen Dingen.

Und zum Schluß möchte ich mich besondern bei meinem Freund Kelvin MacKenzie bedanken – der wirklich so hervorragend ist, wie er immer von sich behauptet hat!

Caroline Graham,
New York, August 1994

KODEX

DES ÖSTERREICHISCHEN RECHTS

Herausgeber: em. o. Univ. Prof. Dr. Werner Doralt
Redaktion: Dr. Veronika Doralt

STUDIENAUSGABE WIRTSCHAFT UND RECHT

bearbeitet von

MR Mag. CHRISTOPH LANNER

und

Hon. Prof. Dr. FRANZ MOHR

und

o. Univ.-Prof. DDr. ARTHUR WEILINGER

Rubbeln Sie Ihren persönlichen Code frei und laden
Sie diesen Kodexband kostenlos in die Kodex App!

836945

HIER

RUBBELN!

Der Code kann bis zum Erscheinen der Neuauflage eingelöst werden.
Beachten Sie bitte, dass das Aufrubbeln des Feldes
zum Kauf des Buches verpflichtet!

LexisNexis®

Benützungsanleitung: Die Novellen sind nach dem Muster der Wiederverlautbarung in Kursivdruck jeweils am Ende eines Paragraphen, eines Absatzes oder einer Ziffer durch Angabe des Bundesgesetzblattes in Klammer ausgewiesen. Soweit nach Meinung des Bearbeiters ein Bedarf nach einem genauen Novellenausweis besteht, ist der geänderte Text zusätzlich durch Anführungszeichen hervorgehoben.

KODEX

DES ÖSTERREICHISCHEN RECHTS

VERFASSUNGSRECHT
EUROPARECHT (EU-VERFASSUNGSRECHT)
VÖLKERRECHT
EINFÜHRUNGSGESETZE ABGB und B-VG
BÜRGERLICHES RECHT
UNTERNEHMENSRECHT
ZIVILGERICHTLICHES VERFAHREN
INTERNATIONALES PRIVATRECHT
FAMILIENRECHT
STRAFRECHT
GERICHTSORGANISATION
ANWALTS- UND GERICHTSTARIFE
JUSTIZGESETZE
WOHNUNGSGESETZE
FINANZMARKTRECHT I
FINANZMARKTRECHT II
FINANZMARKTRECHT III
FINANZMARKTRECHT IV
VERSICHERUNGSRECHT I + II
COMPLIANCE FÜR UNTERNEHMEN
WIRTSCHAFTSGESETZE I + VI
WETTBEWERBS- und KARTELLRECHT
UNLAUTERER WETTBEWERB
TELEKOMMUNIKATION
DATENSCHUTZ
VERGABEGESETZE
ARBEITSRECHT
EU-ARBEITSRECHT
AUSHANGPFLICHTIGE GESETZE
SOZIALVERSICHERUNG I + II
SV DURCHFÜHRUNGSVORSCHRIFTEN
STEUERGESETZE
STEUER-ERLÄSSE I -V
EU-STEUERRECHT
ESTG – RICHTLINIENKOMMENTAR
LST – RICHTLINIENKOMMENTAR
KSTG – RICHTLINIENKOMMENTAR
UMGRSTG – RICHTLINIENKOMMENTAR
USTG – RICHTLINIENKOMMENTAR
DOPPELBESTEUERUNGSABKOMMEN
ZOLLRECHT UND VERBRAUCHSTEUERN
RECHNUNGSLEGUNG UND PRÜFUNG
INTERNATIONALE RECHNUNGSLEGUNG
VERKEHRSRECHT
WEHRRECHT
ÄRZTERECHT
GESUNDHEITSBERUFE I + II
KRANKENANSTALTENGESETZE
LEBENSMITTELRECHT
VETERINÄRRECHT
UMWELTRECHT
EU-UMWELTRECHT
EU-CHEMIKALIENRECHT
CHEMIKALIENGESETZE
WASSERRECHT
ABFALLRECHT
SCHULGESETZE
UNIVERSITÄTSRECHT
INNERE VERWALTNG
BESONDERES VERWALTUNGSRECHT
ASYL- UND FREMDENRECHT
POLIZEIRECHT
VERWALTUNGSVERFAHRENSGESETZE
BAURECHT KÄRNTEN
BAURECHT NIEDERÖSTERREICH
BAURECHT OBERÖSTERREICH
BAURECHT STEIERMARK
BAURECHT TIROL
BAURECHT WIEN
LANDESRECHT TIROL I + II
LANDESRECHT VORARLBERG

ISBN: 978-3-7007-7506-5

LexisNexis Verlag ARD ORAC GmbH & CoKG, 1030 Wien, Marxergasse 25
Druck: Prime Rate GmbH, Budapest

Vorwort

Sehr geehrte Frau Kollegin, sehr geehrter Herr Kollege!

Die Studienausgabe „Wirtschaft und Recht" bietet Ihnen im Rahmen der KODEX-Reihe eine besonders preiswerte Gesetzsausgabe für Ihr Studium an der Wirtschaftsuniversität Wien.

Mit rund 70 Bänden zu allen für die Praxis wichtigen Rechtsgebieten ist der KODEX die meistverwendete und umfangreichste Gesetzessammlung in Österreich. In welchem juristischen Bereich auch immer Sie später arbeiten werden, der KODEX wird Ihre Arbeitsgrundlage sein.

Dabei werden Sie erkennen, dass kaum ein anderer Beruf so vielseitig ist wie der des Juristen. Beraten Sie einen Automechaniker, der wegen einer fehlerhaft eingestellten Bremse haftet, dann werden Sie sich mit den verschiedenen Bremstechniken vertraut machen; beraten Sie einen Arzt wegen eines Kunstfehlers, dann werden Sie sich auch die entsprechenden medizinischen Kenntnisse aneignen. Als Jurist können Sie auch in die Situation kommen, prüfen zu müssen, ob Legehennen zum Anlagevermögen oder zum Umlaufvermögen gehören.

Juristen haben den Ruf, besonders kritisch zu sein; sie hinterfragen alles. Das stimmt. Bereits im Studium beschäftigen wir uns hauptsächlich damit, den Sinn der Gesetze zu hinterfragen. Gleichgültig, ob wir uns mit Bürgerlichem Recht, Unternehmensrecht, Verfassungsrecht, Wasserrecht oder mit Steuerrecht befassen, immer beschäftigen wir uns mit Recht und mit der Rechtsfindung. Kaum ein anderes Studium prägt so wie das Jus-Studium.

Grundlage unseres Berufes ist aber immer das Gesetz; der KODEX macht Ihnen diese Grundlage lesbar.

Viel Freude für Ihr Studium, viel Freude für Ihren künftigen Beruf als Jurist!

em.o.Univ.-Prof. Dr. Werner Doralt

Herausgeber

von Mag. Dr. Janko Ferk*

Thema seit der Antike

Die Gerechtigkeit ist ein Grundgedanke und eines der unerschöpflichen Themen der Philosophie, mit dem sich seit der Antike und bis heute alle großen Philosophen der Menschheit befasst haben. Diese Frage beschäftigt aber nicht nur Philosophen und Juristen, sondern jedes soziale Wesen, das in Bezug mit anderen lebt.

Die Gerechtigkeit als Begriff wird von mehreren Lehren in Anspruch genommen, so vom Recht, der Tugend oder der Religion. Sie bezieht sich auf Menschen und ihre Handlungen. Jeder Mensch hat ein mehr oder weniger ausgeprägtes Gerechtigkeitsgefühl. Er hat einen Sinn beziehungsweise ein natürliches Empfinden dafür, *was gerecht und was ungerecht ist.*

Der, der über die Gerechtigkeit nachdenkt, muss sich zuerst fragen, was er damit meint, wenn er etwas als gerecht oder ungerecht bezeichnet. In der Theoriegeschichte vertreten maßgebende Philosophen wie Platon, Augustinus, Kant oder Rawls unterschiedliche Auffassungen. Früher waren nur Menschen gerecht oder ungerecht, heute können dies auch staatliche Einrichtungen oder Gesetze sein. Im Verlauf der Geschichte verschieben sich die Schwerpunkte naturgemäß; neue Themen kommen hinzu, alte verlieren an Bedeutung.

Gerecht sein heißt Frieden stiften

Durch die Geschichte ist den denkenden und intelligenten Menschen freilich eines gemeinsam: Das Streben nach Gerechtigkeit, das zweifellos eine Form des Friedenstiftens ist. Der redliche Mensch strengt sich unaufhörlich an, gerecht zu sein, und zwar mit der Gewissheit, es nie wirklich sein zu können, zumal sich nicht einmal die größten Juristen einig sind, was Gerechtigkeit ist und wie man sie in eine allgemein verständliche Formel fassen könnte.

* *Mag. Dr. Janko Ferk ist Richter des Landesgerichts Klagenfurt, Lehrbeauftragter für Philosophie der Universität Klagenfurt und Schriftsteller.*

Hans Kelsen, der „Vater unserer Bundesverfassung", behauptet, es gebe nicht einen Gerechtigkeitsbegriff, sondern viele. Jeder Mensch wird für sich jene Formel aussuchen, die seiner Vorstellung von Gerechtigkeit nahe kommt. Der deutsche Rechtsphilosoph Ralf Dreier drückt Gerechtigkeit ziemlich verständlich aus: „Maßstab dessen, was einem jeden zusteht, ist das Recht." Er meint, diese Gleichung sei eine Abwandlung der ältesten: „Jedem das Seine."

Die Menschen haben seit alters her Schwierigkeiten, Recht und Unrecht nach den Kriterien der Gerechtigkeit sicher zu unterscheiden. In nahezu allen nicht gesetzlich festgelegten Regelungsfragen gibt es viele mögliche und vertretbare Lösungsmuster, nicht aber *die eine* gerechte Regelung, obwohl die Sehnsucht nach der wahren Gerechtigkeit zum Kernbestand menschlicher Glücksvorstellungen gehört.

Keine Gerechtigkeit ohne Freiheit

Individuelle Kindheitsmuster, kollektive Gerechtigkeitserfahrungen sowie religiöse und interessenspezifische Wertvorstellungen bedingen eine Vielzahl von Gerechtigkeitsmodellen mit unterschiedlichen Gerechtigkeitsempfindungen. Die Vielfalt der Prägefaktoren fördert in einer freien Gesellschaft beziehungsweise einem Rechtsstaat den notwendigen Wettbewerb um die besseren Gerechtigkeiten, damit aus „Denken" und „Wollen" ein geregeltes „Gelten" und „Sollen" wird.

Recht wird immer von Menschen gemacht, und seien es die kompetentesten Juristen, trotzdem unterliegt es Irrtümern. Fehler und Willkür sind nicht auszuschließen. Die Pluralität der Gerechtigkeit bleibt trotzdem Vorbedingung unserer Freiheit. Gerechtigkeit ohne Freiheit gibt es, was zumindest seit der Aufklärung konstatiert wird, nicht.

Was also ist Gerechtigkeit? John Rawls versucht in seiner „Theorie der Gerechtigkeit", Kriterien zu finden, nach denen sich beurteilen lässt, ob eine Gesellschaft gerecht ist oder nicht. Rawls sagt, dass eine tatsächlich gerechte Gesellschaft sich dadurch auszeichne, dass jedes Mitglied ihr zustimmen könne, auch wenn es über seine eigene Stellung in dieser (noch) nichts wüsste. Die Gesellschaft habe ein faires System des Zusammenlebens zu ermöglichen.

Der Gerechtigkeit verpflichtet

Die Gerechtigkeit ist letztlich eine Frage der Ethik und die Antwort auf das richtige menschliche Verhalten – oder zumindest das Streben danach. Eine mögliche Auslegung ist die Feststellung, dass die Gerechtigkeit der Versuch ist, alle Mitmenschen anständig und moralisch angemessen zu behandeln.

Juristen sollen dazu beitragen, dass fairer Handel betrieben, soziale Ungleichheiten abgebaut, Minderheitenrechte erfüllt und Diskriminierungen angeprangert werden, damit in der Gesellschaft sozialer Frieden herrschen kann. Dies entspricht der Sponsionsformel der Universität Wien für Absolventen der Rechtswissenschaften, in der es heißt:

> „Sie geloben vor allem, das durch Ihr Studium erworbene Wissen im Dienst der Gerechtigkeit und des Rechts einzusetzen."

Inhaltsverzeichnis

Allgemeines Bürgerliches Gesetzbuch

JGS 1811/946 idF

1 RGBl 1859/217
2 RGBl 1860/9
3 RGBl 1860/108
4 RGBl 1867/131
5 RGBl 1868/49
6 RGBl 1868/62
7 RGBl 1895/110
8 RGBl 1914/276
9 RGBl 1915/208
10 RGBl 1916/69
11 StGBl 1919/96
12 BGBl 1921/638
13 BGBl 1922/850
14 BGBl 1936/111
15 dRGBl 1938 I 807
16 dRGBl 1938 I 825
17 dRGBl 1938 I 923
18 dRGBl 1938 I 973
19 dRGBl 1939 I 1186
20 dRGBl 1939 I 2394
21 dRGBl 1943 I 80
22 dRGBl 1943 I 266
23 BGBl 1947/30
24 BGBl 1951/259
25 BGBl 1954/99 (JWG)
26 BGBl 1956/157
27 BGBl 1958/268
28 BGBl 1960/58
29 BGBl 1967/122
30 BGBl 1968/306
31 BGBl 1970/342
32 BGBl 1973/108
33 BGBl 1974/496
34 BGBl 1975/412
35 BGBl 1975/416
36 BGBl 1976/91
37 BGBl 1977/403
38 BGBl 1978/280
39 BGBl 1978/304 (IPR-Gesetz)
40 BGBl 1979/140 (KSchG)
41 BGBl 1982/370
42 BGBl 1983/136
43 BGBl 1983/566
44 BGBl 1985/196 (K)
45 BGBl 1986/97
46 BGBl 1988/179
47 BGBl 1989/162 (KindRÄG)
48 BGBl 1989/343 (WGN 1989)
49 BGBl 1989/656 (ErbRÄG 1989)
50 BGBl 1992/275 (FMedG)
51 BGBl 1993/502
52 BGBl 1995/25 (NamRÄG)
53 BGBl 1996/759 (GeSchG)
54 BGBl I 1997/6
55 BGBl I 1997/30 (GBNov 1997)
56 BGBl I 1997/140 (WGN 1997)
57 BGBl I 1999/125 (EheRÄG 1999)
58 BGBl I 1999/164
59 BGBl I 2000/44 (ARÄG 2000)
60 BGBl I 2000/135 (KindRÄG 2001)
61 BGBl I 2001/48 (GewRÄG)
62 BGBl I 2001/98 (2. Euro-JuBeG)
63 BGBl I 2002/71
64 BGBl I 2002/104 (SPG-Nov 2002)
65 BGBl I 2002/118 (ZinsRÄG)
66 BGBl I 2003/85 (VfGH)
67 BGBl I 2003/91 (ZivRÄG 2004)
68 BGBl I 2004/58 (FamErbRÄG 2004)
69 BGBl I 2004/77
70 BGBl I 2005/43
71 BGBl I 2005/51 (ZessRÄG)
72 BGBl I 2005/120 (HaRÄG)
73 BGBl I 2006/92 (SWRÄG 2006)
74 BGBl I 2006/113 (DRG 2006)
75 BGBl I 2008/100 (GB-Nov 2008)
76 BGBl I 2009/40 (2. GeSchG)
77 BGBl I 2009/52 (BudgetbegleitG 2009)
78 BGBl I 2009/75 (FamRÄG 2009)
79 BGBl I 2009/135 (EPG)
80 BGBl I 2010/28 (DaKRÄG)
81 BGBl I 2010/29 (IRÄG 2010)
82 BGBl I 2010/58 (IRÄ-BG)
83 BGBl I 2012/68 (VfGH)
84 BGBl I 2013/15 (KindNamRÄG 2013)
85 BGBl I 2013/50 (ZVG)
86 BGBl I 2013/145
87 BGBl I 2013/179 (AdRÄG 2013)
88 BGBl I 2014/33 (VRUG)
89 BGBl I 2014/83 (GesbR-RG)
90 BGBl I 2015/25 (VfGH)
91 BGBl I 2015/29 (VfGH)
92 BGBl I 2015/35 (FMedRÄG 2015)
93 BGBl I 2015/87 (ErbRÄG 2015)
94 BGBl I 2016/43 (APRÄG 2016)
95 BGBl I 2017/59 (2. ErwSchG)
96 BGBl I 2017/153
97 BGBl I 2017/161 (VfGH)
98 BGBl I 2018/58 (ErwSchAG-Justiz)
99 BGBl I 2018/100 (SV-OG)
100 BGBl I 2019/69 (HaftRÄG 2019)
101 BGBl I 2019/74

STICHWORTVERZEICHNIS

(Die Zahlenangaben beziehen sich auf die Paragraphen)